アカシアなどの傘状の樹冠をした落葉広葉樹と背丈の高い草原からなるサバンナ（ケニア）。土壌は赤い色をしたラトソル（ラテライト性土壌）である【第１章】

カカオの実。幹から直接なっている（タンザニア、ザンジバル島）【第１章】

コーヒーノキとコーヒーの実（ケニア）。これから実がだんだん赤くなっていく【第１章】

バカ・ピグミーによって仕掛けられた罠にかかったミズマメジカ（カメルーン）（撮影：安岡宏和）【第１章】

罠猟キャンプでレッドダイカーの肉を燻製にする作業をしているバカ・ピグミーの男性（カメルーン）（撮影：安岡宏和）【第１章】

熱帯雨林で狩猟採集生活をおくるピグミーの人たち（最前列の２人はピグミーではなくバントゥー系の人）（ウガンダ）。身長が低いのが特徴的である【第１章】

ナイロビ最大のスラム、キベラ（2002年）。線路沿いにスラム街が発達した。写真右上に見えるのがナイロビ中心街のビル群【第１章】

パリの街並み。左下がシャイヨー宮、右上が凱旋門で、それらから放射状に道路が延びている。左奥遠方に見える高層ビル群が、パリ近郊にある都市再開発地区のラ・デファンス【第１章】

世界でも最も古く(起源は少なくとも4500万年前)、最も美しいと言われているナミブ砂漠。古い砂丘ほど赤みを帯びている【第2章】

ナミブ砂漠に朝方発生した霧が、午前10時くらいに大西洋岸まで後退していったところ。霧は砂漠の動植物の生育にとって欠かせない存在である【第2章】

ナミブ砂漠に見られるフェアリーサークル。イネ科の草原に円形状に草がはげた部分が点在する。最近、シロアリが原因という説が出てきた【第2章】

カラハリ砂漠に住むサン（ブッシュマン）の女性たちによる、初潮を迎えた少女を祝うエランドの踊り。エランドは豊穣と多産のシンボルとされる（1968年）（撮影：田中二郎）【第２章】

ナミブ砂漠に住むヒンバの女性たちは、強い日差しと乾燥から肌を守るためや、化粧として、鉄分を含む赤い石を砕いた粉にバターを混ぜて肌や髪に塗り、さまざまな装飾具をつけている【第２章】

ケニアの半砂漠地帯に住むレンディーレの青年たち（撮影：孫暁剛）【第２章】

ゴンドワナ大陸がアフリカと南米大陸に分裂したとき、噴出した玄武岩マグマが地表を覆い、岩石表面が酸化してつくられたナミビア西岸の赤い礫砂漠。ナミブ砂漠の固有種で1000年生きる裸子植物ウェルウィッチアも点在する【第2章】

ナミブ砂漠の季節河川（涸れ川、ワジ）沿いの森林に生息する砂漠ゾウ。樹木の葉を食べる際に枝ごと折ってしまい、河川沿いの森林を破壊している【第2章】

ナミビア南部から南アフリカ共和国の大西洋岸に広く分布する多肉植物【第2章】

北アルプスの野口五郎岳のカール。消雪の早いモレーン上にハイマツ、遅いカール底は裸地、両者の中間の土石流扇状地上には「お花畑」が成立している【第３章】

インドと中国の国境紛争地域のアルナーチャル・プラデーシュ州にはチベット系の住民モンパ民族が住んでいる。ボン（ポン）教の祭式ラスシの様子【第３章】

モンパ民族に見られるボン教の儀式のホシナ。アッサムの人たちによって送られた悪霊を取り除く儀式で、かつてはリス民族の少年が生け贄にされたと伝えられている【第３章】

チベット仏教ニンマ派のキンメイ仏僧院の中に描かれているマンダラの壁画。壁一面にいろいろな守護尊(男性尊格)がそれぞれの明妃(ダーキニー)を抱いている姿が描かれてある【第3章】

アフリカの第4の高峰、エチオピアのラスダシャン山(4620m)を雨季に登ったときに途中で出会った子供たち【第3章】

ケープタウン周辺の植生。種の多様性が非常に高い【第4章】

世界がわかる地理学入門

——気候・地形・動植物と人間生活

水野一晴
Mizuno Kazuharu

ちくま新書
1314

世界がわかる地理学入門――気候・地形・動植物と人間生活【目次】

図版作成＝朝日メディアインターナショナル株式会社

はじめに

†世界の自然と人間生活

本書は、世界の気候帯ごとに自然の成り立ちとそこで生活している人々について解説したものである。熱帯の熱帯雨林とサバンナ、乾燥地帯の砂漠や半乾燥地帯、冷帯気候の高緯度地帯と高山地帯、温帯気候の地中海沿岸や日本に焦点を当て、そのような気候帯がなぜ成立しているのか、そのメカニズムを明らかにし、そこの植生や自然について解説した。そして、そのような自然環境のなかで、人々はどのようにその自然と格闘し、自然を利用しながら生活を送っているのかについて述べた。本書をまとめていると、いかに人間がその自然をたくみに利用し、長年のうちに生きる知恵を身につけ、安定した社会を維持するようなシステムを確立していったかがわかる。

†世界の気候区分と特徴

世界の気候帯は図0-1のように、熱帯に熱帯雨林気候とサバナ気候、乾燥帯に砂漠気候とステップ気候、温帯に温暖湿潤気候と西岸海洋性気候、温暖冬季少雨（温帯夏雨）気候、地中海性気候があり、亜寒帯（冷帯）に亜寒帯（冷帯）湿潤気候と亜寒帯（冷帯）冬季少雨気候、寒帯にツンドラ気候と氷雪気候がある。この気候区分はケッペンの気候区分であり、ケッペンは植生から気候を区分した。それぞれの気候の植生は図0-1の下部のようになる。では、本書で取り上げる気候区分と地域について、概説を述べておこう。

まず、第1章では、**熱帯気候地域**を取り上げる。この気候帯には熱帯雨林とサバンナがある。赤道付近の**熱帯雨林気候**では一年中雨が降って高温のため、樹高が50m以上にもなる常緑広葉樹主体の熱帯雨林が分布する。南米のアマゾン川流域やアフリカのコンゴ川流域、インドネシアやニューギニアなどがその典型例である。

赤道から少し南北に離れた地域では雨季と乾季がある**サバナ気候**になる。サバナ気候では、乾季に葉を落とす落葉広葉樹が分布する。樹高は低くなり、樹木が背丈の高い草原のなかに点在する。また、バオバブのように幹の中がスポンジ状になっていてそこに水を蓄えるために樹幹が太っている樹木も見られる。アフリカや南米にはサバナ気候が広く分布し、その植生帯サバンナでは野生動物が多く生息している。

第2章では、**乾燥・半乾燥気候地域**について取り上げる。この気候帯には、ステップと砂漠がある。サバナ気候よりさらに降水量が減ると、背丈の低い草原**ステップ**になる。モンゴルなどがその典型例であり、ステップの草原がモンゴルから東ヨーロッパまで帯状に続いている（図0-1）。かつて騎馬民族のモンゴル民族がこの草原の回廊（ステップ回廊）を利用してヨーロッパに遠征した。もし草原が途切れて森林になっていたら、モンゴル民族はヨーロッパまで遠征できなかったであろう。

ステップよりさらに乾燥すると、植生が貧弱な**砂漠**となる。アフリカのサハラ砂漠やナミブ砂漠、南米のアタカマ砂漠などが典型例である。

第3章では、**寒帯・冷帯気候地域**を取り上げる。**亜寒帯**（**冷帯**）では、針葉樹の純林、タイガ（針葉樹林帯）が広く分布し、シベリアがその典型例である。**亜寒帯**（**冷帯**）**湿潤気候**は、年中平均して降水があり、冬に積雪が多く、東ヨーロッパや西シベリアに分布する。**亜寒帯**（**冷帯**）**冬季少雨気候**は、夏に比較的高温になるが、冬にはシベリア高気圧に覆われ、非常に寒冷で降水量（積雪）がきわめて少ない。年較差が非常に大きく、東シベリアに分布する。

さらに寒くなるとグリーンランド沿岸のような植生が貧弱な**ツンドラ**となる。極寒になると南極のように、ほとんど植物が生育しない**氷雪気候**となる。

そして、最後に第4章では**温帯気候**を取り上げる。温帯気候の**温暖湿潤気候**はモンスーン（季節風）の影響の大きい地域で、冬は寒い大陸のほうから風が吹いて寒く、夏は海のほうから湿った風が吹いてきて降水量が多い、夏冬の温度差が大きい気候である。大陸の東岸に見られ、日本を含むアジアに典型的な気候のため、モンスーンアジアと呼ばれている。落葉広葉樹や常緑広葉樹、常緑針葉樹が混在する混交林が分布する。一方、大陸西岸では冬に暖かい海のほうから偏西風が吹いてくるため、夏冬の温度差が小さい**西岸海洋性気候**が見られ、西ヨーロッパはその典型である。

温暖冬季少雨（温帯夏雨）気候は、モンスーンの影響で夏に雨が集中する中国からインド北部に分布する。アフリカと南米の低緯度のサバナ気候に接する高原にも分布する（降水の季節配分が同じままで気温が下がり、熱帯から温帯になった）。

地中海沿岸では、夏に乾燥し、冬に雨が降る**地中海性気候**となり、夏の乾燥に耐えるために水分の蒸発を防ぐように葉が小さく硬いオリーブやコルクガシなどの硬葉樹が分布する。ブドウ栽培が盛んでワイン産地となっている。

熱帯雨林やサバンナ、砂漠など、その地に住む人々の生活は、そこに長期にわたって住み込み、現地の人々といっしょに生活をしないとわからない。そのために、住民生活については、実際に長期間住み込んで調査した研究者の方々の論文や著書から研究内容を引用させていただいた。さらにそれらの多くの方々から貴重な写真を提供していただいた。時代とともに自然は変化し、政治や社会も変容する。その影響で人々の生活も大きく変わっていく。伝統的な生活を奪われていった民族もある。そのような変化を見るために、一部には50年ほど前からの写真を使わせていただいている。そういった意味で、本書は地理学だけでなく人類学など多数の研究者の研究成果の賜《たまもの》である。引用させていただいた方々には、ここに深く感謝したい。

読者のみなさんには本書によって、世界のさまざまな気候帯の自然と住民生活を少しでも理解していただいて、世界旅行をしていただければと思う。世界は広い。いろいろな社会が息づいている。もし機会があれば現地を訪れて、ご自分の目で確かめて、さらなる変容を体験していただければ幸いである。

2018年1月

水野一晴

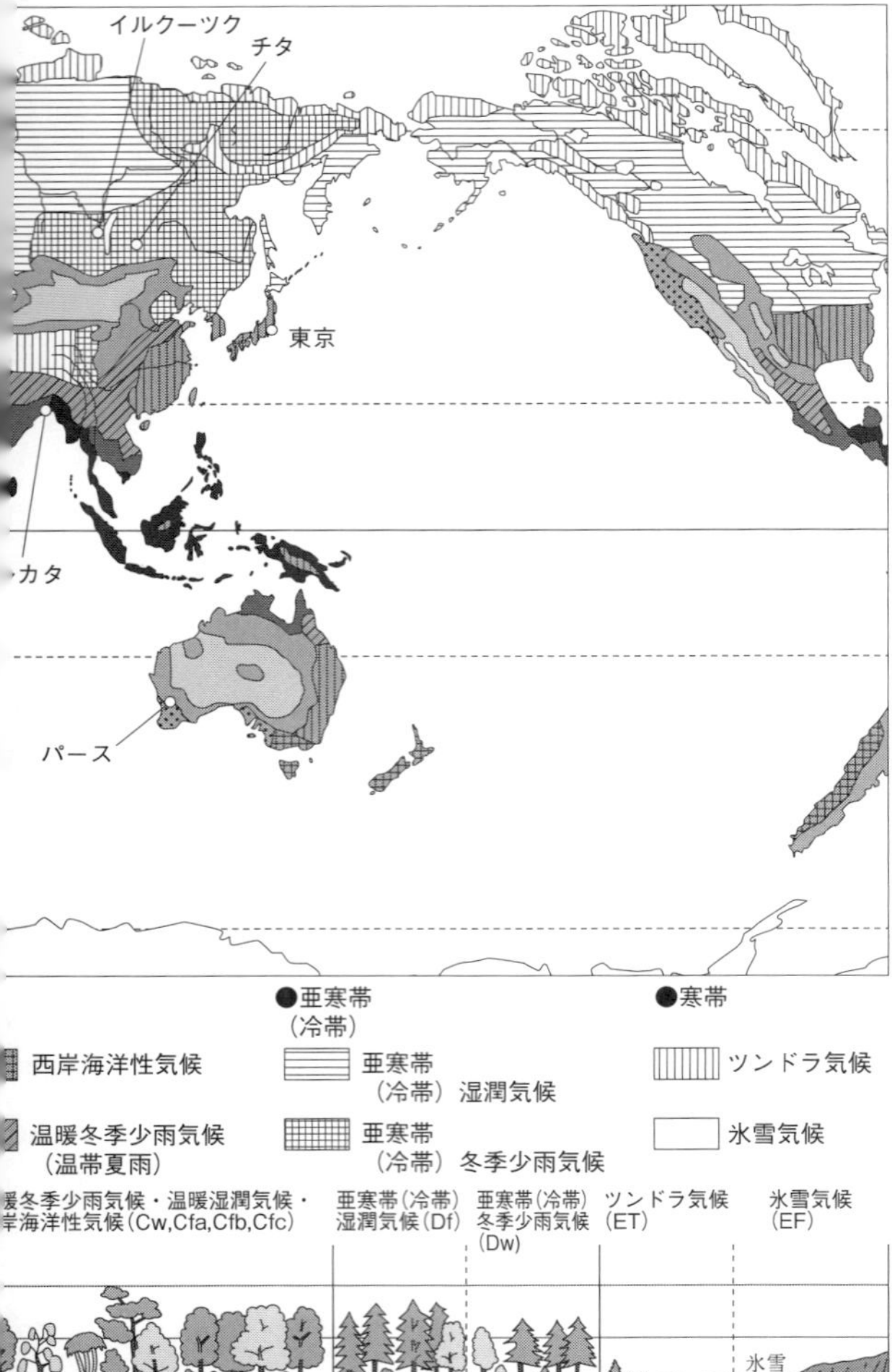

イルクーツク
チタ
東京
カタ
パース
●亜寒帯（冷帯）
●寒帯
西岸海洋性気候
亜寒帯（冷帯）湿潤気候
ツンドラ気候
温暖冬季少雨気候（温帯夏雨）
亜寒帯（冷帯）冬季少雨気候
氷雪気候
暖冬季少雨気候・温暖湿潤気候・岸海洋性気候（Cw,Cfa,Cfb,Cfc）
亜寒帯（冷帯）湿潤気候（Df）
亜寒帯（冷帯）冬季少雨気候（Dw）
ツンドラ気候（ET）
氷雪気候（EF）
氷雪

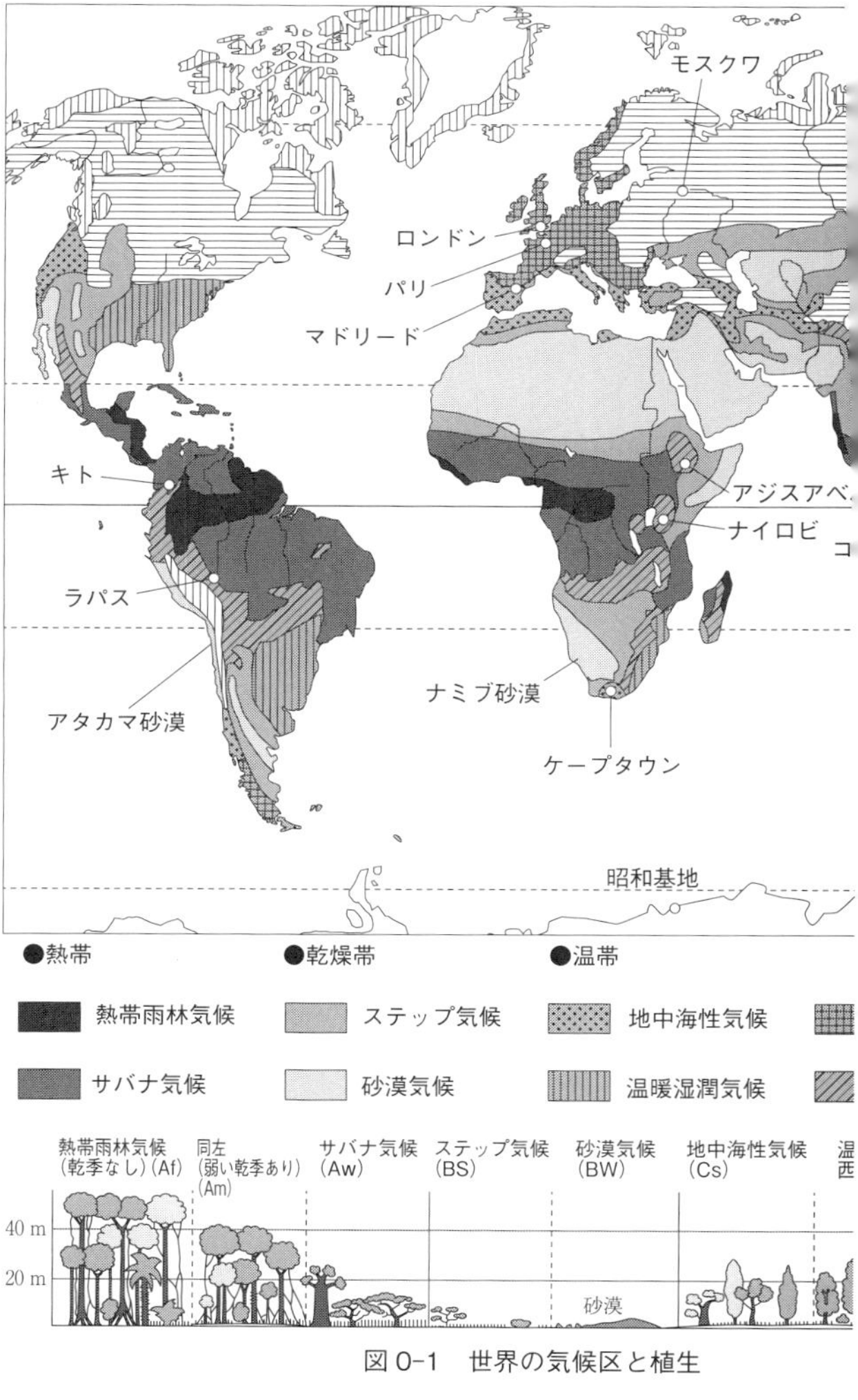

図 0-1　世界の気候区と植生

第 1 章

熱帯気候

造成から3年程度のカカオ畑の景観。バナナとヤウテアが育つなか、
カカオが若葉を茂らしている(カメルーン、撮影:四方篝)

1　自然

†熱帯（熱帯雨林とサバンナ）の分布

熱帯雨林気候の地域は、赤道周辺で年中熱帯収束帯の影響下にあって年中高温多雨の地域（アフリカのコンゴ川流域やギニア湾地域、南米のアマゾン川流域、東南アジアのボルネオやインドネシア、ニューギニアなど）である。熱帯モンスーン気候は、熱帯雨林気候に含めたり、分けたりするが、熱帯モンスーンの影響下で弱い乾季があるものの、年降水量は多い気候である（図0-1、1-0）。

年間降水量は2000㎜以上あり、気温の年較差より日較差が大きく、午後からはスコールと呼ばれる激しい雨が降る。ラトソルと呼ばれる貧栄養の赤色土壌が分布する。熱帯雨林は3〜5層の層構造をなして、最上層は高さ30〜50mに達する（図0-1下部）。

サバナ気候は、夏は熱帯収束帯の影響下で雨季、冬は亜熱帯高圧帯の影響下で乾季となる気候で、サバンナと呼ばれる疎林と背丈の高い草原からなっている（図0-1下部）。

熱帯には特徴的な野生動物が見られるという魅力がある。ゴリラ、チンパンジー、ボノ

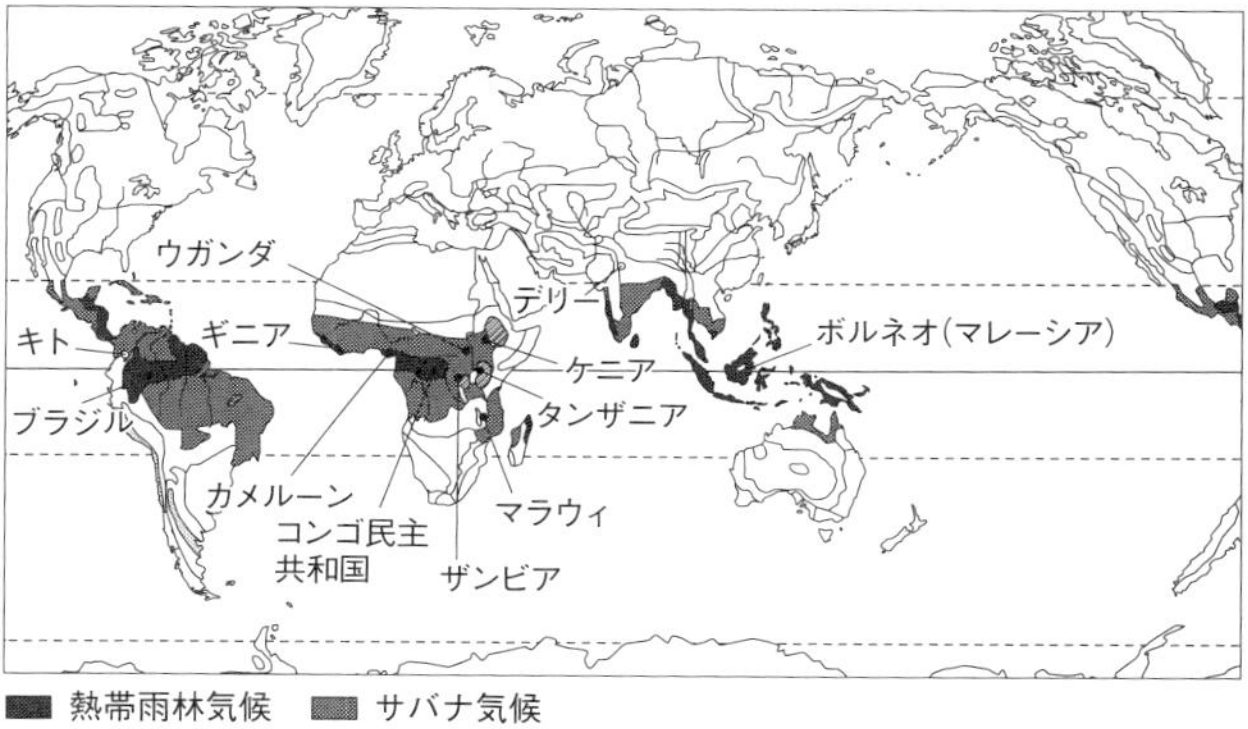

図 1-0　熱帯の分布

ボ、オランウータンの大型類人猿はすべて熱帯雨林に生息しているし、ライオンやキリン、ゾウやカバなどの野生動物はサバンナに生息している。そして、過去の気候変動で熱帯雨林の分布も変遷し、それが人類の発祥につながったという考え方もある。両者の現在の分布と過去から現在までの分布の変遷は人間を含む動物にとって大きな影響を及ぼしてきた。

†熱帯雨林の自然

写真1-1はウガンダとコンゴ民主共和国の国境付近に広がる熱帯雨林だ。熱帯雨林気候は一年中雨が降り、気温が高いという特徴をもつため、そのような場所では、常緑広葉樹の森林となる。一年中葉をつけていて葉から水分が蒸発しても、一年中雨が降るため枯れることはない。一年中葉

写真 1-1　ウガンダとコンゴ民主共和国の国境付近に広がる熱帯雨林

をつけていれば一年を通して光合成が行えるため、樹木の成長はよく、樹高が50m以上にもなる。また樹冠が接しているため（写真1-2）、太陽の光が地面に到達しにくく、薄暗い森をつくっている。地表面の土壌が雨で流出し、砂礫《されき》が露出し、そこに何十メートルもの樹高の大木を維持させるために、幹を取り囲むように板根が発達している（写真1-3）。写真1-4は西アフリカのギニアにあるニンバ山だ。ニンバ山の手前にはうっそうとした熱帯雨林が広がっているのに、遠くのニンバ山には木が生えていない。これはどういうことなんだろうか？

ニンバ山の斜面がはげて見える場所は、手前に人が立っている草原と同じである。近くの草原を見ると比較的背の高いイネ科の草本《そうほん》に背の低い灌木が点在している。しかし、この草原でも谷筋には森林が成立している。この草原の草をむしってみるとすぐに岩盤が露出する（写真1-5）。この岩盤はスコップでは掘れず、ツルハシで固い岩盤を砕くしかない。この固い塊（写真1-6）はいったい何であろうか？

この固い塊は、ラテライト（キュイラスあるいはフェリクリート）と呼ばれる赤茶色をした鉄皮殻（鉄盤層）である。地下水に溶け込んでいた物質が、地表付近の土壌や堆積物中

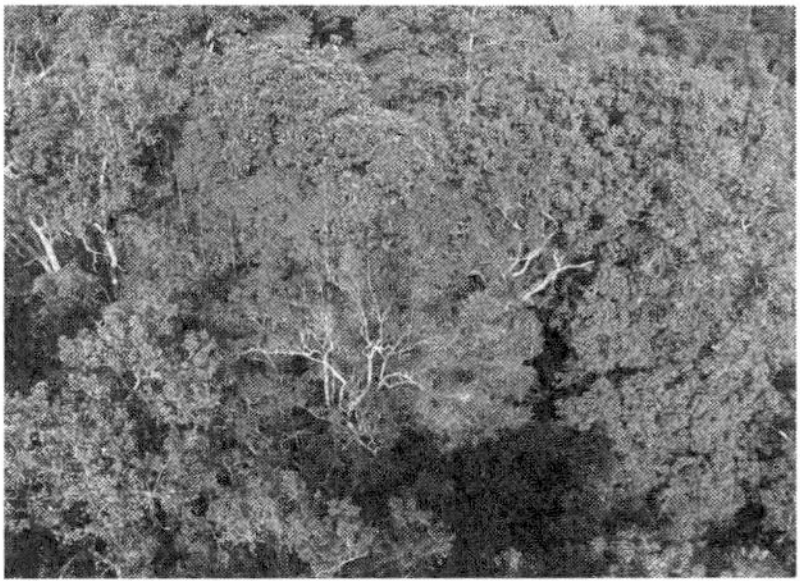

写真1-2　熱帯雨林の林冠。各樹木の樹冠が接して密なる林冠をつくり、日射が遮られて森の中は薄暗い（タイのカンチャナブリにおける熱帯雨林の観察タワーより撮影）

写真1-3　熱帯雨林でよく見られる板根（ギニア）。標高の高い熱帯雨林は板根で幹が支えられている

写真 1-4　ニンバ山の斜面は鉄皮殻（鉄盤層。ラテライト、キュイラスあるいはフェリクリートと呼ばれる）が露出して土壌が流出してしまい、樹木が生育できない。土壌が堆積する谷沿いに熱帯雨林が分布している

写真 1-5　草原の草をむしるとすぐに現れる鉄皮殻（鉄盤層。ラテライト、キュイラスあるいはフェリクリート）

に集積して形成された固い風化殻をデュリクラストというが、これはその一種で、湿潤地から乾燥地にむかって順に、鉄に富んだフェリクリート（鉄皮殻）、珪酸に富んだシルクリート、石灰に富んだカルクリートが形成される。この鉄皮殻（鉄盤層）が非常に固いため、耕作の障害になる。ニンバ山の場合、斜面は鉄皮殻に覆われているため硬くて草地になっているが、谷沿いには地表の細かい物質が流れ込んでたまるため、土壌が発達し、樹木が生育できるのである（写真1－4）。

写真1-6　地表付近にできるラテライト（キュイラス、フェリクリート）と呼ばれる赤茶色をした鉄皮殻（鉄盤層）。硬くて耕作の障害となる（ギニア）

†サバンナの自然

熱帯雨林地域では一年中雨が降るのだが、それと異なって雨季と乾季のある気候をサバナ気候といい、その植生はサバンナと呼ばれている。英語Savannaの読み方の違いから来ているのであろうが、なぜか日本では気候帯は「サバナ」、植生は「サバンナ」を使用することが多い。

それでは、サバンナの植生景観はどのようになっているのであろうか。写真1－7は典型的なサ

写真1-7　アカシアなどの傘状の樹冠をした落葉広葉樹木と背丈の高い草原からなるサバンナ（ケニア）。土壌は赤い色をしたラトソル（ラテライト性土壌）である 口絵

バンナである。サバンナは背の高い草や灌木の中に、樹高がそれほど高くない、傘のような樹冠をしたアカシアなどの樹木が点在する植生景観である。樹木の根の形はほぼ地上部の樹冠と同じような形態をしているといわれ、つまり、地表から浅い部分に横に根が広がっているということだ。この根の形態は、雨が降って地面がぬれた程度でも広い範囲から水分を吸収するのに適している。このようなサバンナにはゾウやキリン、ライオンやシマウマなどの野生動物が生息している。

乾季の間は雨がほとんど降らない。そのような乾季に樹木が葉をつけていると、葉から水分が蒸発して木は枯れてしまう。そのため、樹木は乾季に葉を落とす。つまりサバンナの主体は落葉広葉樹である。乾季に葉を落とすとその期間に葉は光合成を行えない。したがって、一年中葉をつけている熱帯雨林の常緑広葉樹に比べ、サバンナの落葉広葉樹の樹高は低くなる（図0-1下部）。

サバンナの日中は日差しが強く、野生動物が動き回るのはもっぱら涼しい朝と夕方である（ヒョウなどは夜行性）。熱帯林やサバンナなどの熱帯地方の土壌は赤い（写真1-7、口絵）。気温が高い熱帯では岩石鉱物が分解して、鉄分やアルミニウム分が遊離し、それが雨で酸化して、酸化鉄すなわち錆《さび》になるわけだ。したがって、熱帯の土壌は錆色を呈して、ラトソルとかラテライト性土壌と呼ばれている。温帯では地表の落葉や茎が腐った黒い腐植が地表付近の土壌中にあり、それらの有機物が栄養分になっているが、熱帯では微生物の活動が活発なため、腐植が分解されてしまい、土壌に黒い部分がほとんどなく、栄養分が少ないので、熱帯の農業は生産性が低い。

†シロアリ塚

サバンナの草原や熱帯雨林の樹林下にはシロアリ塚が見られることが多い（写真1-8）。シロアリはアリの仲間ではなくゴキブリに近い仲間である。シロアリ塚はシロアリの排泄

写真1-8　シロアリ塚とシロアリを食べるチンパンジー（ギニア）

物と土を唾液で混ぜて積み上げていったもので大きなものは直径30m、高さ10mにも達するという。一つのシロアリ塚の中には数百万匹のシロアリが棲《す》み、集団の中には卵を産む階級（女王）と卵を産まずに働く階級が含まれる。塚の内部には多数の通気口があけられ、昼は涼しく、夜は暖められるという自然の空調機能を備えている。

シロアリ塚には木が生えている場合が多いが、ナミビアで長年シロアリ塚の調査を行っている山科千里《やましなちさと》さんの研究によれば、木の下にシロアリ塚が作られるパターンとシロアリ塚の上に木が生えてくるパターンがあるという。乾燥しているナミビア西北部では、分布するシロアリ塚の90％以上に木が生えているが、木は比較的大きく、木の幹はシロアリ塚に埋まっている（山科2016）。

一方、ナミビアの中で比較的湿潤な北東部では、小さな森が直径数十メートルもある大きなシロアリ塚の上にできている。シロアリ塚の土は周囲に比べて養分・水分条件がよく植物の生育に適していたり、シロアリ塚が洪水や野火のときの植物の避難場所になることが関係していると考えられる（山科2016）。このシロアリ塚の森は、周辺の2倍以上の密度で樹木が生育し、3倍以上の多様な植物が分布する。地域に見られる約40種の樹木のうち、約半数の21種がシロアリ塚の森に特有な樹種であった。シロアリ塚の森には果実をつける樹種が多く、採食や営巣のために訪れる動物によって種子が運ばれ、糞や尿が投入されることで豊かな植生が形成されると考えられる（山科2016）。

写真1-8のシロアリ塚では、チンパンジーが木の枝を使って、中のシロアリを食べている光景が見られた。また、アフリカではシロアリ塚の土は牛糞と混ぜて家の壁を作るのに利用されている。

†熱帯雨林とサバンナの境界

熱帯雨林とサバンナの境界はどのようになっているのだろうか？　アフリカの南半球に

は熱帯雨林とサバンナの間にミオンボ林と呼ばれる亜熱帯疎林《あねったいそりん》が分布している（図1-1）。熱帯雨林は樹木が密集していて、樹冠が接して暗い森なのに対し、亜熱帯疎林は樹木が密集しておらず樹冠が接していないため、地上から空が見える明るい森林である。ミオンボとは優占種であるジャケツイバラ科のブラキステギア属樹木のアフリカの呼び名である。樹高は10～20mに達するが樹木の樹冠幅が狭く、細長い樹冠をもつため、森の中に入っても空が見えて明るい。南半球にあって北半球にない理由は、アフリカの赤道以北は急激に降水量が減っていくのに対し、赤道以南は徐々に降水量が減っていくため、この亜熱帯疎林が分布できたと考えられている（写真1-9）。

ミオンボ林の中に熱帯雨林がパッチ（斑点）状に見られる場所がある。そのような熱帯雨林のパッチはどのようにしてできるのであろうか？　藤田知弘《ともひろ》さんのマラウイでの研究によれば、ミオンボ林の中にイチジクの木があると熱帯雨林からシャローエボシドリがイチジクの実を食べるためにやってきて、そのときに熱帯雨林の樹木の種子を散布し、イチジクの木を核として熱帯林のパッチが拡大しているという（Fujita, 2014; 2016）。樹木の分布には、このように鳥などの動物による種子散布が大きく関わっている。

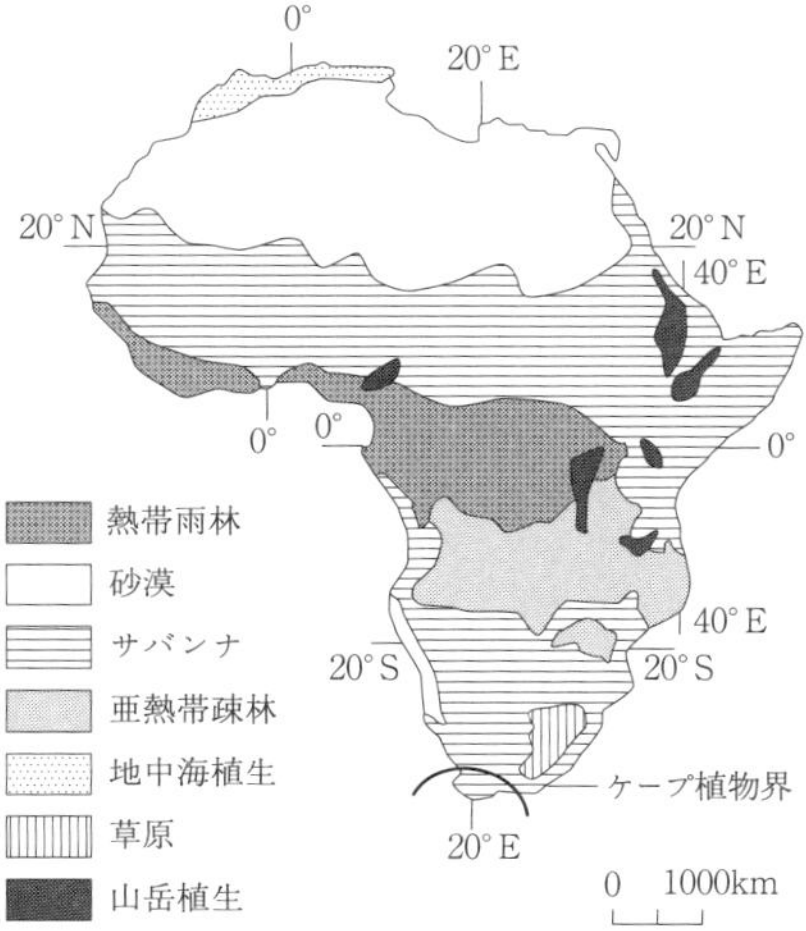

図 1-1 アフリカの植生分布（沖津 2005）

写真 1-9 亜熱帯疎林であるミオンボ林（マラウイ）。細長い樹冠をもつため森の中でも空が見える明るい森林

†熱帯雨林に生息する類人猿

熱帯雨林には、世界に現存する4種の大型類人猿（ヒトに似た形態をもつ大型と中型の霊長類を指す）であるゴリラ、チンパンジー、ボノボ（ピグミーチンパンジー）、オランウータンが生息し、ゴリラ、チンパンジー、ボノボはアフリカに、オランウータンは東南アジアに分布している。

身体の大きさで大きく性差があるのがゴリラとオランウータンで、オスはメスよりはるかに大きい。一方、ヒトとチンパンジーはこの差が小さい。ゴリラとオランウータンは一頭のオスが複数のメスと交尾をするのに対し、チンパンジーやボノボは完全に乱婚的であり、早期人類もチンパンジーに似て乱婚的だったものが、ある時期から一夫一妻の形を取るようになったと考えられている（尾本2016）。

ゴリラのオスは体重が200kgもあるものの、ペニスは勃起時でも4cm程度しかないという。チンパンジーは身体がゴリラより小さいがペニスの長さではゴリラをはるかにしのぎ、また睾丸が非常に大きい（図1-2）。チンパンジーのメスの非常に目立つ外部生殖器は、オスへの性的信号と考えられる。これらの特徴は、乱婚制社会をもつチンパンジーで性交回数が非常に多いことと関係があるという（尾本2016）。

ヒトの男性ペニスは霊長類中で最大であり、女性の丸く膨らんだ乳房もヒトの著しい特徴となっている。男性のペニスと女性の乳房は、いずれも生理的機能から見れば不必要に大きく、これらはヒトの進化の際に、性淘汰および「つがい」形成等の集団構造の特殊性によってもたらされた「性的魅力器官」と考えられる。ヒトは、繁殖シーズンがなく、チンパンジーのように身体の視覚的な特徴を目当てに性交が行われることもないので、寿命の長さも考慮すると、ヒトはサル類の中で最も高い性交頻度をもつ、きわめて性的な霊長類といえる（尾本2016）。

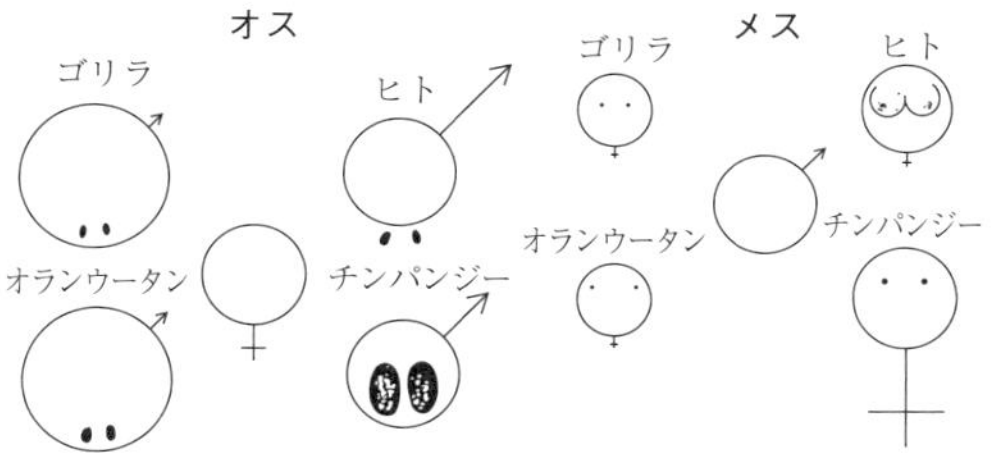

図1-2　ヒトと大型類人猿3種の性的2型を比較する概念図。矢印はペニス、黒丸は睾丸（R. V. Short による、尾本 2016）

ヒトはチンパンジーの凶暴性とボノボの平和性の両方を兼ね備えているという。チンパンジー（写真1-10）はオスがメスより優位であり、高順位の序列争いでオス同士の権力闘争や敵対した群れ間に見られる殺し合い、同じ群れの中での「村八分的」暴力や殺害、子殺しといった暴力的な面をもつ。一方、ボノボの社会ではオスとメスとの間の順位がはっきりせず、オスの順位獲得に母親が関与し、隣接

写真1-10　熱帯雨林に生息するチンパンジーの親子（ギニア）

する群れ同士が平和的に交渉をすることがあり、群れ間、群れ内での殺し合いや子殺しは観察されていないという（山越２００５）。

両者に見られる重要な違いとして、次のことが挙げられる。チンパンジーは育児中のメスの単独性が強いため、オスと発情メスで形成される中心的なサブグループへの参加頻度が少なく、またオス同士やオス―メス間の社会交渉の濃密さに比べると、メス同士の相互交渉が低頻度である。一方、ボノボはメスが数頭で協力してオスの暴力に対抗することがよく見られる。チンパンジーとボノボの「暴力性」の違いは、メス間の集合性の高さから来ているのかもしれないという（山越２００５）。

このチンパンジーのメスが分散する理由は、多数で行動すると採食競合が起きやすく、それを避けるためではないかと考えられた（ランガム&ピーターソン１９９８）。それでは、なぜ、チンパンジーでは採食競合が起きやすく、ボノボでは起きにくいのであろうか？

山越（２００５）によれば、チンパンジーの生息地の一つはコンゴ川の右岸（北側）で、そこにはゴリラ（写真1-11）も棲んでいて、チンパンジーは果実がならない季節には、ゴリラと草本の髄《ずい》（茎の中心部）をめぐって間接的に競合するのに対し、左岸（南側）はボノボだけが生息し、草本を独占的に利用して、果実の不足する時期でも食物にあまり困らないという、採食競合の違いが原因の一つではないかという（図1-3）。

アフリカに広がる熱帯雨林は現在のベナン国のところで切れていて、その場所をダホメ

写真1-11　熱帯雨林に生息するゴリラ。草食動物のゴリラはその巨体を維持するため、ずっと植物を食べ続けている（ウガンダ）

図1-3　アフリカ類人猿の生息地（山越 2005）

ギャップと呼んでいる。実は、チンパンジーはダホメギャップの西側にも分布していて、この西チンパンジーは東チンパンジーと異なって、平和的でボノボに近い個体関係をもっているという。そこにはゴリラが分布していないので、この採食競合の低さが関係しているのかもしれない。

†人類発祥の物語「イーストサイドストーリー」

東アフリカにはアフリカ大地溝帯（リフトバレー）（図1-3）があって、熱帯雨林は大地溝帯の西側に分布し、東側はサバンナになっている。したがって、チンパンジーやゴリラなどの熱帯雨林で生息する類人猿は大地溝帯の西側に分布し、その東側にライオンやキリン、ゾウやカバなどのサバンナで生息する野生動物が分布する（写真1-12）。しかし、800万年以前には、ギニア湾からの湿った風が東アフリカまで到達し、雨を降らせて東アフリカには熱帯林が分布していた。800万年前ごろから、大地溝帯の巨大断層に沿って地殻が持ち上がってアフリカ第三の高峰ルウェンゾリ山を含む山脈ができた。ギニア湾からの湿った風が、あらたに誕生した山脈に遮《さえぎ》られ、東アフリカは乾燥化して熱帯林は消失し、草原のサバンナとなったのだ。

熱帯林に棲んでいた類人猿は樹上から地上に下り、二足歩行をするようになり、人類へと進化する。この人類発祥の物語は、コパン（1994）によって、ミュージカルの「ウエストサイドストーリー」をもじって「イーストサイドストーリー」として発表された。それは、これまで人類先祖の化石がエチオピア、ケニア、タンザニア、ウガンダなど、大地溝帯の東側でしか見つからなかったことが根拠になっていた。

しかし、近年このストーリーの信頼性がゆらいできた。800万年前の大地溝帯付近の隆起はまだ小さく、実際に山脈が形成されたのはヒトが二足歩行を始めた600万年前より後の400万年前と考えられるようになり、また800万年前の東アフリカは完全に乾燥化していたわけではなく、かなりの森林が残っていたことも炭素同位体から明らかになった。さらには、アフリカ「西部」のチャドで700万～600万年前のトューマイ猿人の化石が発見されたのである（水野2016d）。

写真 1-12　サバンナの草原で獲物を食べるチーターの子供たち（ケニア）

2　気候メカニズム

大気の大循環と熱帯気候

熱帯雨林は赤道付近に分布し、サバンナは熱帯雨林帯を取り囲むように、その北側と南側に分布している。どうして、そのような分布をするのであろうか？　図1-4は地球上の大気の大循環を示している（水野2015）。赤道付近が年間を通じて最も太陽からの受光量が多く、地面や海面が熱せられるため上昇気流が生じる。上昇気流が生じるため多量の降水がある（このメカニズムについては後述する）。したがって、赤道付近は気温が高い上に一年中上昇気流による降水で雨が多い。それで熱帯雨林が分布する（図1-5）。

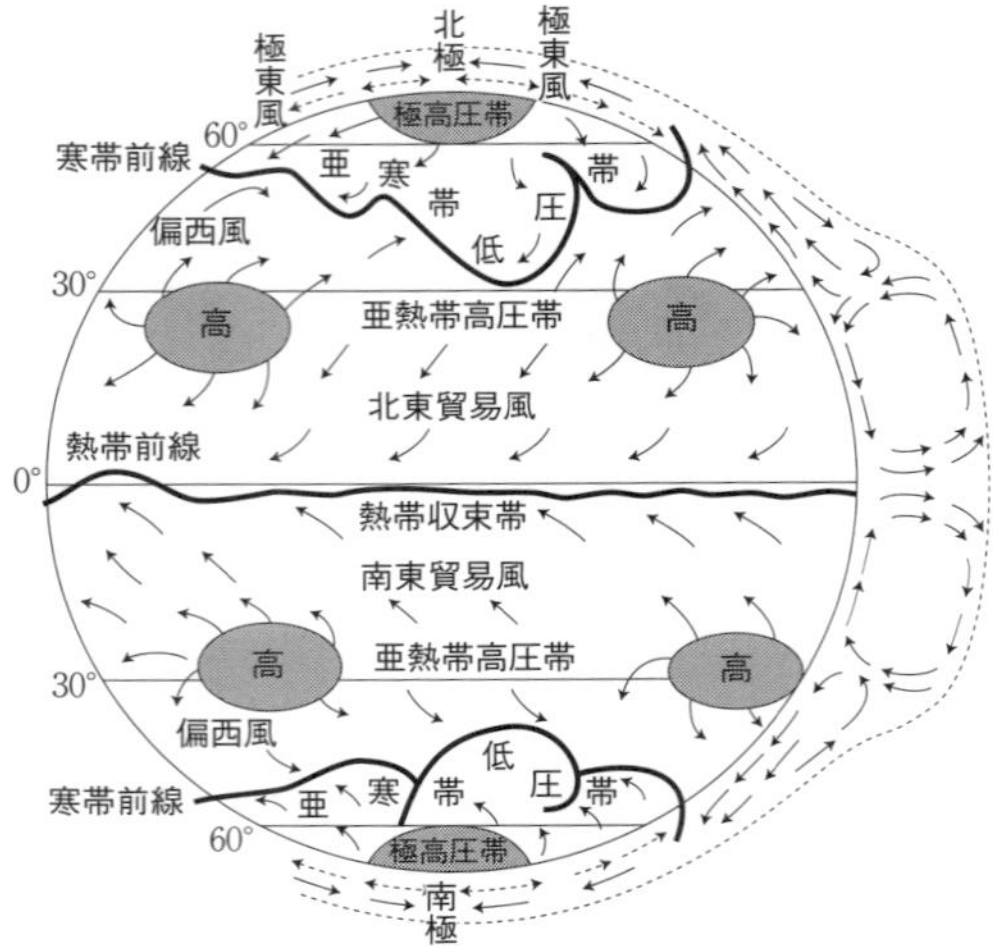

図1-4　大気大循環の模式図。円は赤道上空の無限の遠方から見た地球。外側に対流圏の断面（西半分は省略）を誇張して示してある

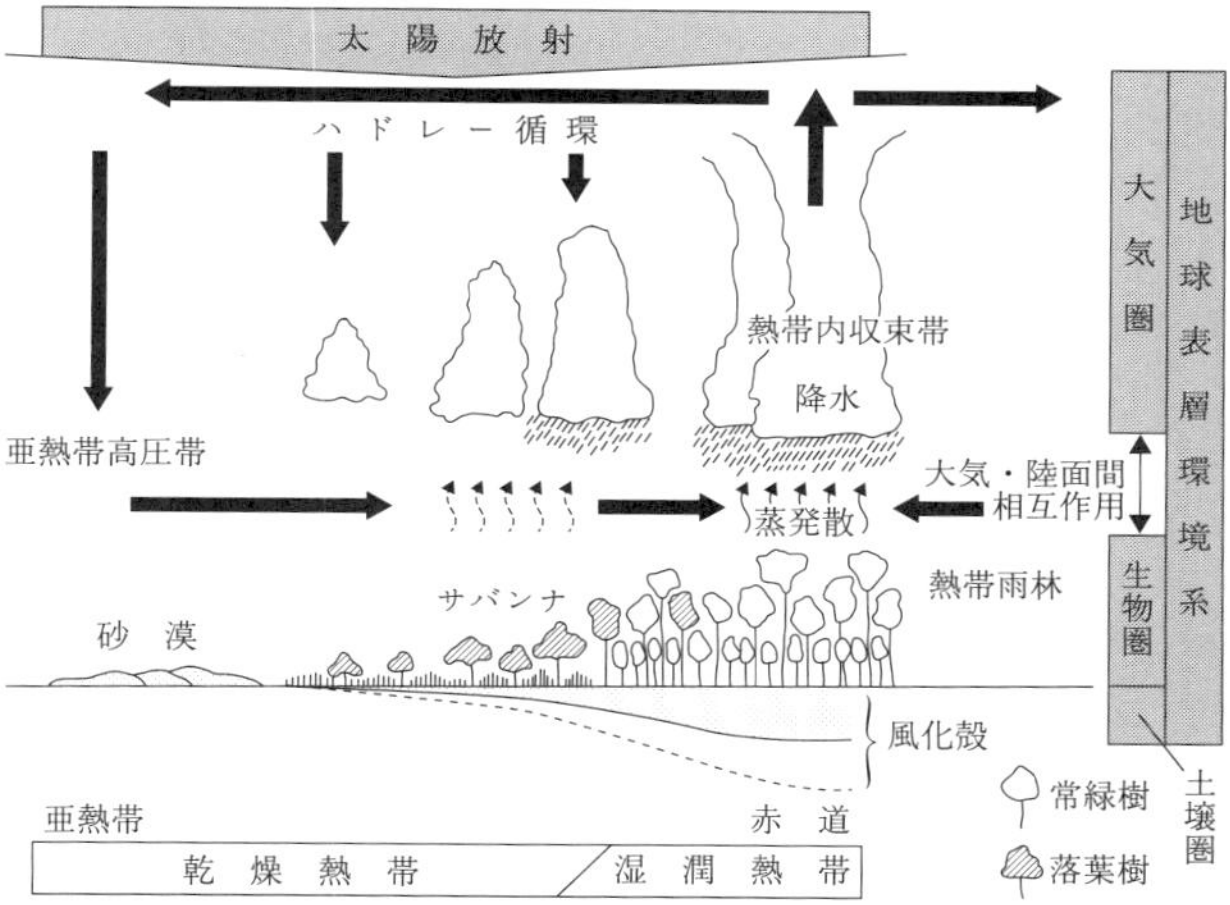

図 1-5　熱帯環境の緯度変化（篠田 2002）

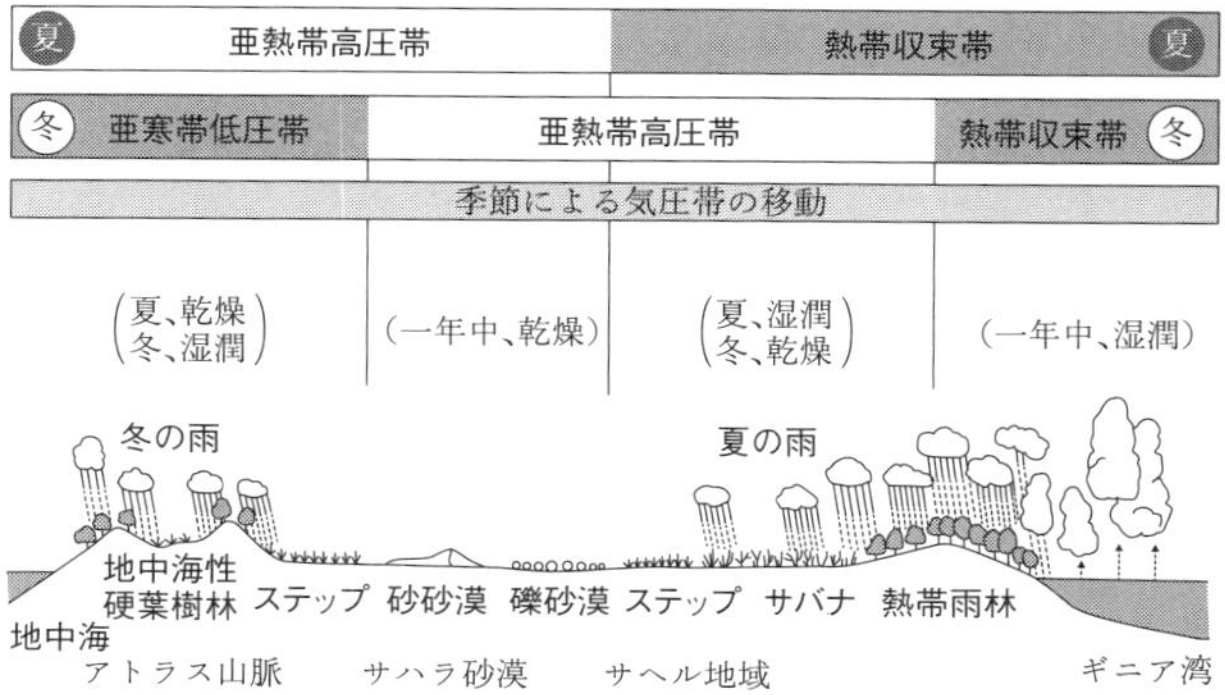

図 1-6　地中海沿岸からアフリカ大陸を経てギニア湾にいたる断面模式図（小野 2014）

サバンナはどうであろうか？　図1-6は前線帯の位置の年変化と降水の変化を示したものである。7月には熱帯（内）収束帯（赤道低圧帯）は北のほう（図の左手）に移動し、1月に南に（図の右手）移動する。大気の大循環にともなって、7月に亜熱帯（中緯度）高圧帯や亜寒帯低圧帯も北上し、1月に南下する。そのため、北半球で見ると、赤道付近は通年にわたり熱帯収束帯の影響下で、年中上昇気流がさかんなため、年中多雨で植生が熱帯雨林となり、熱帯雨林気候Afとなる（図1-5、1-6）。また、北緯30度付近は通年にわたって亜熱帯高圧帯下であり、年中下降気流が卓越する場所であるため、年中降水が少なく砂漠気候BWとなる。

北半球で説明すると北緯10度のやや北では、7月に熱帯収束帯の影響下で降水があり、1月に亜熱帯高圧帯下で少雨である。つまり、夏に雨季、冬に乾季のサバナ気候になる（図1-5、1-6、0-1）。南半球で見ても、南緯10度のやや南では夏（1月）に雨季、冬（7月）に乾季のサバナ気候Awになる（図0-1）。

†熱帯収束帯が季節移動する理由

図1-7は7月と1月の太陽と地球の関係を示したものである（水野2015）。地球は地軸が23・4度傾いたまま、太陽の周りを一年かけて一周する。7月（夏至：6月22日）の

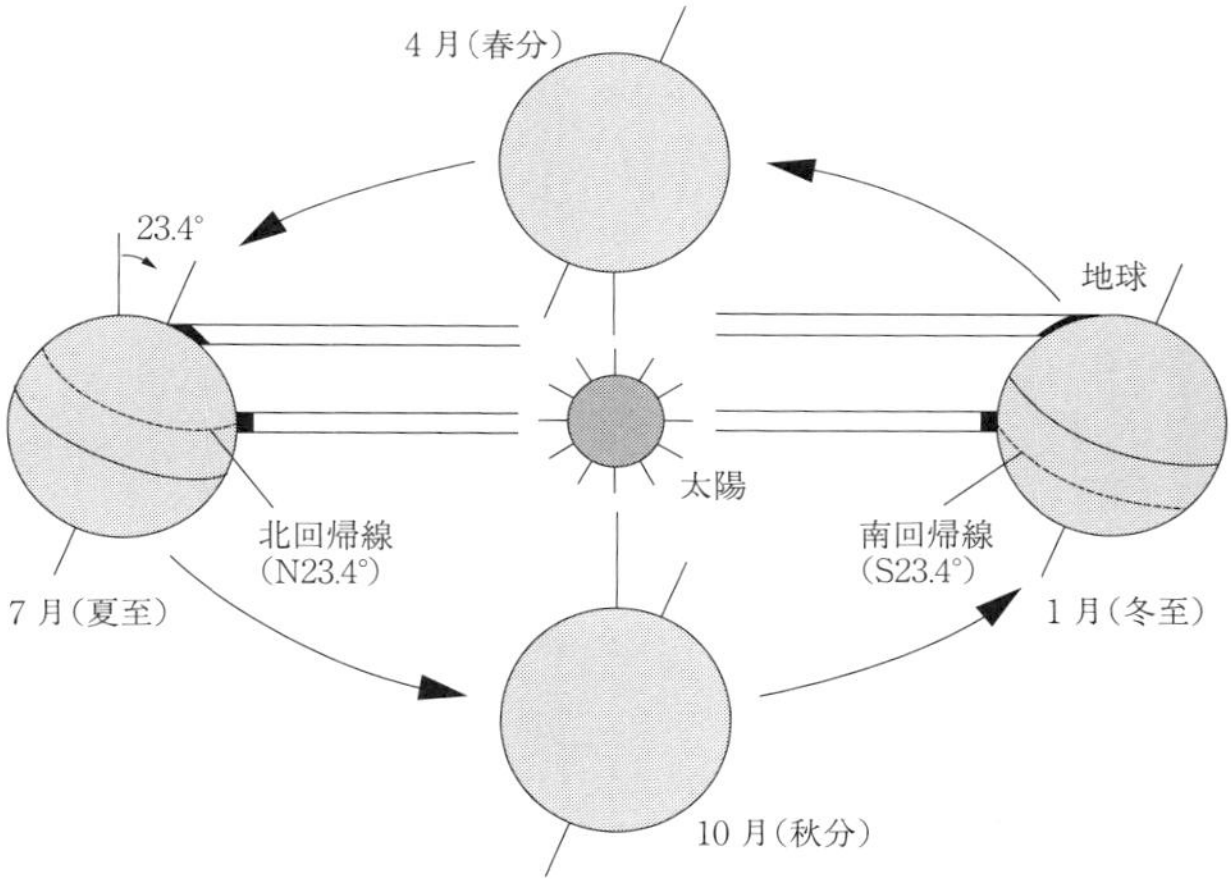

図1-7　地球と太陽の位置関係と地球の地表が受ける熱エネルギー

ときに太陽光線が地表面に最も垂直に当たって（すなわち地上では真上から太陽光線が当たる）、狭い範囲にたくさんの太陽光線が集まる、すなわち、地表面一定面積当たり太陽からの受光量が多いのは北回帰線（北緯23・4度）のあたりである。また、1月（冬至：12月22日）に最も太陽からの受光量が多いのは南回帰線（南緯23・4度）の場所である。赤道付近が最も太陽からの受光量が多いのは春分や秋分のときだ。7月に北回帰線の付近が最も太陽からの受光量が多く、地面や海面が最も熱せられて、上昇気流がさかんになる。すなわち、熱帯収束帯は北に移動する。そして1月には熱帯収束帯は南回帰線のほうに移動する。

この北回帰線と南回帰線の間の地帯だけ

が、地面に垂直に太陽光線が当たる経験をする、すなわち熱帯と呼ばれるゾーンである。このゾーンより北や南にずれている場所は、太陽光線は地面に斜めにしか当たらない。

北半球では7月のほうがより垂直に当たるため、7月が夏、1月が冬となる。我々日本人は北半球の北回帰線より北の位置に住んでいるため、7〜8月が最も気温が高いという認識にあるが、赤道付近の東南アジアになると、むしろ4〜6月が最も気温が高くなる。タイの旧正月であるソンクラーン(4月13〜15日)は一年で最も暑い時期であり、いつしか暑さをしのぐために水を掛け合い、「水掛け祭り」として定着していった。

そもそも「気候」の英語であるclimateの語源はギリシャ語のklima(klinein 傾く)から来ていて、また、英語の元であるラテン語でclinareは傾くという意味である。つまり、地球上の気候は地球の地軸が23・4度「傾く」ことから生じているのだ。

†上昇気流が生じると雨が降って、下降気流が生じると乾燥する理由

空気の密度は地上付近は高く、上空に行くほど空気は薄い。地面や海面が太陽の日射を受けて、地上付近の空気が暖められ、軽くなって上のほうに昇って行く(上昇気流)(図1-8)。暖められた空気の塊が上空に昇って行くにつれ、まわりの気圧が低いため、空気の塊は膨張する。膨張するエネルギーを熱からもらってくるため、空気の塊の温度は下が

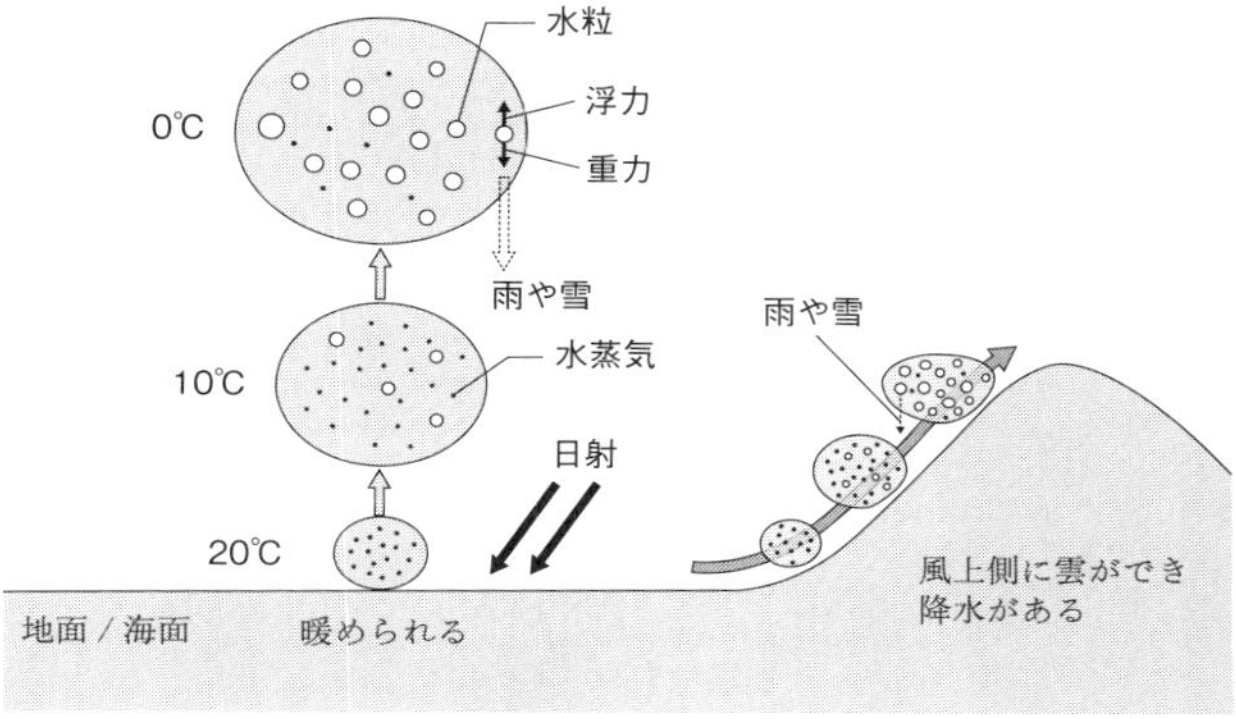

図1-8　上昇気流による雲の形成と降水

る。飽和水蒸気量は気温に比例するため、気温が下がるにつれ、空気に含むことができる水蒸気の量が減って、それまで含まれていた水蒸気の分だけ水粒《みずつぶ》として露出する。その水粒が浮いているのが霧や雲である。水粒には下向きに重力、上向きに浮力がかかっており、水粒が大きくなると浮力より重力が勝って、水粒が下に落ちてくる。それが雨や雪である。したがって、水粒が大きな雲は、どんよりとして暗い色をした、いまにも雨が降ってきそうな雲になるのだ。つまり、上昇気流が生じると雨や雪の降水が生じる。

逆に下降気流だと、水粒を含む空気の塊、霧や雲も気圧の高い地上のほうに降りてきて、その空気の塊は収縮する。収縮する体積あたりの熱エネルギーが増えて温度が上がり、それだけ水蒸気をたくさん含むことができるため、霧や雲は消えてしまう。つまり、下降気流が卓越する場所は降水が少なく、乾燥するのだ。

3 熱帯雨林やミオンボ林の変化

†気候変動と熱帯雨林の縮小

約2万年前の最終氷期の最盛期にはアフリカのほとんどから熱帯林が消滅した（門村2005）（図1-9）。わずかにコンゴ民主共和国とウガンダとの国境の山岳地帯と、コンゴ民主共和国の東部、さらにナイジェリア南部からカメルーン、ガボン、赤道ギニア、中央アフリカ、コンゴ共和国の一部にかけての3か所で熱帯林は生き延びた（この熱帯林が生き残った場所を通常「避難場所」［リフュージア refugia］と呼んでいる）。その熱帯林の避難場所と図1-10の現在のゴリラの分布はぴったりと一致する。その熱帯林の避難場所で、熱帯林で生息するゴリラも生き延び、その後熱帯林が広く拡大したいまも、ゴリラはそこから分布を広げることはなかった。その生息場所は、氷河時代の熱帯林の避難場所に限られているのだ（写真1-11）。熱帯林の縮小の過程で、森林の消滅とともにゴリラは樹上から地上に降りて生活をはじめた。一方、東南アジアはアフリカほど氷河の影響を受けず、

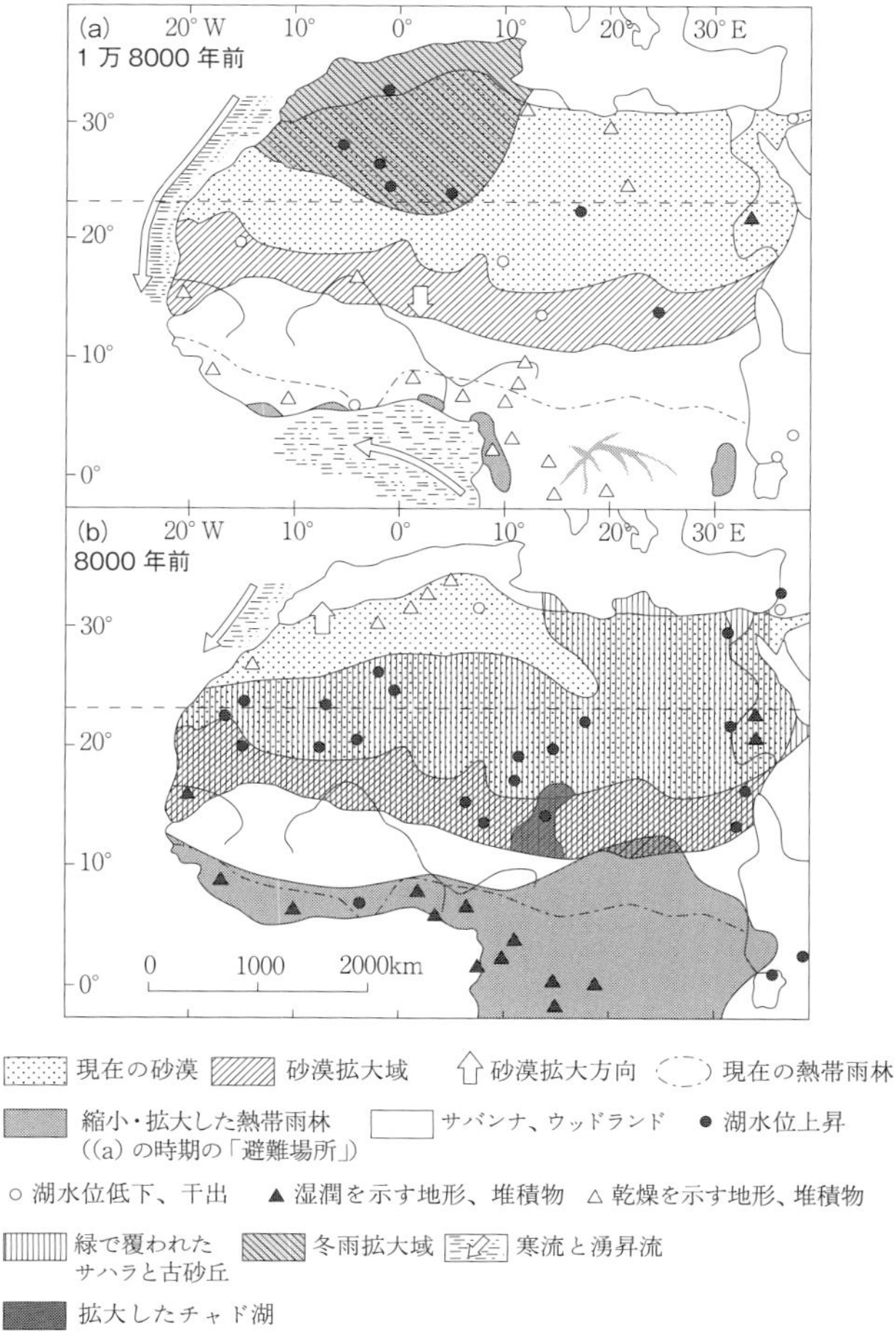

図 1-9　熱帯アフリカの古環境——1 万 8000 年前（最終氷期の寒冷乾燥期）と 8000 年前（後氷期の温暖化期）（門村 2005）

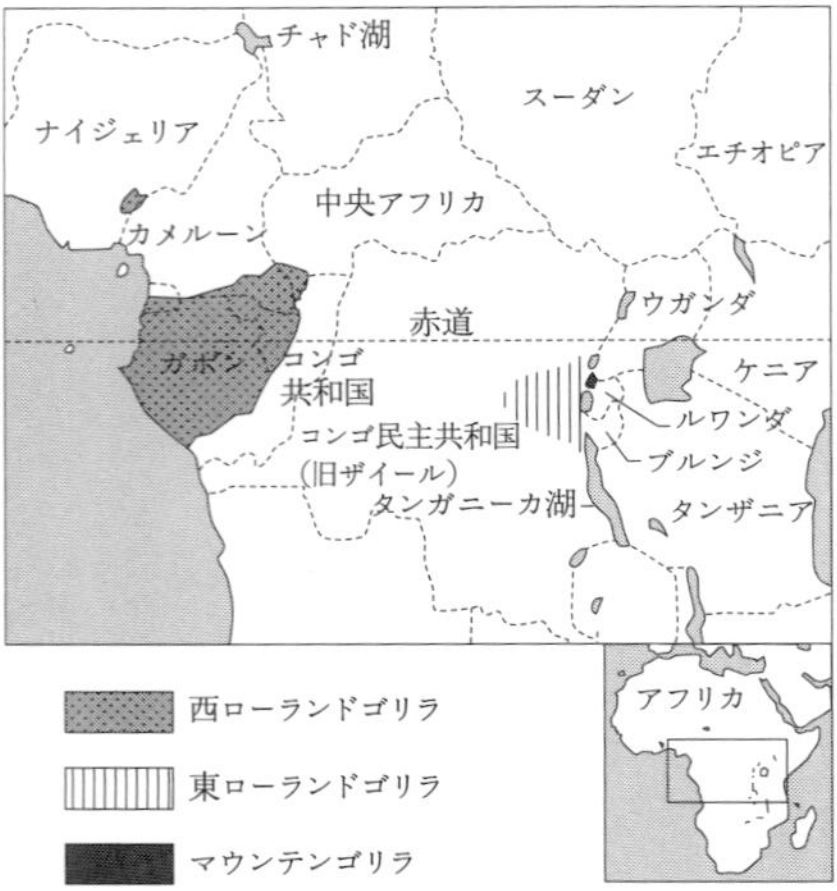

図1-10　ゴリラの分布（山極 1998 を一部改変）

熱帯林も消失しなかったため、オランウータンは樹上生活を続けている。

東アフリカの高山は氷河時代に氷河の影響を大きく受けたため、そのフローラ（植物相：地域・時代・環境の特徴・気候により、グループ化された植物種の総体）を構成する植物種は300種弱であるが、氷河の影響が小さかった南米のロライマ高地（ベネズエラ、ガイアナ、ブラジルの国境付近）は約4500種もある。

温暖だった縄文時代（8000〜6000年前）には、アフリカではサハラ砂漠に雨が降り、砂漠が緑で覆われ、川が流れていたが、これは「緑のサハラ」（Green Sahara）と呼ばれている（図1-9）。アルジェリアの南東部のサハラ砂漠にタッシリ・ナジェール（現地のトゥアレグ語で「水流の多い台地」という意味）という山脈がある。ここの洞窟の壁画にはいろいろな動物が描かれている。描かれている壁画は顔料から年代が推定されているが3200年前以降の壁画はラクダ、350

0〜2200年前はウマ、6000〜3500年前はウシが描かれ、8000〜6000年前の壁画にはなんとゾウやカバ、サイなどが描かれていたのだった。つまり、8000〜6000年前には、このあたりにゾウやカバ、サイが生息し、かつてそこがサバンナであったことの証拠になっている（写真1-13）。

†近年の熱帯雨林の大量伐採

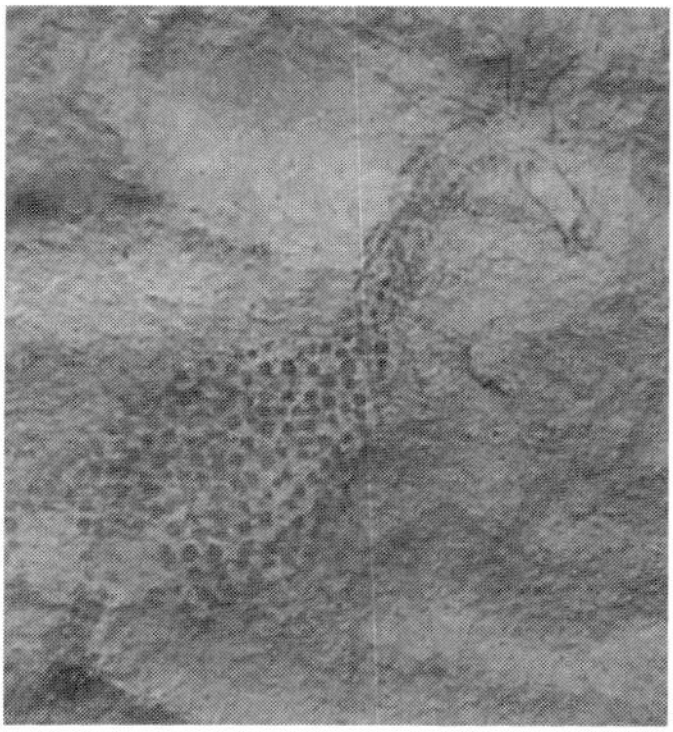

写真 1-13　タッシリ・ナジェールの壁画。ゾウやカバ、キリンなどの絵から、サハラ砂漠がかつてサバンナの草原であった時代があることを裏づける

熱帯雨林はチークやラワンなどの有用材の採取やプランテーションなどの大規模農業のために開発が急速に進み、著しく減少した。特にアフリカと南アメリカでの減少が目立っている。ギニア湾岸地域の熱帯雨林は、ヨーロッパの植民地になった19世紀以降、一般農民によるコーヒー、カカオなどの商品作物の栽培やアブラヤシ、ゴム、バナナなどの大規模プランテーション農園の開発のために大面積の森林が開墾され、輸出用材木の大量伐採が行わ

表1-1　アフリカのおもな国における1990年時点での熱帯雨林の現状と消失速度（門村1992）

国名（人口密度　人/km²）	元の森林（千ha）	現在の森林（千ha）	残存率（%）	一次林（千ha）	消失面積（千ha/年）	消失速度（%）
西アフリカ						
コートジボアール（38）	16000	1600	10	400	250	15.6
ナイジェリア（118）	7200	2800	39	1000	400	14.3
中部アフリカ						
カメルーン（24）	22000	16400	75	6000	200	1.2
ガボン（4）	10000	9000	90	8000	70	0.8
コンゴ（6）	24000	20000	83	10000	60	0.3
ザイール（15）	124500	100000	80	70000	400	0.4

人口密度は1989年現在の推定。出典：Myers（1991）

表1-2　中部アフリカにおける森林の減少の状況（北西2010）

国	森の面積（1000 ha）2005年	1年ごとの減少面積（1000 ha）と割合（%） 1990→2000		2000→2005	
カメルーン	21,245	220	0.9	220	1.0
中央アフリカ共和国	22,755	30	0.1	30	0.1
コンゴ共和国	22,471	17	0.1	17	0.1
コンゴ民主共和国	133,610	532	0.4	319	0.2
ガボン	21,775	10	0.0	10	0.0

出典：FAO, State of the World's Forests 2007

れ、それは1960年代の独立以降、外貨獲得手段として加速されたという。このため、ギニア湾岸諸国では、1990年頃までの約100年間で、コートジボアールの90％を筆頭に、各国平均しても数十パーセント以上の森林が失われた（表1-1）（門村1992）。

コンゴ盆地を中心に広がるアフリカ熱帯雨林は、総面積が1億7000万haでアマゾン川流域につぐ世界第2位の広さをもつが、近年急速な破壊が進行している。中部アフリカではカメルーンの森林の減少率が最も高く、1990年から2005年にかけて毎年22万ha、ほぼ1％が縮小しており（表1-2）、これは15年で13％の森林がなくなったことになる（北西2010）。森林の減少の原因には輸出のための伐採や農地の拡大が考えられる。この地域で特に木材伐採が多かったのはガボンとカメルーンで、コンゴ共和国も伐採が進んでいる。

†ミオンボ林の破壊と政治（ザンビア）

ザンビアの首都ルサカから北へ約90km離れたところにあるミオンボ林の森林保護区（ムヤマ森林保護区）は、現在は立派な農村地帯に変貌してしまっている（写真1-14、1-15）。森林保護区の規制が外されたわけではなく、規制が残ったまま人々の「違法」流入が続き、もはや「違法」流入者を強制的に追い出すことが不可能なほど多くの農民が定着している。この森林保護区に隣接する村で、長年、島田周平さんが調査をされてきた。

島田（2007）によれば、これには1990年代以降の政治変動が大きく影響しているという。1991年に一党独裁の統一国民独立党（UNIP）政権から複数政党民主主義運動（MMD）政権への政権交替があったが、それを利用するように、一部の伝統的支配者や村長たちの中に地方政治への発言力を高めるものが出てきた。その彼らが、植民地時代に白人政権に「奪われた」森林保護区に対して自らの「正当な権利」を主張し、人々

写真1-14　1982年の航空写真で見る森林保護区（ムヤマ森林保護区）（島田 2007）

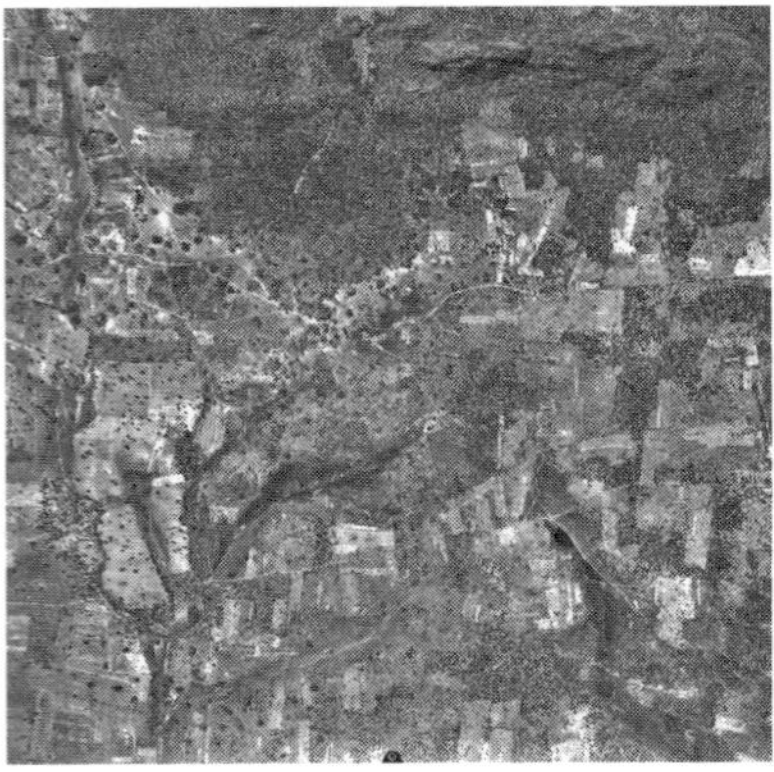

写真1-15　1997年の航空写真で見る森林保護区（ムヤマ森林保護区）（島田 2007）

の開拓入植を容認していったという（島田2007）。そして、ミオンボ林は一帯に広がるトウモロコシ畑へと変貌していったのだった。

4　農業

†熱帯の農作物（天然ゴム、カカオ、コーヒー）

熱帯地域で作られる農作物は、図1-11の農作物の栽培条件で気温が高いところで育つ農作物になる。図1-11から、年間降水量が2000㎜以上の場所では、年平均気温が高いほうから、天然ゴム、カカオ豆、コーヒー豆となり、コーヒー豆は雨季と乾季のある気候、すなわちサバナ気候が適していることがわかる。アフリカでは低地の熱帯雨林気候ではカカオ豆、エチオピア高原やキリマンジャロ、ケニア山の山麓の高原ではコーヒー豆がよく作られている。年間降水量が1500〜2000㎜になるとジュートやお茶が作られ、お茶は熱帯では比較的涼しい高原で作られる。降水量が1000〜1500㎜のサバナ気候ではサトウキビが作られる。

天然ゴム、カカオ豆、コーヒー豆の原産地と伝播については、星川（1987）、ローズ（2012）、サンティッチ&ブライアント（2010）、水野（2016a）を適宜引用しながら述べてみる。

天然ゴム：天然ゴムは、熱帯雨林気候（Af気候）の低地に適し、原産地はアマゾン川流域だった（写真1-16）。アマゾン川流域のゴムはブラジルのパラ港から輸出されていたのでパラゴムとも呼ばれている。天然ゴムの樹皮に傷をつけて流れ出す乳液（ラテックス）

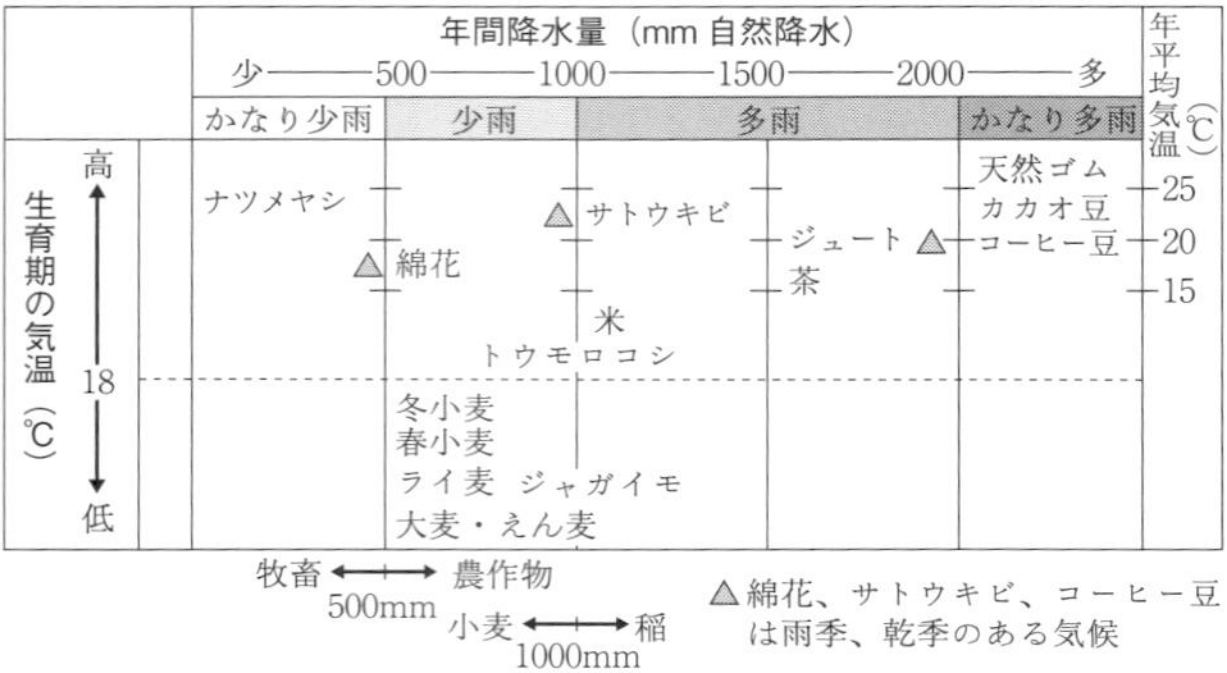

※アブラヤシは天然ゴムとほぼ同じ、落花生は綿花とほぼ同じ、
ダイズがこの表にないことに注目！

図 1-11　農作物の栽培条件（水野 1996）

写真 1-16　天然ゴム農園（タイ、カンチャナブリ）

を集めていたが、ゴム需要が増すにつれてラテックスの採集者は木そのものを伐採するようになり、アマゾンの原木は濫伐された。19世紀末には天然ゴムは減少し、栽培の必要が生じてきた。イギリスは高温で降水量の多い植民地のインドで栽培を企画し、1875年にブラジル在住のヘンリー・ウイッカムに命じて7万個の種子を盗み出させ、それをロンドンのキュー植物園に播いた。そして発芽した種子は5%以下だったものの2625本の苗木を育てることに成功したのである。このようにして天然ゴムはイギリスによってアマゾン川流域から、当時のイギリス植民地で高温多湿な南アジア〜東南アジア諸国に広められ、これらの地は現在の天然ゴムの主産地となっている。

写真1-17　カカオの実。幹から直接なっている（タンザニア、ザンジバル島）口絵

カカオ：カカオは熱帯雨林気候（Af気候）の低地に適する（写真1-17、口絵）。原産地は南米のアマゾン川、オリノコ川流域、メキシコの森林である。先住民族のインディへナによって有史以前から広められ、東部メキシコ・ユカタン半島からグアテマラにいたる地域で、マヤ族に

よって栽培化が進められたといわれている。コルテスが16世紀のメキシコ征服の際にアステカ帝国の皇帝モンテスマがチョコレートを食していたのを見て、その製法を1527年にスペインに持ち込んだ。17世紀には砂糖やバニラを加えるなどして、カカオ豆から作ったココア飲料がヨーロッパで普及。19世紀に入るとオランダのカスパルス・ファン・ハウテンが、アムステルダムの自社工場で新加工法を考案してチョコレート製造に乗り出した。

最初に南米でカカオ豆を得たスペインは1525年にカリブ海西インド諸島のトリニダード島で栽培をはじめ、ハイチなど同諸島に広まった。フランスも1660年に同諸島のマルチニーク島で栽培をはじめ、一方、イギリスはアフリカ・ギニア湾のフェルナンドポー島(ビオコ島)から同じくアフリカの黄金海岸に栽培を移動させ、これが発展して1915年には輸出量世界一になった。このようにアマゾンから持ち出されたカカオは、イギリスとフランスによって、高温多雨である植民地のアフリカのギニア湾沿岸地方、かつて黄金海岸と呼ばれた地域に移植され、そこが主産地となっている。

ボリビアのアマゾン川源流域にある町コロイコを訪れたとき、そこで収穫されたカカオから作られたチョコレートが露店で売られていた。購入してみると何ともいえないカカオのよい香りがしたが、食べてみると苦かった。砂糖が入っていなかったからだ。

コーヒー:コーヒーはサバナ気候(Aw)の高原・丘陵に適する(写真1-18、口絵)。土壌は有機質に富む肥沃土《ひよくど》、火山性土壌を好み、火山帯や高地が適し、特にブラジルのテラローシャの土壌は最適とされる。

アラビカ種のコーヒーの原産地はエチオピアで、古くから飲・薬用に利用されてきた。エチオピア南西部にカファKaffaという地方があり、その地方が原産地である。そのため、コーヒーの英語であるCoffeeの語源は地方名のカファから来ているという説があるが、ワインやコーヒーのアラビア語であるカファア（カウア）が語源であるという説が有力である。アラビア世界はこのコーヒーを守りつつ、隣国のスーダンからイエメンへコーヒーを運び、イエメンのモカ港からコーヒー豆を輸出し、コーヒー貿易をほぼ独占していた。積み出し港の名前からモカコーヒーと呼ばれてきた。

写真1-18　コーヒーノキとコーヒーの実（ケニア）。実がだんだん赤くなっていく 口絵

17世紀初頭にはコーヒー豆がアラブの外でも知られるようになり、需要が

高まった。アラブ人はコーヒーの独占のため、種子がほかで栽培されることのないように、煮るか乾燥させてからでなければコーヒー豆を輸出できないという法律を作った。しかし、オランダは1690年にモカから密かに種子をセイロンに持ち出し、またイエメンからオランダ領だったインドネシアのジャワへ持ち込んで、1696年にはジャワ、スマトラ、ティモールで栽培がはじまった。コーヒー生産におけるオランダの独占状態は19世紀半ばまで続いた。1710年にジャワからアムステルダム植物園に苗が送られ、その一部がやはりオランダ領であった南米のスリナムに移され、それが新大陸への最初の導入となって、やがてブラジルへと広がっていく。

†耕作形態

熱帯地域では焼畑の移動耕作が見られる。焼畑では山林原野を焼いて得る草木灰を肥料とし、作付けによる地力減退のため数年で移動する。アジア、アフリカ、南米など、熱帯・亜熱帯で広く行われている（写真1-19）。熱帯雨林ではキャッサバ、タロイモ、ヤムイモが栽培され、サバンナでは穀物が栽培されている。キャッサバはマニオクともいわれ、イモの澱粉《でんぷん》質はタピオカの原料となる（写真1-20）。青酸を含む品種もあるため、有毒品種は水溶性の青酸を水にさらすなど毒抜きをする必要がある。キャッサバを収穫した後に、

写真 1-19　斜面に見られる焼畑耕作（ウガンダ）

写真 1-20　キャッサバ畑（セネガル）

またキャッサバの茎を30cmくらいの長さに切って地面に挿しておけば、再びキャッサバができるため、生産は容易である。

マラウイのキャッサバ畑を訪れたとき、畑の所有者は70代くらいの老人だった。私が日本人だと分かると、老人は、第二次世界大戦のときにイギリスの兵士としてビルマ（ミャンマー）で日本軍と戦ったことを語った。アフリカからもたくさんの若者が宗主国の兵士として徴用されたのであった。

アフリカではキャッサバは広い地域で生産され、干ばつにも強いため、干ばつ時の食料確保のために重要だった。しかし近年、貨幣経済浸透とともに現金獲得のために商品作物（たばこ、コーヒーなど）に転作される場合が多く、しかも、たばこやコーヒーなどは干ばつに弱いため収入もなくなり、気候変動時に深刻な食糧不足をもたらすこととなった。

また、熱帯地域では粗放《そほう》的定住農業が見られる。粗放的農業とは、単位面積当たりの土地に対する投下資本、投下労働力が少なく、土地の生産性や利用率が低い農業のことをいう（反対語は集約的農業）。粗放的定住農業は粗放的自給的農業に一部商品生産（カカオなど）が加わる農業で、アフリカでは典型的に見られる。急斜面を利用して畑作を行っていることが多く、土壌侵食を避けるため、等高線に沿って耕作をする等高線耕作が行われ、階段状に耕地を設けるテラス耕作（階段耕作）がよく見られる（写真1-21）。トウモロコ

写真 1-21　斜面に階段状のテラスを作って、農作物を作るテラス耕作。テラス状のところではトウモロコシが作られている（エチオピア）

写真 1-22　農地をウシに鋤を引かせて耕す牛耕を行っているところ（インド、アッサム）

シャソルガム（コウリャン）、ミレットと総称されるトウジンビエやシコクビエなどが作られ、モンスーンアジアでは夏の高温とモンスーンによる多雨（一般に1000㎜以上）を利用して、沖積《ちゆうせき》平野を中心に稲作が行われている。

東南アジアや南アジアでは、ウシに鋤を引かせて耕す牛耕など技術水準が低く（写真1-22）、また天水田《てんすいでん》（天水だけに依存している水田）が多く、全体的に単位面積当たりの収量である土地生産性が低いため、一人当たりの収量である労働生産性も低い。

†プランテーション

熱帯では先進国の多国籍企業のアグリビジネスによって経営されている大規模なプランテーション農園がよく見られる。たとえば、イギリス人は紅茶をよく飲むため、もともとイギリスの植民地時代にリプトンなどの企業がケニアやインドで資本を投下し、現地の安い労働力を使ってお茶の大農園を経営し、それを本国に輸出していた。このように熱帯、亜熱帯地域の広大な農地に大量の資本を投入し、単一作物を大量に栽培する（モノカルチャー）大規模農園またはその手法をプランテーションと呼び、その農作物は欧米先進国に輸出されてきた。耕作にあたる現地の住民がその農作物を消費するわけではなく、輸出用の商品作物として作られる。

写真 1-23　ナイロビ近郊に見られるアグリビジネスのデルモンテのパイナップル農園（ケニア）

写真 1-24　コーヒー園（ケニア）

写真 1-25　お茶のプランテーション（ケニアのケリチョ）

プランテーションの農作物は、その地域の気候や土壌に適する農作物だけを作るモノカルチャー（単一耕作）である。バナナやパイナップル（写真1-23）、コーヒー（写真1-24）、カカオ、お茶（写真1-25）、天然ゴムなどの熱帯性作物であり、そのため、そのモノカルチャー経済は、その農作物の国際取引価格に大きく左右される。

また、現地の住民が古くから作ってきた農作物がこれらの嗜好品である商品作物に置き換わるため、現地住民たちは食料を現金で購入することが多くなる。

†熱帯雨林の作物とその調理法（カメルーン）

中部アフリカの熱帯雨林の作物のほとんどは、他から移入された外来の作物であるという。西アフリカ起源のヤムイモとアブラヤシが最初に持ち込まれ、その後、バナナとタロイモが東南アジアから、ヤムイモの一部は西アフリカ、一部は東南アジアから、キャッサバ、ヤウテア（アメリカサトイモ）、サツマイモ、カカオはアメリカ大陸から移入された（小松２０１０）。国連食糧農業機関（ＦＡＯ）の国別作物生産量によると、中部アフリカの熱帯雨林地帯ではキャッサバ（写真1-26）、ついでプランテンバナナ（調理用バナナ）を含むバナナの生産量が多い（表1-3）（小松２０１０）。

写真 1-26　キャッサバ（マラウイ）

調理の仕方として、キャッサバは3日以上水に浸けて毒抜きや発酵をさせ、柔らかくなったものを搗《つ》いたり練ったりしてペースト状にし、バナナなどの葉で固く巻いて蒸し上げてチマキにする。あるいは、水に浸けて毒抜きや発酵をさせた後、日光や炉で乾燥させて、それを臼と杵で搗いてふるいにかけて粉状にし、粉を熱湯で練り上げてダンゴにする。プランテンバナナも同様に蒸したり茹でたりしたものを臼と杵で搗いたり、叩き台で叩いたりして柔らかくしてダンゴにしたり、また乾燥させたバナナを搗いてふるい、粉状にして熱湯で練ったりする（小松２０１０）。

表 1-3　中部アフリカの主要作物の生産量（小松 2010）
生産量単位：1000 t　人口単位：1000 人

	人口	キャッサバ	バナナ/プランテン**	トウモロコシ	コメ	ソルガム/ミレット
コンゴ民主共和国	32202	15959	2112*	1184	338	90*
コンゴ共和国	1229	790*	130*	2*	—	—
ガボン	464	225*	292*	31*	1*	—
赤道ギニア	322	45*	20*	—	—	—
アフリカ全体	793627	91849	29463	44581	17190	32056

出典：2002 年度版　FAO 農業生産年報（1998-2000）
*FAO による推計値。必然的に、アフリカ全体は推計額の合算である。
**バナナとプランテンは国によって分類の基準が異なるため合算した。

†熱帯雨林に住む農耕民と焼畑農業（カメルーン）

カメルーン東南部の熱帯雨林にはバンガンドゥと自称する農耕民が住んでいる。焼畑放棄後の二次林では、イラクサ科の樹木ムサンガ *Musanga cecropioides*（以下、ムサンガ）が優占している。ここでは四方篝《しかたかがり》さんが長年、熱帯雨林の農耕民の生活を調査されている。

バンガンドゥの人々はムサンガの優占する二次林を伐採し、トウモロコシ、キャッサバ、ヤウテア、バナナを中心にさまざまな作物を植え付け、それらを栽培・収穫したあと放棄し、10年あるいはそれ以上の休閑の後、再び利用する。彼らは作物がまだ成長をつづけているにもかかわらず畑を放棄する（写真1-27）。

バナナは収穫後の保存が効かないが、主食として毎日必要な食材であるため、畑に植えるバナナの熟期を分散させる必要がある。そのため、住民は年に二回の乾季に

写真 1-27　造成から 3 年程度のカカオ畑の景観。バナナとヤウテアが育つなか、カカオが若葉を茂らしている（カメルーン）（撮影：四方篝）

写真 1-28　造成から 30 年以上経過したカカオ畑の景観（カメルーン）（撮影：四方篝）

新しい畑を開き、一筆の畑の中でもバナナを植える時期をずらし、さらに成長の早い品種と遅い品種を混植したりして、バナナが同時に熟さないように工夫しているという。また、バナナはいったん植えると株元から生えてくる子株によって世代を更新し、成長と結実を繰り返す。そして、藪のようになった畑からでも数年にわたって収穫を続けることができるため、住民たちは除草を積極的に行わず、むしろ、新しい畑をつぎつぎと伐開して、いろいろな生育段階のバナナを確保していくという（四方2016、2013）。

カカオは直射日光に弱いため、一般に庇陰樹《ひいんじゅ》（日傘や庇《ひさし》のように日光を遮って陰をつくる樹木）が必要であり、カメルーン東部でも、地上数メートルの高さのカカオ畑の上に、樹高30〜50mの庇陰樹の枝葉が覆っている光景が見られる（写真1-28）。

バンガンドゥの焼畑でもバナナを中心とする自給作物と商品作物のカカオを同じ畑に混植し、従来は休閑林となっていた場所をカカオ畑として利用している。また、新たなカカオ畑を作る場合、森林を皆伐せず、さまざまな樹木を庇陰林として伐らずに残し、カカオ栽培に適した生育環境を作り出しているという（四方2016）。

†サバンナに住む人々とコーヒー（タンザニア）

コーヒーの原産地であるエチオピアでは、カリオモンと呼ばれるコーヒー・セレモニーが伝統的に行われている。冠婚葬祭のときや重要なお客をもてなすときに行われ、女性が身につける作法の一つとされている。香を焚き、コーヒー豆を鉄鍋で炒って(写真1-29)、炒った豆を臼と杵ですりつぶして粉にし、それを水と一緒にジャバナと呼ばれるポットに入れて火にかけ沸騰させる。1煎目はアボル、2煎目はトーナ、3煎目はバラカといわれ、3杯飲むことが正式な儀式である。筆者は町や村で何度もこの儀式でコーヒーを入れてもらったことがあるが、その様子からエチオピア人にとって重要な儀式であることが感じられた。

写真1-29　エチオピアでの伝統的なコーヒー・セレモニー。コーヒー豆を鉄鍋で炒っているところ

アフリカでコーヒーを作っている国は、エチオピア(生産量世界第7位、2013年)、ウガンダ(11位)、コートジボアール(13位)、タンザニア(19位)、ケニア(24位)など多国にわたるが、ほとんどの国では自国で消費されておらず、生産されたコーヒーはあくまでも換金用として作られ、輸出されている。一面コーヒー畑のケニア山山麓のホテルで、朝食の

インスタントコーヒーに驚愕していた同僚の表情は今でも印象的だ。作られたコーヒーが主として国内で消費されている国は、コーヒーの原産国であり、古くからコーヒー飲料が伝統的に根付いているエチオピアのみだ。たとえばエチオピアでは生産量の48・5%(2001~05年平均)が国内消費されているが、タンザニアの国内消費量は4・2%(同)にすぎない。コーヒーの国内消費量が少なく、多くを輸出に頼っているタンザニアは、コーヒーの国際価格の変動の影響をより直接的に受けることとなる(池野2010)。

世界で取引されるアラビカ種のコーヒーは、作業方法によって水洗式と乾燥式に大別されている。水洗式は、果実の果肉部分を水槽内で腐らせて取り除く方式で、乾燥式は、果実を乾燥させて果肉を脱穀する方法だ。水洗式のものはマイルド・コーヒーと呼ばれ、乾燥式はアンウォッシュド・アラビカ・コーヒーと呼ばれている。

マイルド・コーヒーの中でも、生産国がコロンビア、ケニア、タンザニアのいずれかである場合をコロンビア・マイルド・コーヒーと呼び、その他のマイルド・コーヒーをアザー・マイルド・コーヒーと呼んで区別をしている。これにロブスタ種を合わせた4種類が取引の際のタイプ分けになる。取引上は、アザー・マイルド・コーヒーはコロンビア・マイルド・コーヒーより下のランクとされているが、実際の価格は別で、ケニアなどは安価でブレンド用の配合として用いられる一方、アザー・マイルド・コーヒーのブルーマウンテンやハワイコナは、どのコロンビア・マイルド・コーヒーよりも高価になっている。またアザー・マイルド・コーヒーはグアテマラ、メキシコ、ジャマイカなどで生産されたものが相当し、アンウォッシュド・アラビカ・コーヒーはブラジルやメキシコ、ロブスタ種はインドネシアやインド、ベトナムなどが生産国になる。

図1-12は、タンザニアのコーヒー生産量と生産者価格の推移を示している（池野2010）。具体的にはコロンビア・マイルドの指標価格、それに含まれる「キリマンジャロ」コーヒーの生産者価格、タンザニアの生産総量（アラビカ種＋ロブスタ種）が示されている。1990年代中期以降、コロンビア・マイルド指標価格とタンザニア生産者価格の連動が明白になっている。構造調整政策のもとで1994／1995年度から民間業者が参入したコーヒー買付によって、タンザニア生産者価格は国際的なコロンビア・マイルド指標価格の変動を如実に反映するものとなったのだ（池野2010）。

アラビカ種コーヒー豆の価格水準を決めるのは、ニューヨークでの先物価格である。1882年、最大輸入国であったアメリカは、ニューヨークにコーヒーの先物取引所を設置した。世界の輸出量の約3割を占めるブラジルの天候、生産・輸出量と、それに反応する投機家の動向が変動要因になり、ブラジルが豊作か、霜害《そうがい》などで不作かによって、相場が大きく変動する（図1-13）（荒木2011）。

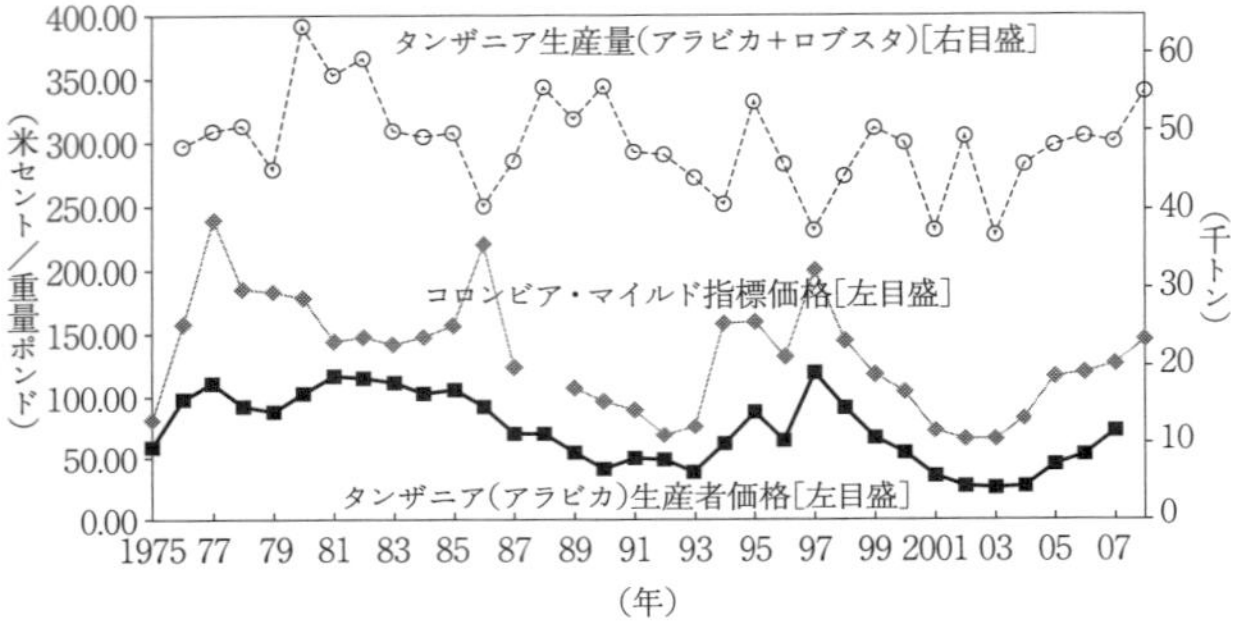

図 1-12　タンザニアのコーヒーの生産量と生産者価格の推移（IOC 2009/05/07、池野 2010）

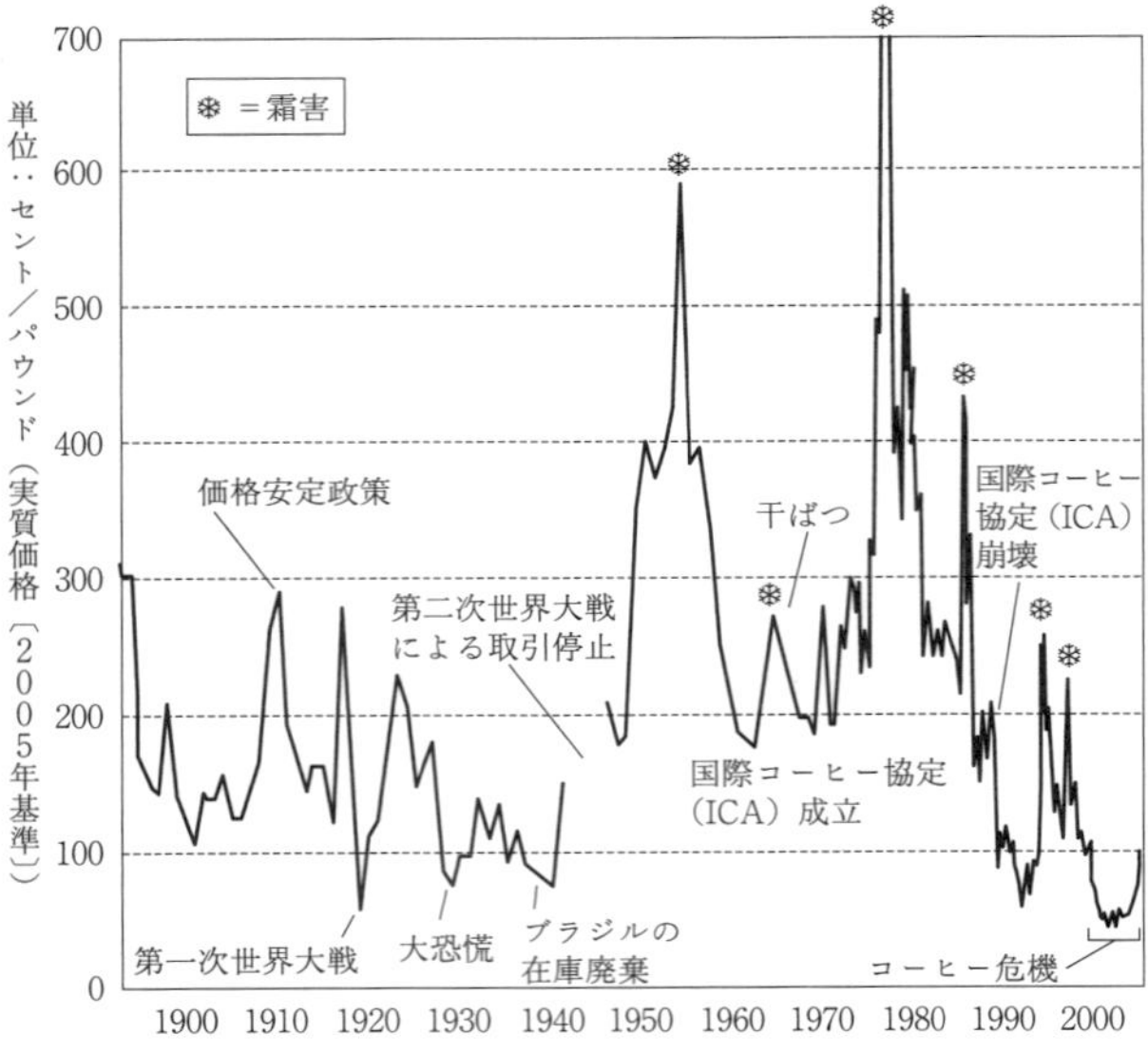

図 1-13　コーヒー生豆の国際価格（ラティンジャー&ディカム 2008）

コーヒー生産者価格が下落した場合、コーヒー農家が採りうる「自衛策」は以下のようなものであろう（池野2010）。

a　無策（ひたすらコーヒー価格の回復を待つ）

b　コーヒー部門内での自衛策
b-1　コーヒー生産（栽培地、樹木数）の拡大
b-2　製品差別化（有機栽培コーヒー、フェア・トレード等）

c　農業部門（畜産を含む）内での自衛策
c-1　コーヒー栽培地で他の作物へ作目転換（国内市場向けのトウモロコシ、料理用バナナ生産等）
c-2　農業部門の他の下位部門への主軸移動（酪農、蔬菜《そさい》生産等）

d　農業部門以外への主軸移行
d-1　村内および周辺地域での農村非農業就業の展開
d-2　都市部等での移動労働に従事（農村・都市労働移動：送金への期待）

e　他地域での営農をめざしてコーヒー産地から挙家離村（農村間移住）

写真1-30　バナナの下でコーヒーが作られている（タンザニア、キリマンジャロ山麓の村）

タンザニアの北部高地と南部高地はともに、大多数の農家がaの無策であったが、北部高地ではc、d、eの「自衛策」も採られたと推測されている（池野2010）。これは、辻村（2009）の報告にも合致しており、キリマンジャロ山麓の農民は危機的な状況に際し、cのトウモロコシや乳牛生産用の牧草等の他産物の生産や、dにあたる街への出稼ぎなどで対応したという（荒木2011）。

荒木（2011）によれば、キリマンジャロ山麓に住む人々は、伝統的な灌漑《かんがい》システムをもとに、集約的な農業を営んできた。冷涼な気候と適度な雨量を活かして、換金作物のコーヒーと主食のバナナ、豆、ヤムイモが混栽されているホームガーデン（写真1-30）とトウモロコシ栽培、それらに牧畜を加えた複合的・多目的な農業システムを発展させてきた。コーヒーの上質の香味には、標高の高さによる一日の気温差が大きな影響をおよぼすという。山腹にため池が作られ、水門から水路がはじまり、地表水を水路に分流して畑を灌漑する仕組みができている。

表 1-4　キリマンジャロ山麓で作られるコーヒーの生産・流通（辻村 2009）

1. 農民は農薬・堆肥の投入や草取り、剪定などを行う。
2. 週末に家族総出で赤く熟した果実だけを摘み取る。
3. 果肉除去機で外皮と果肉をはぎ取り、1つの果実の内部から2つの種（豆）を取り出す（写真 1-31）。
4. 水に浸して簡単に洗い、不純物や水に浮く軽い豆は取り除く。
5. 成熟豆を1〜2晩水に浸して発酵させる。
6. 表面の粘着質を洗い落とす。再度、軽量豆を除去する。
7. 日干し網の上で1〜2週間、豆を天日乾燥させる。
8. 村の中央にある単協か民間へ出荷する。買い付け担当者が色や重量で格付けをし、単価と買い付け量を掛け合わせた額を支払う。その後、近くの都市モシにある加工工場へ運搬される。
9. 加工工場で豆の殻と銀皮を脱穀してグリーン豆（生豆）が完成する。その後、大きさや重量で格付けをする。
10. 検査所でコーヒー鑑定士が加工工場における機械選別の正確さと、味覚テストのレベルにより格付けをする。
11. モシにおいてコーヒー公社主催の競売が行われ、格付けや自らの味覚検査を参照して輸出業者が落札する。
12. 北部産豆はタンガ港から輸出する。タンザニアが輸出する水洗式のアラビカ種の4分の3がドイツと日本へ向かう。
13. 日本の商船によって1〜2か月間、海上輸送される。
14. 焙煎業者が焙煎機を利用して生豆を200〜250℃まで加熱してこがすと、焙煎（ロースト豆）ができる。

写真 1-31　果肉除去機で外皮と果肉をはぎ取り、1つの果実の内部から2つの種（豆）を取り出す（タンザニア、キリマンジャロ山麓の村）

キリマンジャロ山麓で作られるコーヒーの生産・流通は辻村（2009）によれば表1－4のようになる。

我々が毎日何気なく飲んでいるコーヒーだが、その陰にはコーヒー豆の国際価格の変動と気候の変化に翻弄される生産者農民の苦労があるのだ。

5 住民生活

†自然とともに生きる狩猟採集民

狩猟採集民はすべての大陸に分布し、熱帯、温帯、寒帯という異なった環境のもと、異なった生活様式を有している。熱帯地方には非定住的な集団が多い（南部アフリカのサン〔ブッシュマン〕、中央アフリカのピグミー、アンダマン島民、フィリピンのネグリトなど）。熱帯では乾季と雨季の差はあるものの、年間を通して多様な食料の内いずれかが獲得できるために、とくに食物を貯蔵することはない。

温帯の場合、四季があるために食料を貯蔵し、いくつもの植物の栽培も行われる。寒帯の場合、北米大陸の北極圏に住むイヌイット等は、少なくとも季節的に定住し、衣・食・

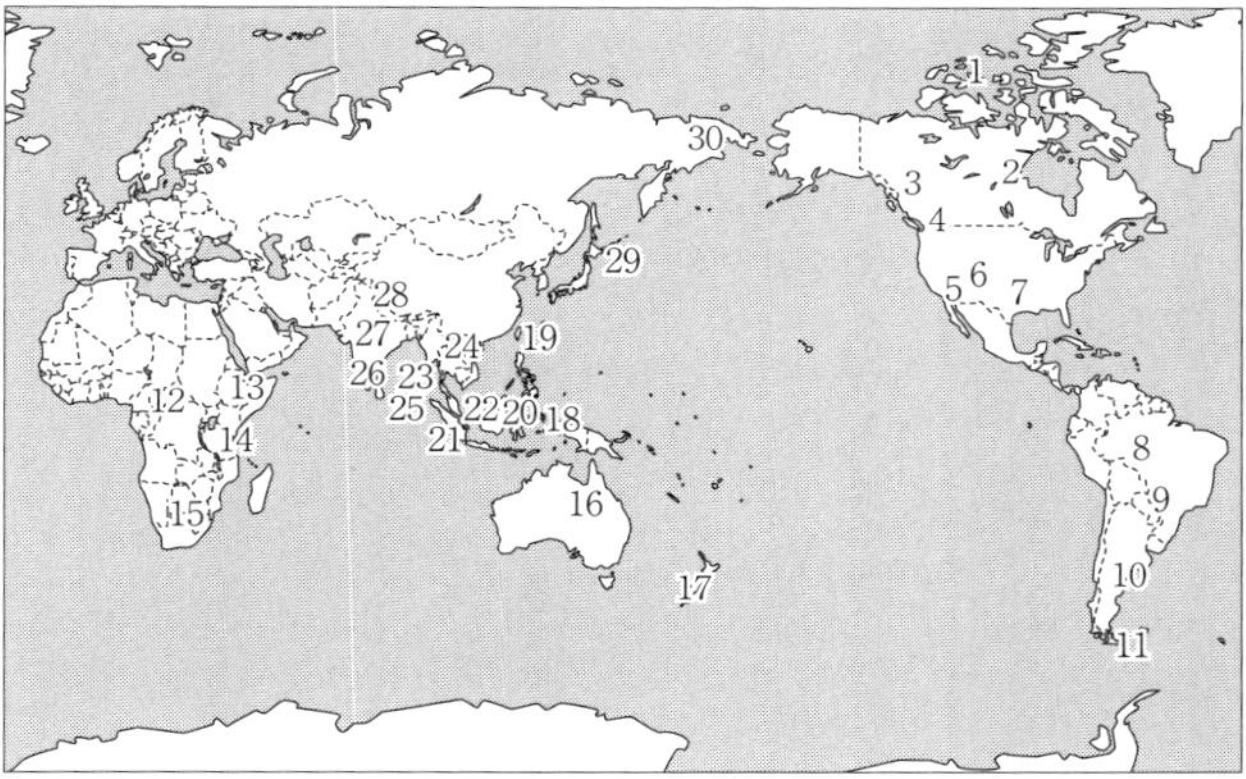

1 エスキモー（イヌイット）
2 極北インディアン
3 北西海岸インディアン
4 高原インディアン
5 カリフォルニアインディアン
6 大平原インディアン
7 平原インディアン
8 アマゾン盆地の狩猟採集民
9 グランチャコインディアン
10 テフエルチェ
11 フエゴ
12 ピグミー
13 オキエク
14 ハッツア
15 サン（ブッシュマン）
16 オーストラリア・アボリジニ
17 マオリ
18 トアラ
19 アエタ
20 プナン
21 クブ
22 セマン
23 アンダマン島民
24 ムラブリ
25 ヴェッダ
26 カダール
27 チェンチュ
28 ビホール
29 アイヌ
30 チュクチ

図 1-14　世界の狩猟採集民の分布（池谷 2017）

住のすべてをクジラやアザラシ、トナカイなどの極地の動物に依存している。雪を固めて積み上げて作る住居のイグルーに住み、移動には犬ぞりが使われる。低温のために食料は貯蔵される（尾本2016）。

現在、世界には40の主な狩猟採集民が分布しているが（図1-14、表1-5）、これらの推定人口は計71万人で、現在（2017年）の世界人口約76億人のわずか0・01％にすぎない。しかし、彼らは、最も自然を利用し、その自然

表 1-5　世界の主な狩猟採集民と推定人口（Lee & Daly 1999、尾本 2016）

北アメリカ	北米中部大平原のブラックフット等（155,000）、アラスカ西部の鯨漁民イヌピアット（7,000）、カナダのジェームス湾沿岸のクリー（12,000）、同ラブラドールのインヌ（13,500）、同ハドソン湾西岸のカリブー・イヌイット（5,000）、イヌピアット極北鯨漁民（5,000）等。合計約 200,000 人。
南アメリカ	パラグアイのアチェ（685）、コロンビアのクイヴァ（1,500）、エクアドルのウアオラニ（1,300）、ボリヴィアのシリオノ（2,000）、アルゼンチンのトバ（1,500）、フェゴ島のヤマナ（1860 年に 3,000、1929 年に 63、1965 年に 3）等。合計約 6,500 人。アマゾン川流域は不明。
北ユーラシア	日本・サハリン・千島のアイヌ（24,381？）ロシア：チュクチ半島のチュクチおよびユピク（15,200）、同エニセイ河下流のエヴェンキ（29,900）、同カムチャッカ半島のイテルメン（1,431）、同サハのユカギール（697）、同クラスノヤルスク州のケト（1,113）、同西シベリア平原のハンティ（22,283）、同タイミール半島のニア（ガナサン）（1,278）、同サハリンのニヴフ（ギリヤーク）（5,000）。合計約 102,000 人。
アフリカ	中央アフリカ共和国、コンゴ共和国のアカ・ピグミー（30,000〜40,000）、イツリの森のムブティ（15,000）、タンザニア：エヤシ湖南西のハッザ（1,000）、中央ボツワナのグイおよびガナ（コイサン）（3,000）、北ナミビア、ボツワナのジュ・ホアンシ（！クン）（15,000）、ミケア（マダガスカル）（1,500）。合計約 75,500 人。
南アジア	インド：アンダマン島のオンゲ（1800 年に 3,575；現在 300-400）、同ビハールのビロール（5,950）、同デカンのチェンチュ、同ニルギリ・ヒルズ、ウィナードのナヤカ（1,400）、同ケララおよびタミルナドゥのパリヤン（3,122）、同ケララのヒル・パンダラム（2,000）、スリランカのワンニヤラ・エット（ヴェッダ）（2,111）。合計約 20,000 人。
東南アジア	マレー半島のジャハイ（875）、同バテク（700-800）、同セマンおよびスマク・ブリ（2,500）、中国雲南省のドゥロン（4,295）、インドネシア：東カリマンタン、マレーシア、サラワクのペナン（3,200）、フィリピン：東・北ルソンのアグタ（2,240）、同パラワンのバタク（400）、同中部ルソンのアエタ（15,000）、同ミンダナオのママヌワ（8,000）。合計約 38,000 人。
オーストラリア	オーストラリアン・アボリジニ（238,574）、トーレス海峡島民（26,891）。合計 265,465 人。

の変化の影響を受ける人々であるといえ、自然と人間の関係を見ていくには欠かすことのできない人々である。

†熱帯雨林の狩猟採集民

熱帯雨林に住む狩猟採集民族は身長が低いという共通の特徴をもつ。東南アジアからニューギニアにかけて、マレー系民族が広がる前から住んでいる先住民族をネグリトと呼んでいる。ネグリトにはアンダマン諸島のアンダマン諸島人、ジャラワ族、オンゲ族、センチネル族、マレー半島と東スマトラのセマン族、タイのマニ族、フィリピンのアエタ族、アティ族、バタク族、ママヌワ族、ニューギニアのタピロ族などが属する。ネグリトという言葉はスペイン語で「小柄で黒い人」という意味である。

ネグリトはアフリカのピグミーと身体的特徴は似ているが、アフリカ人の集団と近縁ではない。フィリピンの場合、ヒトの渡来には3段階あり、狩猟採集民のネグリトが一番古く、ついで新石器時代以降に大陸から台湾経由で渡来したというオーストロネシア系言語の農耕民、最後に歴史時代の農耕・漁撈《ぎょろう》・都市住民(フィリピノ)である(尾本2016)。

狩猟採集民には表1-6のような特徴がある。狩猟採集民には、農耕民にあるような「土地所有」の観念がない。土地は個人が所有するものではなく、みなで利用するもので

表1-6　狩猟採集民の特徴（＊豊かな食料獲得民では例外がある）（尾本2016）

1. 少数者の集団（子供の出生間隔が比較的長い）。
2. 広い地域に展開して居住する（低い人口密度）。
3. 土地所有の観念がない（共同利用）。縄張り意識はある。
4. 主食がない（多様な食物）。
5. 食物の保存は一般的でない。＊
6. 食物の公平な分配と「共食」。平等主義。＊
7. 男女の役割分担（原則として男は狩猟、女は育児や採集）。＊
8. リーダーはいるが、原則として身分・階級制、貧富の差はない。＊
9. 正確な自然の知識と畏怖の念にもとづく「アニミズム」（自然信仰）。＊
10. 散発的暴力行為・殺人（とくに男）はあるが、「戦争」はない。＊

ある。また遊動性集団では、食物の均等分配をはじめ「平等主義」が徹底していて、何でも平等に分配する。個人の「財産」という観念が皆無または希薄である（尾本2016）。

世界的に広大な熱帯雨林といえば、アフリカのコンゴ川流域からギニア湾沿岸に広がる熱帯雨林と南米のアマゾン川流域の熱帯雨林、東南アジアの島嶼部（ボルネオ、インドネシア、ニューギニア）の熱帯雨林である。これらに住む狩猟採集民のなかでも、特に、研究例が多いのはアフリカの熱帯雨林に住むピグミーである。次に、ピグミーと東南アジアのボルネオに住む人々に焦点を当てて、熱帯雨林という自然と住民生活の関係について述べてみる。

†ピグミーの人々

アフリカの熱帯雨林にはピグミーと呼ばれる人々が住んでいるが、ピグミーとは特定の民族集団を指しているわけではない。人類学的な定義では、ピグミー Pygmy という呼び名は、成人男子の平均身長が150cm以下の集団のことを呼ぶ名で、その語源は、ギリシャ語の「ひじからこぶしまでの長さ」をあらわす単位だといわれている。

森林地帯に住んでいる動物は、オープンな場所に住む近縁種に比べて体が小さくなるという傾向がある（たとえば、森林性のマルミミゾウ*Loxodonta africana cyclotis*は、草原性のアフリカゾウ*Loxodonta africana africana*に比べて一回り小さい）。それは樹木に引っかかりやすい森林中でスムーズに活動するための適応であると考えられている。その適応がピグミーにもあてはまっているとされている（木村2003）。

写真1-32　ムブティ・ピグミーのゾウ狩りの準備（コンゴ民主共和国イトゥリの森、1975年）（撮影：市川光雄）

今から2万〜1万2000年前の最後の乾燥期に熱帯雨林が縮小した地域の森林はアフリカで最も古い森となり、植物相も豊かであるといわれている。このアフリカ最古の熱帯雨林に、古くから狩猟採集民ピグミーが住んでいた。アフリカのピグミーには、コンゴ民主共和国のイトゥリの熱帯雨林に住む「ムブティ」

（写真1-32）、コンゴ民主共和国、ウガンダ、ルワンダ国境付近の熱帯雨林に住む「トゥワ」、主にカメルーンの熱帯雨林に住む「バカ」、中央アフリカ共和国やコンゴ共和国の熱帯雨林に住む「アカ」などの民族集団がある（図1-15）。

彼らがいつごろから森の中で生活しているかは不明だが、紀元前2600年頃のエジプト古王朝の記録に、「ナイルの源の樹の国」に住む「神の踊り子」である「小人」としてその存在が記されているので、少なくとも5000～4000年前には、現在のコンゴ民

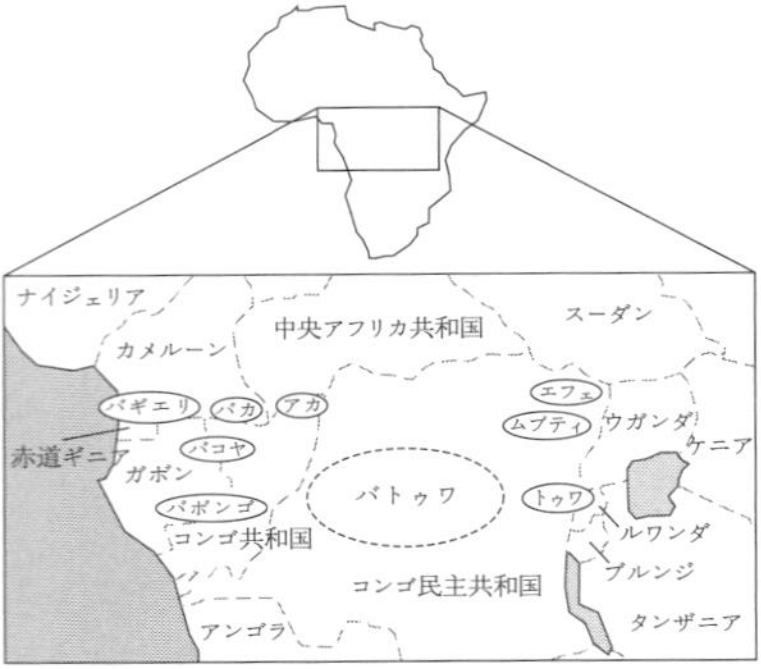

図1-15 中部アフリカのピグミー系狩猟採集民の分布（安岡2010）

写真1-33 槍で倒されたゾウ（コンゴ民主共和国イトゥリの森、1981年）（撮影：市川光雄）

主共和国東北部の森林地帯に彼らの祖先が住んでいたことは間違いない（市川1994）。

ピグミーの生活にはいくつかの共通点がある。いずれも数十人から100人程度の小集団を形成し、一年のかなりの期間は森の中で、1〜2か月ごとにキャンプを変えながら移動生活を送っている。これらの小集団には、集団を統率する実質的な権力をもつ首長は存在せず、平等主義と相互扶助が生活の原則となっている。主な生業は狩猟で、網を使った巻き狩りや弓矢猟によって中・小型の哺乳類を狩るほか、槍を使ってゾウやバッファローなどの大型獣も倒していた（写真1-33）（市川1994）。

また狩猟の他に野生植物の利用も盛んである。アフリカのピグミー系集団の共通点として、特徴的な歌と踊り、森の精霊の登場する儀礼、活発な蜂蜜採集といった文化要素があげられる。

†ムブティ・ピグミー（コンゴ民主共和国）

ムブティ・ピグミーの住むイトゥリの森は北緯0〜4度、東経26〜31度のあいだの、コンゴ盆地の東北端に広がる熱帯雨林である。ここで市川光雄さんが長年調査されてきたイトゥリの森では、中・大型哺乳類は合計50種が確認されている。これらすべての哺乳類が、ムブティにとって食物と考えられているが、実際には彼らが摂取する獣肉の80%以上がダイカー類（森林性のレイヨウ類）によって占められているという（市川1982、1994）。

ムブティは、農耕民のところで農作業や家作り、アブラヤシの実やヤシ酒の採集などの肉体労働を提供したり、蜂蜜、屋根葺《ふ》き用の葉、籠《かご》や筵《むしろ》の材料や狩猟・採集の産物などと交換して得られた、バナナやキャッサバなどの農作物に食物の6割以上を依存している（市川1994）。

ムブティはイトゥリの森の植物100種を食用に利用し、薬用に124種、道具や建材、装飾品などの物質文化に260種、矢毒や魚毒（漁に使う毒）に74種、嗜好品に10種を利用するほか、儀礼や呪術などの超自然的用途に114種を用いていた（市川1994）。

†バカ・ピグミー（カメルーン）

バカ・ピグミーは、カメルーン東南部を中心に、コンゴ共和国北部、中央アフリカ共和国西部、ガボン北部に分布する民族集団である。バカは焼畑農耕によってプランテンバナナ、トウモロコシ、キャッサバ、タロイモ、ピーナッツ、カカオなどを栽培しており、カカオ栽培は、彼らの主要な現金獲得源となっている（木村2003）。ムブティで見たように、ピグミー系狩猟採集民のほとんどは、近隣の農耕民との間に、肉あるいは労働力を提供し、その見返りに農作物をもらうという、いわゆる「共生的関係」を形作っていることが知られているが（寺嶋1997）、バカにおいても、農耕民のカカオ栽培などを手伝い、賃金や食料、物品を手に入れることが重要な生計活動となっている。狩猟活動は盛んだが、弓矢猟・槍猟はあまり行われず、ダイカーを対象とする跳ね罠猟がよく行われている（写真1-34、口絵）。

また、農耕民に借りた銃を用いて、おもにサル類を目的とした銃猟も盛んである。これ

写真1-34　バカ・ピグミーによって仕掛けられた罠にかかったミズマメジカ。レッドダイカー類より少し小さめ（10kg程度）の動物である（カメルーン）（撮影：安岡宏和）口絵

らの獲物は自家消費されるほか、生のままあるいは干し肉の形で売られる。大乾季には蜂蜜採集がよく行われる。また女性は乾季の間、小川で掻《か》い出《だ》し漁（小川の水を堰《せ》き止めたり、森林内の水たまりの水を掻い掘りして中の魚をつかみ取る漁法）、魚毒漁（植物の毒を使って魚をとる漁法）が実施されることもある。野生植物の利用は盛んであり、野生のヤムイモ *Dioscorea* sp. やココ *Gunetum* sp.（通称アイアンリーフ）、フェケ *Irvingia gabonensis*（通称「ブッシュ・マンゴー」、種子から油を取る）などの採集が行われている。

安岡宏和さんはご自身が、カメルーンの狩猟採集民バカの人々が乾季に実施するモロンゴと称する長期の狩猟採集行に同行された（写真1-35）。この採集行によって得られた、この期間の生計活動と食生活に関する定量的なデータから、食料源が乏しい乾季においてさえ、狩猟採集のみに依存する生活が可能であることが実証された（安岡２０１０）。

そのモロンゴは89人が参加し、73泊の行程で、定住集落を発った後、いくつかの短期滞在キャンプを経て、定住集落から40㎞ほどのところで43泊したという。その長期キャンプで、大人１人当たりに換算して１日２３９０キロカロリーに相当する食物を獲得し、その内訳は野生ヤム１５７２キロカロリー（全体の65％）、野生動物６０４キロカロリー（25％）、蜂蜜１８３キロカロリー（８％）、野生果実その他31キロカロリー（２％）であった（写真1-36、口絵）。

佐藤（2001）によれば、ピグミーは日本人に勝るとも劣らず薬好きだそうだ。バカ・ピグミーでは、病を治したり、強壮のための薬だけでなく、狩猟のための薬、蜂蜜採集のための薬、キノコ採集の薬、ヤマイモ採集の薬、魚捕りの薬、焼畑の薬など、豊猟・

写真 1-35　バカ・ピグミーに同行して森のキャンプに向かう安岡宏和さん（カメルーン）（撮影：市川光雄）

写真 1-36　罠猟キャンプでレッドダイカーの肉を燻製にする作業をしているバカ・ピグミーの男性（カメルーン）（撮影：安岡宏和）口絵

豊作のための薬があるという。他に媚薬《びやく》（男の媚薬と女の媚薬がある）、蛇の薬（解毒剤と蛇に遭遇しない忌避薬とがある）、雨の薬（雨の到来を防ぐ薬と降っている雨を止める薬がある）などがある。

†ピグミーの精霊信仰（カメルーン）

ピグミーを特徴づけるものに「精霊」がある。都留泰作《つるだいさく》さんはこのピグミーの精霊信仰について調査されている。精霊信仰とはアニミズム（animism）のことで、生物・無機物を問わないすべてのものの中に霊魂や霊が宿っているという考え方であり、19世紀後半にイギリスの人類学者、E・B・タイラーが著書『原始文化』（原著1871年、訳本1962年）の中で唱えた言葉である。

日が暮れて暗くなると、バカ・ピグミーの人々の間では、2〜3日に1回の割合で、さまざまな扮装をこらした踊り手によって、熱帯雨林の森の精霊である「メ」が登場する歌と踊りのパフォーマンス「ベ」が始まるのだ（写真1-37）。「ベ」においては、扮装などで表現された、森に住む宗教的な存在「メ」が登場して女性たちの合唱にあわせて踊る。また、合唱で歌われる歌は、人々が夢の中で祖先から教わって、それを朝起きたときに思い出しながら人々に伝えるものとされている。これらの歌を皆で合唱し、森に住む種々の精霊を呼び寄せ、彼らと交流するのである（都留2010）。

「べ」は、宗教儀礼としての社会的文化的意義を担っているが、基本的には歌と踊りを楽しむレクリエーションとしての自然発生的な集まりであるという（都留2010）。

写真1-37　精霊ジェンギと踊るバカ・ピグミーの人々（カメルーン）（撮影：都留泰作）

ちなみに、バカ・ピグミーは、近隣農耕民をゴリラの化身とみなしているという（大石2016）。人間としての農耕民の姿は仮のもので、死ぬと本来のゴリラの姿に戻ると考えているのだ。バカ・ピグミーは、身振りや振る舞い、興奮したときのうるささ、危険性から農耕民とゴリラの類似性を指摘する。たとえば、ふんぞり返って偉そうに歩く仕草が似ているとか、ゴリラのシルバーバックが威嚇する際に見せる胸を張る格好は、農耕民がバカ・ピグミーを見下すときの姿勢にそっくりだという。邪術を操る農耕民の危険さは、森で遭遇したゴリラの暴力性を連想させるという（大石2016）。

写真 1-38　熱帯雨林で狩猟採集生活をおくるピグミーの人たち（最前列の２人はピグミーではなくバントゥ系の人）（ウガンダ）口絵

†トゥワ・ピグミー（ウガンダ）

筆者がピグミーの人々に会ったのはウガンダとコンゴ民主共和国の国境付近の熱帯雨林で、トゥワの人々である（写真1-38、口絵）。前年にもこの集落を訪れた私は翌年に、長年コンゴ側のイトゥリの森で調査をされてきた市川光雄さんをお連れしたのであるが、市川さんはトゥワの人々に動物の図鑑を見せて「これは何と呼ぶか？」と聞いたり、また頬、目、口、指などの体の部分がどのように呼ばれているか聞き取ったりして簡単な調査をされた。突然現れた外国人が自分たちの言葉を話すのでトゥワの人々は大騒ぎになった。

この簡単な聞き取りの範囲では、この村のトゥワの人々の言葉と市川さんが調査されてきたイトゥリの森のムブティの人々の言葉は60％近くが同じではないかということだった。コンゴからウガンダに続く熱帯雨林に境界はない。当然、その森に住むピグミーの人々にも国境などないのである。

†ボルネオの熱帯雨林に住む人々（マレーシア）

数十年前まで、ボルネオの森林には狩猟採集によって暮らす集団が多数存在した。主食は数種の木生《もくせい》ヤシで、とくにチリメンウロコヤシから澱粉を採集するために森林を遊動していた。ヒゲイノシシなどの哺乳類や爬虫類を犬槍猟（犬で獲物の動きを止め、槍で突き刺す猟）や吹矢猟で狩猟した。農耕民とは、林産物を提供し、塩や鉄製品、布、装飾品などを得る交易もしていた。1950～70年代頃に政府や協会、その意向を受けた農耕民の勧めで定住、半定住や農耕をはじめた。1980年代以降には木材伐採の影響で森林の生活を諦める集団も出てきた（小泉2017）。

プナン（ペナン）は、それらの中で最大規模の民族である。定住するログハウスを与えられた現在でも、生活の大半を熱帯雨林で過ごすものは多い。現金収入がなくとも森の中では生活費がかからないためである。プナンが一定期間を過ごす森のベースキャンプには、数棟から十数棟の高床式の小屋が建てられ、家族単位で住んでいる。プナンにとって、樹木は森の動物などと同様に霊魂をもつ存在であるため、大木を切ることは禁忌とされ、家屋の建設にさいしても大木を使うことはない（佐藤2007）。

イノシシの狩猟やヤシの澱粉の採集が主な活動である。水でさらしながら濾《こ》しとった澱粉を乾燥させ、数日分のたくわえとしてとっておく。この粉を水に溶かし、炉の火で加熱してできる澱粉糊をすくいとって食べる。イノシシなどの獲物があると小屋に持ち帰り、メンバー全員で均等に分ける。肉は切り裂いて木の葉でくるみ、保存のため炉の上の棚において燻製にする。こうして獲物を食べつくすまではベースキャンプにとどまり、つぎの狩りに出ることはしない（佐藤2007）。

†サバンナの人々と果樹利用（ナミビア）

ナミビアの北中部のオヴァンボランドではマルーラと呼ばれる果樹が多くの畑の中に自生し、切らずに残されている。人々はマルーラの果実からお酒を作っている。藤岡悠一郎さんは、このマルーラとオヴァンボ社会の関係について調査された。

オヴァンボランドの土地は長年、村の共有地で、住民はその用益権を得て畑を作っていたが、独立後、各世帯が土地を柵で囲い込んで私的に占有するようになる。各世帯の畑以外に共有地があった頃は、自分の畑に果樹がない世帯も、共有地の果樹を利用してマルーラ酒を作ることができたが、共有地がなくなるとそれができなくなる。自分の畑にたくさん果樹が生えている世帯は、マルーラ酒を豊富に作ることができる。しかし、そのような状況でもマルーラの争奪や酒をめぐる争いは起こっていない（藤岡2016a、2016b）。

写真1-39　マルーラの果汁を搾る女性たち（ナミビア北部、オカシャティ近郊）（撮影：藤岡悠一郎）

2〜3月に女性たちは自分の保有する果樹から果実を拾い集め、地面に山積みにしていく。果実搾りは他世帯の女性たちとの共同作業で、お互いに日を決めて手伝いあう（写真1-39）。搾った果実は果樹の保有者のものだが、手伝いの人は自分が搾った果実の種子を持ち帰り、油を採って主に自給用に利用している。後日、果汁が発酵して酒ができると、果樹の所有者は手伝ってくれた女性や友人、親戚などを家の酒宴に招いて酒を酌み交わす。オヴァンボ社会では、果樹を所有していない世帯も、果汁搾りという共同作業に参加することによってマルーラ酒を楽しむことができる。また、このマルーラ酒を贈与することで、近隣世帯と良好な関係を維持し、地域社会の連帯を保っているという（藤岡2016a、2016b）。

†サバンナに住む人々の精霊信仰（タンザニア）

タンザニアのトングウェの人々は、焼畑農耕や狩猟・漁撈・採集などを営みながらウッドランド（乾燥疎開林）の自然と一体になりながら生活をしている。トングウェの人々は、スワヒリ語でダワと総称される多彩な呪薬を用いている。掛谷誠さんは長年トングウェの人々と呪術の関係について調査されてこられた。

トングウェ語で、植物性呪薬はムティ、動物性呪薬はシロコメと呼ばれ、300種を超す植物がムティとして、100種を超す動物がシロコメとして認知されている。伝統医（ムフモ）はダワについてのスペシャリストであるが、一般のトングウェも多くの種類のダワについての知識を備えている。人々はダワを用いて、精霊や祖先霊の加護や助力を引き出し、狩猟・漁撈・蜂蜜採集の成功や焼畑耕作での豊作を願い、悪霊や悪意をもつ他者からの呪いを払いのけ、病を治療し、災いの源を絶つという（写真1-40）。邪術者はダワを使って人々を呪い、病やさまざまな災いをもたらす。トングウェは川や山、大木や大石を棲みかとする諸々の精霊や祖先霊とともに生きている。人々の病を治療し、災いのもとを断つ伝統医の力は、究極的には伝統医に憑依する諸精霊に由来する（写真1－41）（掛谷1994）。

掛谷（1994）で観察された伝統医の治療法の例は次のようである。

患者の女性Aは、かつて子供を一人産んでいるが、ここ4～5年子供に恵まれないため、伝統医のKに占ってもらったところ、邪術者の呪いと、川の淵などに住む悪霊のイシゴが

写真1-40　呪医と呼ばれる伝統医が白い粉（トウモロコシの粉）を水で溶いたものを手につけて、住民の身体に触れ、そのご加護を授けている（タンザニアのトングウェの村）（撮影：藤本麻里子）

写真1-41　呪医が一年に一度、祖先霊を祀る儀式の準備をしているところ。白いトウモロコシの粉と赤味がかった粉末（伝統薬）で地面に模様を描いている（タンザニアのトングウェの村）（撮影：藤本麻里子）

写真1-42　治療儀礼のため呪医が白い粉で図を描いた。写真の左端で布にくるまり寝転んでいる人が、治療対象となっている病人（タンザニアのトングウェの村）（撮影：藤本麻里子）

主要な原因であると診断された。Aの親族の一人が彼女に恨みをもち、ダワを使って悪霊をそそのかし、彼女に取り憑くように仕向けたという。

　伝統医のKはAとその子供を引き連れて、カゴボレの木が立つ川のほとりに赴き、土を掘って村から持参したバナナの株を立てた。それは悪霊がAから立ち去って、帰るべき棲み場所を象徴している。そのかたわらに三つの石を組んで炉を作って大小二つの土鍋に水を入れて、呪文を唱えながらそれらに種々の植物性呪薬を放り込み、大型の土鍋に動物性の呪薬を入れる。Aに取り憑いている悪霊に捧げる犠牲獣となる、黒い羽毛のニワトリの頸部をナイフでかき切り、したたる血を二つの土鍋に注ぎ込む。さらにAのベッドの脚部と中央部直下の土を土鍋に入れる。邪術者はこの土を取ってAに呪いをかけたというのが占いの結果の一つであった。伝統医は対抗呪術を用いて呪いを解くのである。

伝統医はバナナの株の前方に白粉で人形《じんけい》を描き、呪薬（ムトゥヌの根）でなぞる。人形は悪霊そのものを表現しており、それが帰るべき場所を指示しているのである（写真1-42）。伝統医は屠《ほふ》ったニワトリの心臓を斧の刃先にのせ、Aの口先に運んでそれを飲み込ませる。それはAの体内に巣くった病根を斧で切り取り、悪霊に犠牲獣を捧げたことを示している。このあと伝統医は、Aの額や頭頂部、胸部などの10か所に剃刀で傷をつけ、ピグミーアンテロープの角《つの》に入った強力なダワ、邪術者の呪いや悪霊を取り除き、ふたたびそれらに取り憑かれることを防除するものを塗り込める。この後Aと子供は川岸近くに引かれたダワの線をまたいで、後を振りむくことなく村へ帰る。

Aが脱ぎ捨てた下着の断片、悪霊への供え物である黒布・ニワトリ、Aの手足の爪と髪の一部を人形の上に置き、呪文とともに伝統医は土鍋に入ったダワを注ぎ、その土鍋を伏せてこれらのもののすべてを覆う。そして土を寄せて固定し、邪悪なもののすべてを封じ込めるのである。こうして治療を終え、伝統医たちは村へ帰る（掛谷1994）。

†精霊と邪術師（タンザニア）

同じくトングウェの村で調査中であった藤本麻里子さんの経験を以下に述べる（藤本2008）。

藤本さんはトングウェ語について調査していたとき、トングウェ語を熱心に教えてくれる一人の親切な老婆に出会った。彼女が三度目に老婆を訪ねたとき、朝から昼過ぎまで、老婆の家の中でトングウェ語の単語の聞き取りをしていた。そこに、彼女の目の前を一匹の黒猫が通り過ぎた。部屋の奥からやってきた黒猫は彼女の前を右から左に、また左から右に通過し、奥に戻っていった。しばらくしてまた奥から黒猫が現われ、彼女の前で立ち止まった。するとインフォーマント（フィールドワーク中に調査を手伝ってもらう現地の協力者）のトングウェの男性は部屋から飛び出していった。しばらくすると彼女は体の節々が痛くなりはじめた。彼女は老婆に礼を述べて滞在先に戻ると、ものすごい悪寒に襲われた。彼女はマラリアを疑って、急いで熱を計ると37・8℃あり、すぐマラリア薬を飲んだ。夜半にはさらに熱が上がり、40℃の高熱に苦しみ、下痢や嘔吐にも苦しめられた。

病床で苦しむ彼女の元に、滞在先の家の14歳の少女が看病に来てくれ、そのとき少女は「あのお婆さんは邪術師だから、もう会いに行ってはいけない」と忠告する。最初彼女は冗談だと思い、笑っていると少女の顔はどんどん真剣になっていく。やがて、他の家族も同じ忠告をするために次々とやってきた。彼らによるとその老婆は邪術師で、現われた黒猫はただの猫ではなく、邪術師によって命を奪われた人の魂が乗り移ったものだとのこと。邪術師によって病気にされた人は、自然の草木から作る薬を利用し、精霊からの助言を聞いて実行できる呪医のところに行かなければ、回復できないとのこと（写真1-43）。

発症してから三日目の夜に、彼女は病床で高熱と吐き気に苦しんでいた。すると、どこからともなく発電機やエンジンを稼動させたときの排気ガスのような、ガソリンのような臭いを感じた気がした。看病のため同じ部屋で寝ていた少女に「なんかガソリン臭くない？」と尋ねてもそんな臭いはしないとのこと。気のせいか……と思った矢先、猛烈な吐き気に襲われて、夜に食べたものをすべて吐き出してしまう。少女は嫌な顔一つせず掃除し、彼女を介抱してくれた。そして四日目に回復した。

写真1-43　呪薬などを使用して患者の治療を行っている伝統医（ケニア、ワタム）

この体験を取り上げて、家族は次のように説明した。その家の主人である40代の男性は生まれつき体の中に精霊をもっているのだと。その男性はタンガニーカ湖での漁をするため、日頃からボートのエンジンを扱っている。そこで、彼の体の中の精霊が彼女だけにガソリンの臭いを嗅がせ、体の中に入った邪術を吐き出させたのだと。彼女は今でも自分はマラリアに罹《かか》ったのだと信じているが、彼らが本気でそう信じていることが感じられたという。その後彼女は老婆の家に行くことは堅く禁じられ、インフォーマントも同行を拒否した。彼女がその村を離れ、別の村に移動する日、「たとえ邪術師でも、せっかくトングウェ語を教えてもらったのだから、老婆にお別れの挨拶をしてくる」と話すと、猛反対されたという。邪術師は人が旅に出ると聞きつけると旅路に災いが起こるよう呪いをかけるというのだ。こうして、老婆と別れを惜しむことも許されなかった（藤本2008）。

†発展途上国の大都市への人口集中と治安の悪化

発展途上国の首都などの大都市へは、人口が流入してくる。アフリカなどでは人口爆発により、農村部から人口が都市に押し出されていくのだ。発展途上国の多くの人は農民であるが、土地がないと農業はやっていけない。通常、農地は親から長男に相続される。子供に均等に土地を分けると細分化されていくが、狭い土地で家族を養っていくのは難しい。日本でも「田を分ける者」は愚かな「たわけもの」とののしられ、土地を分割しないように戒《いまし》められてきた。

次男や三男の若者たちは仕事を求めて首都などの大都市にどんどん集まってくる（写真1-44）。雇用機会が豊富な都市は、周辺の農村部から労働力を吸引しはじめるのだ。特に、投資が集中し就業機会の多い首都などの首位都市（プライメート・シティ）に人口が集中する。発展途上国では子供の数が多いが、彼らの中には住む家もなく、十分な教育を受けられず、靴磨きや空き缶拾い、物売りなどをして働いている子供たちがおり（写真1－45）、ストリートチルドレンと呼ばれている。

発展途上国の首位都市では、仕事に就けない失業者が多く、そのため犯罪も多い。南ア

写真 1-44　ウガンダの首都カンパラのタクシーパーク。ミニバスが首都と地方をつないでいる。車はほとんどトヨタのハイエースおよび同型の日本の中古車である

写真 1-45　物売りの少年（クスコ、ペルー）

フリカ共和国の首位都市はヨハネスブルクだが、そこは世界一治安が悪いといわれている。なぜなら、アフリカの中で南アフリカ共和国は経済的に豊かで、そのため国内ばかりか周辺国からも仕事を求める人が流入してくるからだ。ダウンタウンはあまりに治安が悪いため、白人の住居や外国人旅行者の泊まるホテルは郊外のサントン地区に移っていった。

私が初めてヨハネスブルクに滞在したとき、サントン地区のホテルで3泊もした。しかし、サントン地区はきれいだが人工的な街並みでおもしろみがない。しかしダウンタウンの治安は最悪である。そのうちダウンタウンにある50階建てビル、カールトンセンターの最上階から景色が見られることを知って、三日目についにタクシーでそこまで行って写真だけ撮って帰って来ようと考えた。

しかし、ビルの最上階から写真を一通り撮り終えると、せっかくここまで来たのだから10分だけでもダウンタウンを歩いてみたいという気持ちがわいてきた。それで、周りに気をつけながらダウンタウンを10分歩くつもりであったが、5分後には3〜4人の若者に後ろから羽交《はが》い締《じ》めにされて、地面に仰向けに叩きつけられた。彼らは私のズボンのポケットの中に手を突っ込んで、貴重品を奪い取ろうとした。事前に読んだガイドブックには「ヨハネスブルクでは襲われても、相手がナイフやピストルを持っていたりすることが多いのでけっして抵抗をしないこと」と書いてあった。そのことが頭をよぎったのだが、思いっきり抵抗してしまった。そのうち大声を上げてくれる人がいたので彼らは逃げ去り、何も取られなかったが少し怪我をした。口元から流れる血をぬぐいながら一目散にビルまで走り、すぐにタクシーを呼んでサントン地区のホテルに逃げ戻ったのだった。

†大都市のスラム化

大都市に周辺から流入してきた人たちは、すぐに部屋を借りたり、家を建てることはできない。そのため、だれの土地でもない河川敷や山麓、線路や道路沿いなどにバラックの家を建てはじめる。このように土地を不法占拠してスラムが形成される。

ナイロビは現在では300万人を超す東アフリカ第一の都会になっている。中心の市街地には高層ビルがそびえ、多国籍企業のオフィスやホテルが建ち並ぶ。

ナイロビの郊外には出稼ぎ民の居住地区があり、拡張した新市域の南部、西部、東部に位置している。その一つが、19世紀末にスーダン南部からイギリスが強制連行してきたヌビア人傭兵のための軍用居留地であったものが、1940年代以降からスクウォッター（不法占拠）化し、出稼ぎの町となった南部のスラム街、キベラ地区である（写真1-46）。

キベラは、現在人口が100万人近くいるといわれるが、実態はよくわからない。イギリスにより強制的に連行されてきたヌビア人は、その後必要とされなくなりブッシュに放

写真 1-46　ナイロビ最大のスラム、キベラの街並み（1998 年）。
たくさんの家々の屋根が地平線まで広がっている

写真 1-47　キベラ（2002 年）。線路沿いにスラム街が発達した。
写真右上に見えるのがナイロビ中心街のビル群［口絵］

置されたため、自力で小屋を建てはじめた。しかし植民地政府が計画的なナイロビの都市開発を推進しようとした際には、キベラに住むヌビア人は追い出されるはめになった。これに対抗するため、彼らはキベラに無許可で長屋を作り、ナイロビに流入するルオなどの出稼ぎ民たちに賃貸したため、キベラの人口は急増することとなった（写真1-47、口絵）。

キベラのようなスラムではさまざまなインフォーマルセクターの経済活動が発達している。インフォーマルセクターとは発展途上国に見られる経済活動のうち、国の統計や記録に公式に含まれないようなものを指し、たとえば靴磨きや行商などの職種がそれにあたる。キベラのスラムは、ナイロビとキスムを結ぶ鉄道の線路沿いに展開しているが、その線路脇にはさまざまな生活用品を売る屋台のような簡単な店が延々と軒を連ねている（写真1-48）。

スラムの中には、廃タイヤからゴム草履、古いブリキから鍋やフライパン、廃材から家具というように、いろいろな資源をリサイクルして製造・販売する、おもに男性による手仕事や、仕立屋や美容院など女性が活躍する商売など多種多様の仕事場が混在している。

一方、病院や公立小学校などはなく、キリスト教の教会やNGOなどによって運営されている小学校があるにすぎない（写真1-49）。キベラの中でも比較的経済力のあるわずかな人たちが水道を引き、多くの人たちがその水を買って暮らしている（写真1-50）。また、ゴミはいたるところに捨てられ（写真1-51）、トイレも限られているため公衆衛生面に問題が多い。トイレは長屋に一つあるのが一般的で（長屋の大家が一つのトイレを設置）、20～40世帯にトイレが一つあるくらいの数である。長屋にトイレがない場合は公衆トイレを使用する。公衆トイレの使用料は一回紙代を含んで5ケニアシリングKsh（約6円、1Ksh＝約1・1円、2018年1月現在）くらいだ。トイレの数が少ないのは、トイレを

写真1-48　キベラに見られる露店（1998年）。さまざまなものが売られている

写真1-49　キベラにNGOによってつくられた学校での授業風景（2002年）

作るのに、このあたりでは固い岩盤を掘らなければならず、岩盤の上にバラックの家を建てるより建設費がかかるためである（水野２０１６ｂ）。

ある世帯の場合、６畳くらいの広さの部屋を月１５００Ｋｓｈ（約１６５０円）で家主から借り、そのほかに月３００Ｋｓｈ（約３３０円）の電気代を家主に支払っている。ちなみに家主は電線から勝手に線を引っ張って電気を盗んでいるのだが、キベラではそれが普通

写真 1-50　水道を引いた人が水を売っている（2015 年）。水の値段は、20ℓ 当たり 2〜5 ケニアシリング（約 2〜6 円）

写真 1-51　ゴミの横で遊ぶ子供たち。このスペースは政府によって強制撤去された住宅跡（2015 年）。現在、スラムの住居は次々と強制撤去されている

になっている。この家庭の場合、夫は健康に問題があるとして働いておらず、妻が野菜を売って1日に約50Ksh（約60円）を稼ぎ、ときどき洗濯の仕事もして、洗濯をした日は300Ksh（約330円）くらい稼ぐというが、家賃を払うだけで精一杯だ。洗濯は、固定客の家にときどき御用聞きに回り、その家の軒先で洗濯をして、一回100Kshからで、半日洗濯をして400Kshくらいになるという（水野2016b）。

キベラでは、都市化と居住の問題に取り組む国連機関である国連ハビタットUN-Habitat（国際連合人間居住計画）とケニア政府によってスラムの住民をスラム外の新住居に移住させて、スラム街を解消させる計画が実行されている。そう言うと聞こえはいいが、実際には身分証明書をもっているものだけが新住居に入居できるため、貧困でまともに病院で生まれなかった人、特に女性はそのような身分証明書をもっておらず、スラムから閉め出されて、ささやかな住まいさえ失うことになった（水野2016b）。

†大都市の深刻な交通渋滞

アフリカや南米などの発展途上国の大半は、第二次世界大戦以前はヨーロッパ諸国の植民地だった。ヨーロッパでは、たとえば、パリの凱旋門などを中心に放射状に道路が延びている放射環状路型の街並みが典型的である（写真1-52、口絵）。この放射環状路型の場

写真1-52　パリの街並み。左下がシャイヨー宮、右上が凱旋門で、それらから放射状に道路が延びている。左奥遠方に見える高層ビル群が、パリ近郊にある都市再開発地区のラ・デファンスであり、凱旋門とシャンゼリゼ通りの延長線上に位置する（口絵）

合、放射状のハブ（中心）の部分は凱旋門周辺のようにランダーバード（ラウンドアバウト、ラウンドバウト）になっている。ランダーバードには信号がなく、ロータリー型の円内に減速して進入し時計まわりに回りながら、自分の進みたい個所にて離脱するというもので、信号がないので待たずに異なった進行方向に進めるという利点がある。アフリカや南米ではヨーロッパ諸国による植民地化とともに、その都市が、このヨーロッパ型の放射環状路型の街並みになっていった。

ところが、発展途上国における首都や最大都市の近年の車の急増による渋滞はすさまじく、とくに、このランダーバードが渋滞の大きな要因になっている。車

写真1-53　ラパスの交通渋滞解消のため、2014年に盆地の底にあるラパスの中心街と盆地の上部のエル・アルト市が3本のゴンドラで結ばれた。市民が通勤や通学で使用している

の数が適度であれば、ロータリー型のランダーバードで車が時計まわりにスムーズに回るのであるが、車の数が多すぎると、どの車も我先にとランダーバードに突っ込んでくるため、糞詰まり状態になって身動きできなくなるのだ。

イギリスによるケニアの植民地化のために建設された首都ナイロビでは、20年前まで10分で移動できた距離がいまでは渋滞時に1時間以上もかかる。そして、ランダーバードに何人もの警察官が立って、信号の代わりの交通整理を行って、なんとかしのいでいる。

ボリビアの首都ラパスでも通勤時の車の渋滞がすさまじく、街の中心部は車のプレートナンバーによって街中に入れない曜日が決められている。しかし、渋滞の解消とはならず、２０１４年には盆地の中心の市街地から盆地の縁まで3本のゴンドラによるロープウェーを開通させ、それによって通勤・通学時間が飛躍的に短くなった（写真1-53）。

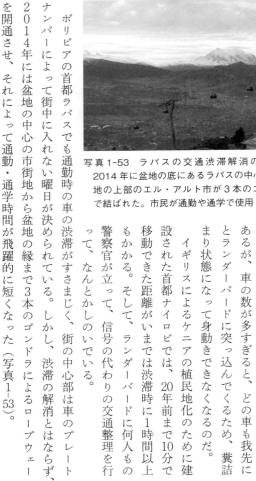

第 2 章

乾燥・半乾燥気候

朝日を浴びながら放牧へ出かけるヒトコブラクダの群れと牧畜民レンディーレ
（北ケニア、撮影：孫暁剛）

1　自然

†砂漠とステップの分布

砂漠には、一年中亜熱帯高圧帯の支配下にあって乾燥するサハラ砂漠やオーストラリアの砂漠や、大山脈の風下側になって乾燥するパタゴニア、大陸内部に位置し、海からの水分供給の乏しい中央アジアのタクラマカン砂漠や中国北部のゴビ砂漠、大陸西岸の低緯度にあって寒流の影響で乾燥するアフリカ南部のナミブ砂漠やチリのアタカマ砂漠などがある（図0-1、2-0）。砂漠のうち、岩石が分布する岩石砂漠や礫《れき》が分布する礫砂漠が全体の8割を占め、砂砂漠は2割にすぎない。

ステップは砂漠の周縁に分布し、短い雨季がある地域に生育する丈の短い草原のことをいう（図0-1下部）。肥沃な黒色土《こくしょくど》（チェルノーゼム）や栗色土《くりいろど》が分布する。

†乾燥地の地形――インゼルベルグ、メサ、ビュート

乾燥地には写真2-1のようなメサやビュートと呼ばれる、侵食による地形がよく見ら

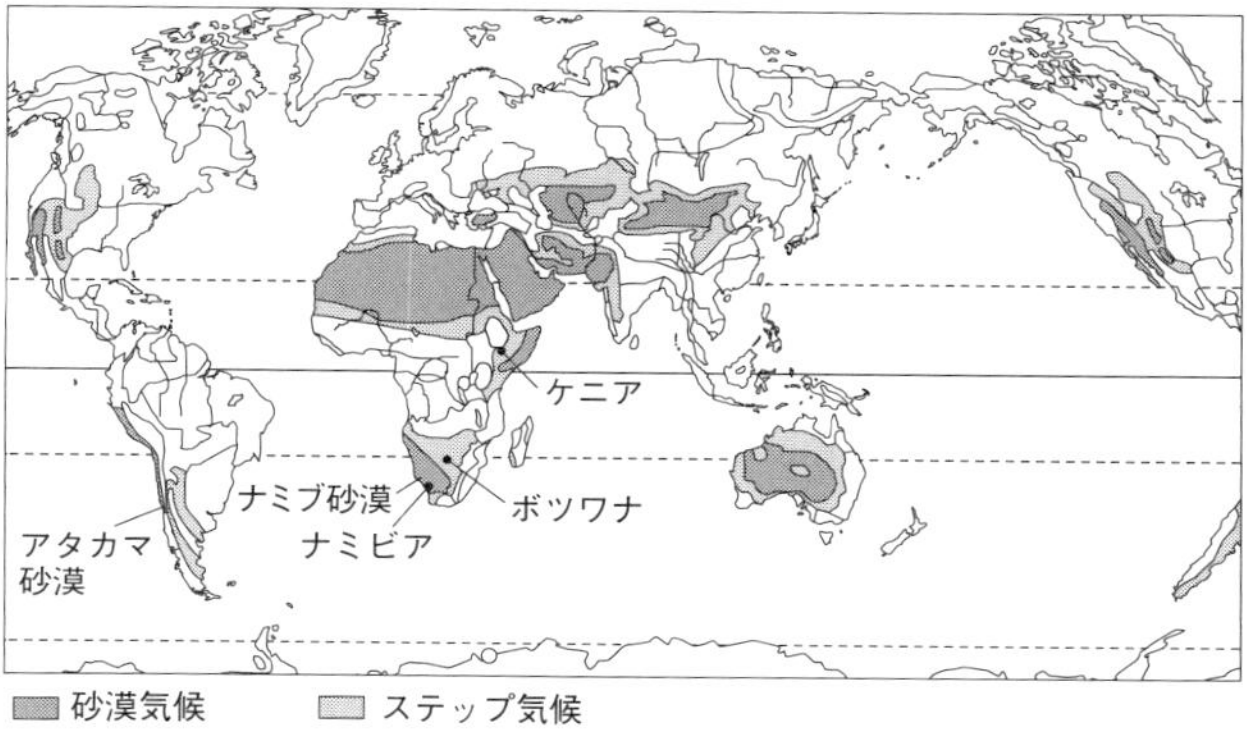

図2-0　乾燥帯の分布

れる。上位に硬い水平な地層があり、その下に柔らかい層があると、下の柔らかい地層から侵食され、上部は侵食されにくいため、テーブル状の地形であるメサができ、さらに侵食が進むと孤立丘（孤立した丘状の地形）のビュートとなる。このような地形は日本では香川県の屋島《やしま》や琴平山《ことひらやま》などで見られるが少ない。日本は降水量が多く、河川が発達しているので、河川が土砂を運搬して、堆積させてできる堆積平野が発達しているのだ。一方、乾燥地では河川があまり発達しておらず、むしろ侵食による地形が典型的に見られる。

図2-1は、斜面発達過程に関する古典的なモデルである。デイビスが示したモデル（図2-1a）は、湿潤地域ではよく当てはまるもので、斜面全体が傾斜を緩めていき、同時に斜面頂部も侵食を受けて低下していく。一方、キングのモデル

(図2-1b)は、乾燥地域でよく当てはまるモデルで、斜面は勾配をほとんど変えずに平行に後退していく。同時に斜面下方には、斜面との間に明瞭な傾斜の変換点をはさんで緩傾斜の侵食平坦面(ペディメント)が形成される(山縣2005a)。これは、降水時に発生するシート状の洪水の流れによって、斜面上や斜面下部に堆積した風化物や崩落物が面的に取り除かれるからである。斜面が平行に後退していくと、反対側からも後退していき、結果として平坦な平地の中に、急傾斜に囲まれた孤立丘が取り残される。こうした孤立丘を残丘(インゼルベルグ)と呼ぶ。メサやビュートは、この残丘の一種である。

キングのモデルでは、侵食が進行していく間も、斜面上部に平坦な面が保存されている(図2-1b)。乾燥地では、こうした平坦面にデュリクラストが形成されていて、侵食に抗している場合が多い。デュリクラストとは、地下水に溶け込んでいた物質が、地表付近の土壌や堆積物中に集積して形成された固い風化殻である(21~23頁参照)。乾燥地では、降水による地表から地下への水の流れより、地表での蒸発によって吸い上げられる上向きの流れの方が卓越する。したがって地下水に溶け込んでいた物質は、地表付近で水分が蒸発する際に土壌や堆積物中に集積していく。デュリクラストには、鉄に富んだフェリクリート(写真1-5、1-6)、珪酸に富んだシルクリート、石灰に富んだカルクリート、石膏に富むギプクリートがあり、この順番で後のものほど、より乾燥した気候下で形成される。

写真2-1　硬い層が侵食から取り残されてできたメサ（写真左）とビュート（写真右）（ナミビア）

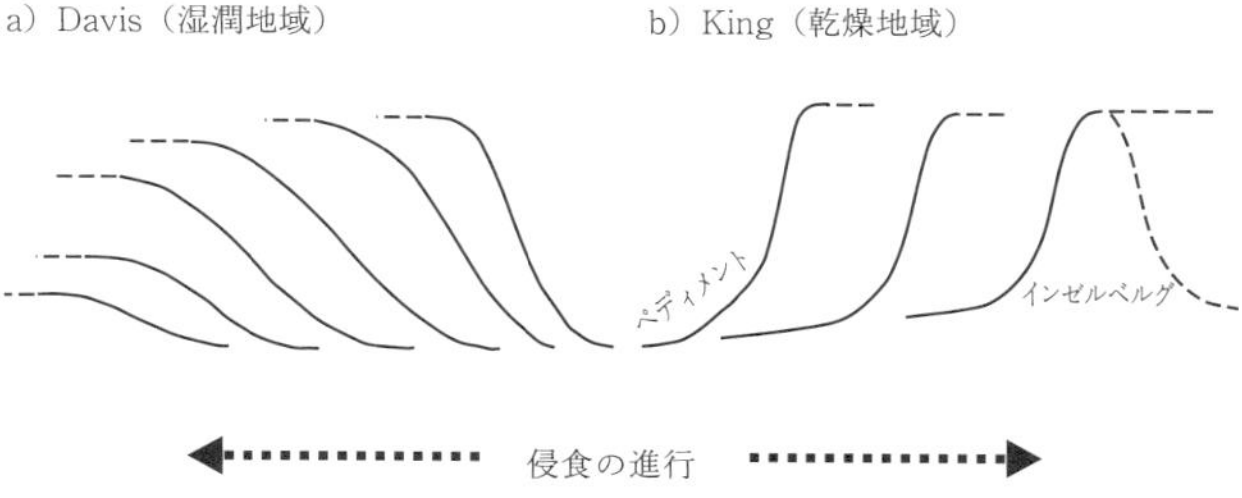

図2-1　斜面発達過程に関する古典的なモデル（山縣2005a）

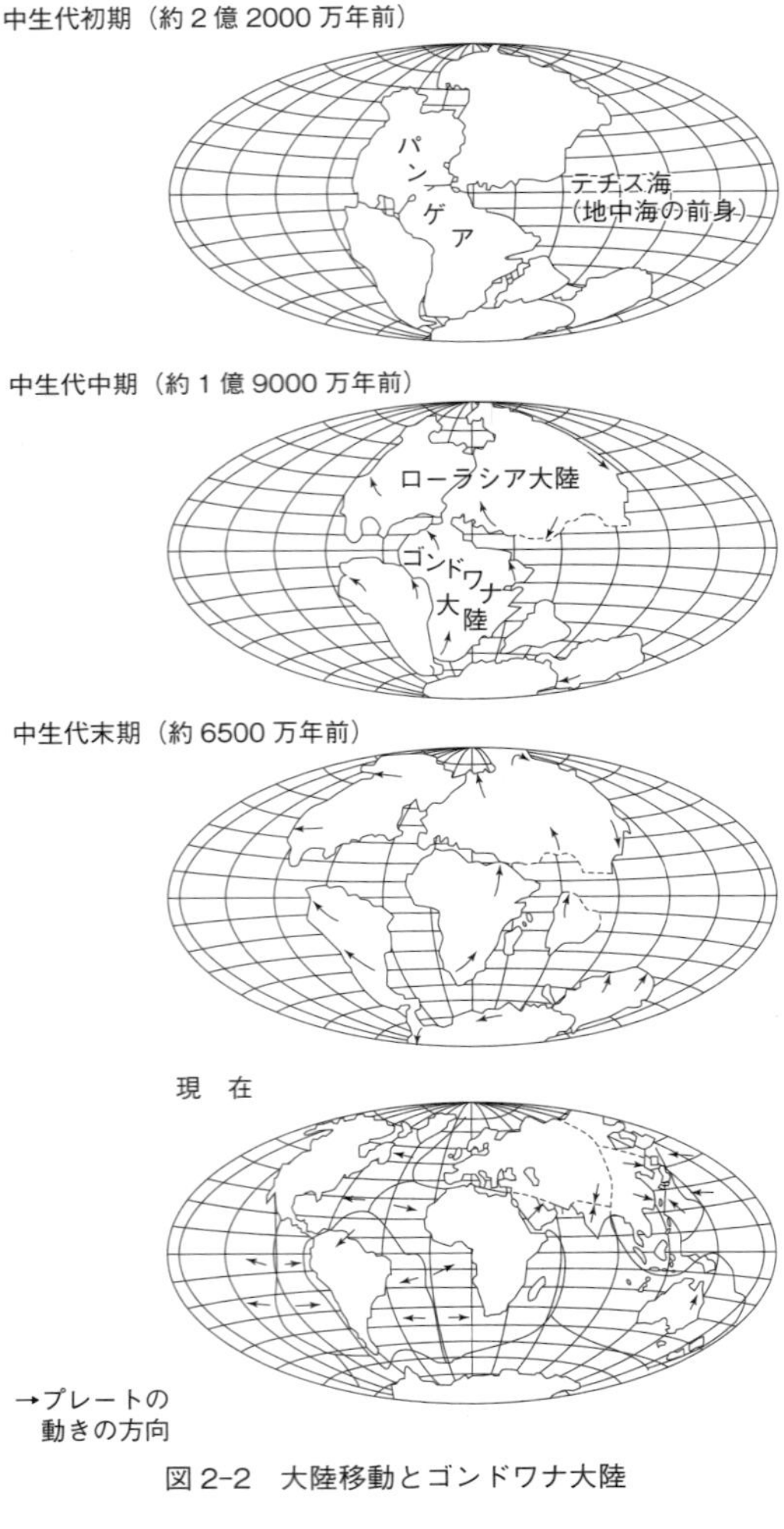

図2-2　大陸移動とゴンドワナ大陸

このため、形成された時期の気候条件に関する指標となる（山縣2005a）。ナミビアの場合、ゴンドワナ大陸が分裂したとき、ナミビア沿岸から南米のブラジルやウルグアイの沿岸が離れていった（図2-2）。そのときの割れ目から玄武岩の溶岩が溢《あふ》れ、シート状に地表を何度も覆って堆積し、時代によって硬い層や柔らかい層を形成した。その水平な地層の構造平野がその後の侵食により、硬い層が侵食から取り残されてメサやビュートが形成されたのだ（写真2-1）。

†ナミブ砂漠の成立過程――白い砂丘から赤い砂丘へ

写真2-2は海岸付近のナミブ砂漠で、写真2-3や口絵にある写真は内陸のナミブ砂漠である。海岸付近では白かった砂漠の色が内陸に行くにしたがって赤みを帯びていく。これは砂漠の成立した時代の違いから来ている（水野2015、2016b、2016d）。

何千万年も昔から、ドラケンスバーグ山脈（南アフリカ共和国とレソトの国境に位置している）（写真2-4）の岩盤が風化して砂が供給され、それが南アフリカとナミビア国境を流れるオレンジ川によって下流に運ばれて河口に三角州がつくられた。その三角州が沿岸を南から北へ流れる海流によって削られ、砂は北のナミブ砂漠の沿岸部に運ばれ、それが南西風によって内陸に吹き寄せられて砂丘が形成された（図2-3）。湾や海岸からの砂や

写真 2-2　ナミブ砂漠の海岸部の白い砂丘

写真 2-3　ナミブ砂漠の内陸部のオレンジ色の砂漠。内陸の砂漠ほど古く、赤みが濃くなっていく 口絵

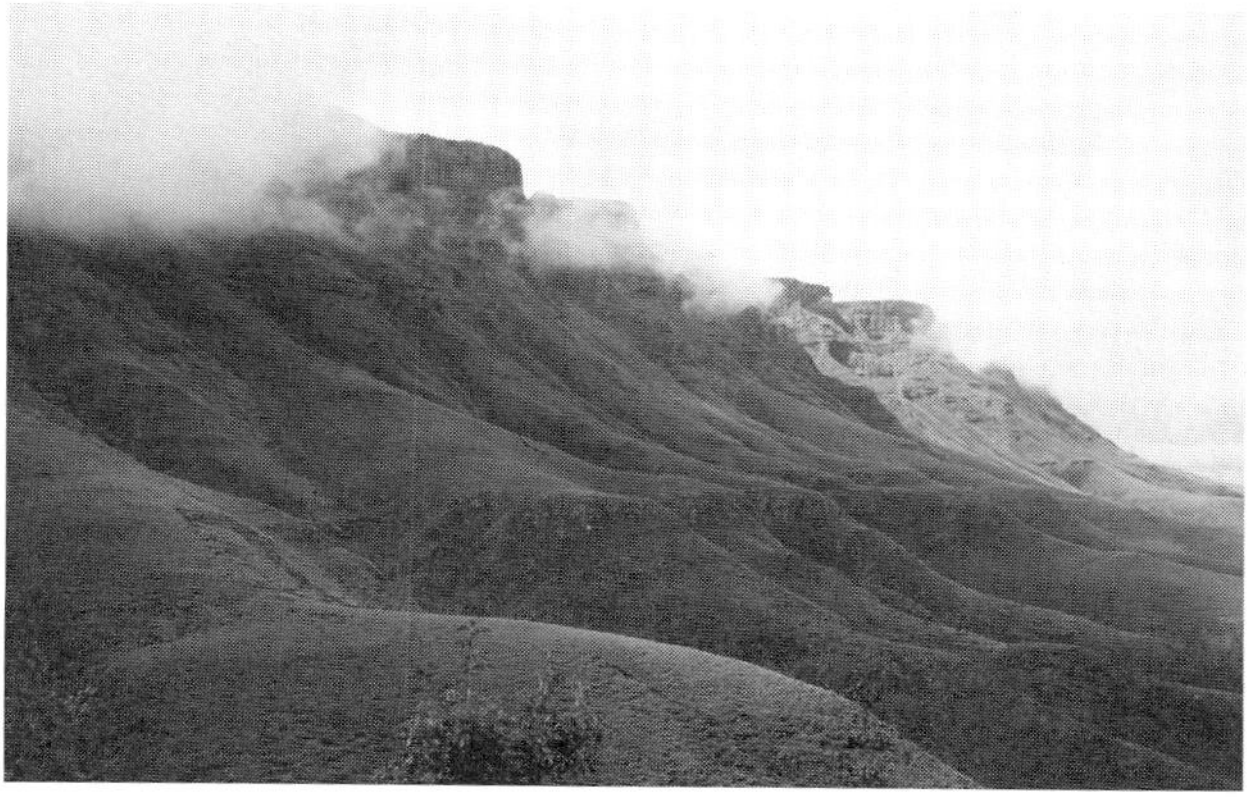

写真2-4　南アフリカ共和国とレソトの国境に位置しているドラケンスバーグ山脈

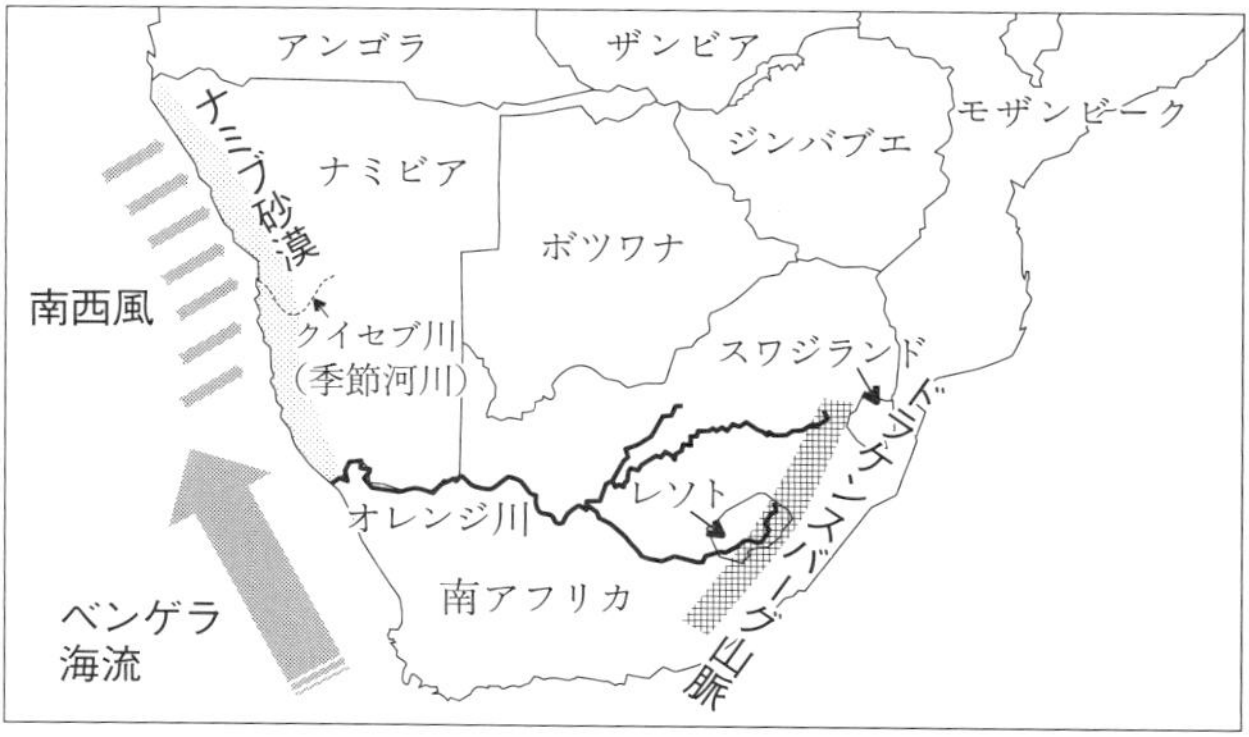

図2-3　ナミブ砂漠の砂丘の砂の供給過程

固まってできた砂岩が削磨《さくま》されてできた砂がさらに現生の砂丘の供給源になっている。

ナミブ砂漠は世界一美しい砂漠といわれている。砂丘の砂はほぼ100%が石英の粒だ。石英は硬いので風化の過程で残っていくのだ。砂丘の砂を拡大鏡で見ると、砂が石英の粒だけからなっているのがわかり、それらは宝石のように見える(写真2-5)。石英の粒の表面には鉄分がコーティングされているため、その鉄が霧水などで酸化して酸化鉄になり、錆のようなオレンジ色の砂丘をつくっている。砂丘地帯に所々で露出する岩盤から、鉄分を含む鉱物粒子が風化する過程で鉄分が溶出していくのだが、その風化過程には長い年月が必要である。内陸に行くにしたがって、砂が海岸部から南西風で移動してきた時間が長く、鉄分の付着が進んで石英の表面がより多く酸化鉄の皮膜で覆われ赤くなっていく。それで、海岸部にある砂丘は白いが(写真2-2)、内陸に行くにしたがって赤くなっていくのだ(写真2-3、口絵)。

ナミブ砂漠に「死の谷」(Deadvlei)と呼ばれる場所がある(写真2-6)。かつてここに水の流れがあった証拠として、パン(浅い凹地)に粘土やシルトが堆積し、そこだけが白くなっている。周りの砂丘の砂は風で運ばれて堆積するが、粘土やシルトは川などの水流によって運ばれる。したがって、白い粘土やシルトがあるということは、そこに水が流れこんでいたことになるのだ。また、ここはかつて水があったときに生きていた樹木が枯れたまま残っている。乾燥して微生物も生息していないため、腐らずに残っているのだ。最も古い樹木の幹は約900年前のもので、気候の乾燥化が進む以前の300年間は樹木が生き残っていたようだ。つまり現在見られる樹木は約900年前から600年前に生きていた樹木ということになる。樹木はアカシアの木であるアカキア・エリオロバ *Acacia erioloba* で、枯れてから長年強い日射にさらされてきたため、樹皮が黒く焦げている（水野

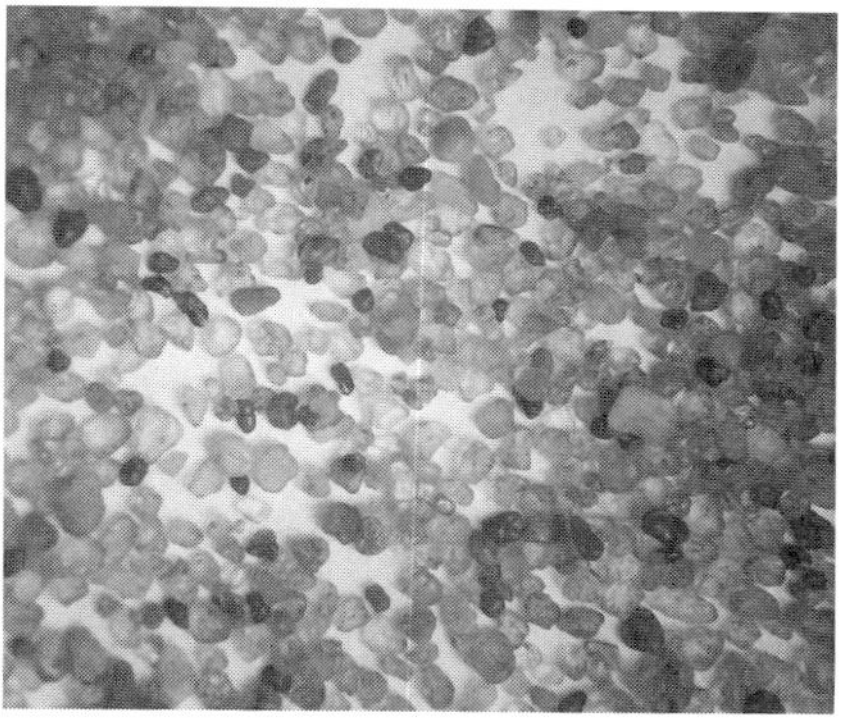

写真2-5　ナミブ砂漠の砂を拡大鏡で見ると、砂はほとんど石英の粒であり、酸化鉄の皮膜に覆われた石英の粒が宝石のように見える

写真2-6　ナミブ砂漠のデッドフレイ（Deadvlei：死の谷）。かつて水の流れがあったころに生育していた約900〜600年前のアカシアの樹木が点在する

2016d）。

ナミブ砂漠の霧の発生メカニズム

このナミブ砂漠にはときどき朝方に海から霧が発生し、砂丘を霧が覆う（写真2-7、口絵）。霧の発生は海岸部で年間100日くらい、内陸のゴバベブで40日くらいである。ベンゲラ海流で冷やされた空気が水蒸気を含めなくなった分だけ、水粒となって露出して霧が発生する。その霧が南西風によって内陸に広がり、太陽が昇って気温が上がると霧は消える。

空気が水蒸気を含むことができる最大量を飽和水蒸気量というが、それは気温に比例する。

写真2-7　午前10時くらいに大西洋岸まで後退していった霧（口絵）

暖かい空気はたくさんの水蒸気を含むことができるが、それが冷やされると、水蒸気を含めなくなった分だけ水粒が露出する。つまり霧が発生するのだ。夏の暑い日に、冷えたジュースを入れたグラスに接する空気が水蒸気を含めなくなって水粒となり、グラスの表面が濡れるのと同じ原理だ。

ナミブ砂漠に朝方発生した霧は内陸まで進入していくが、時間が経つにつれて気温が高くなっていき、空気がたくさんの水蒸気を含むことができるようになって水粒は消えてしまう。つまり、内陸から徐々に霧が消えていくのだ。写真2-7や口絵は、2016年にテレビ番組（朝日放送『ワンダーアース4 生き物たちから学ぶこと』）撮影のために、3月初旬にセスナに同乗して撮ったものであるが、空からナミブ砂漠の霧を見たのが初めてであったので感動した。撮影したのは午前10時くらいで、早朝にもっと内陸まで広がっていた霧が海岸部まで後退したところであった。

ナミブ砂漠のゴバベブでの年間平均降雨量は27㎜しかないが、年間霧降水量は30㎜あって、この霧がナミブ砂漠の動植物が生きるための重要な水分供給になっている。

†砂漠の季節河川（ワジ、涸れ川）と洪水

砂漠というと砂砂漠をイメージするが、たとえばサハラ砂漠の80％が岩石砂漠で砂砂漠は20％にすぎないように、世界の砂漠の大半は岩石砂漠（礫砂漠）である。写真2-8は季節河川（ワジ、涸れ川）のクイセブ川が砂砂漠（砂丘）と岩石砂漠の境界をなしている様子を示している。砂丘の砂は風で風下の方向に飛ばされるため、砂丘は卓越風向（頻度

写真 2-8　季節河川沿いに森林があり、それが岩石砂漠（森林の向こう側）と砂丘地帯の砂砂漠（手前側）の境界をなしている

写真 2-9　普段水が流れていない季節河川のクイセブ川

写真2-10　クイセブ川の洪水（2004年1月18日〔水位1.7m〕から4日間継続）（撮影：Andrea Schmitz）

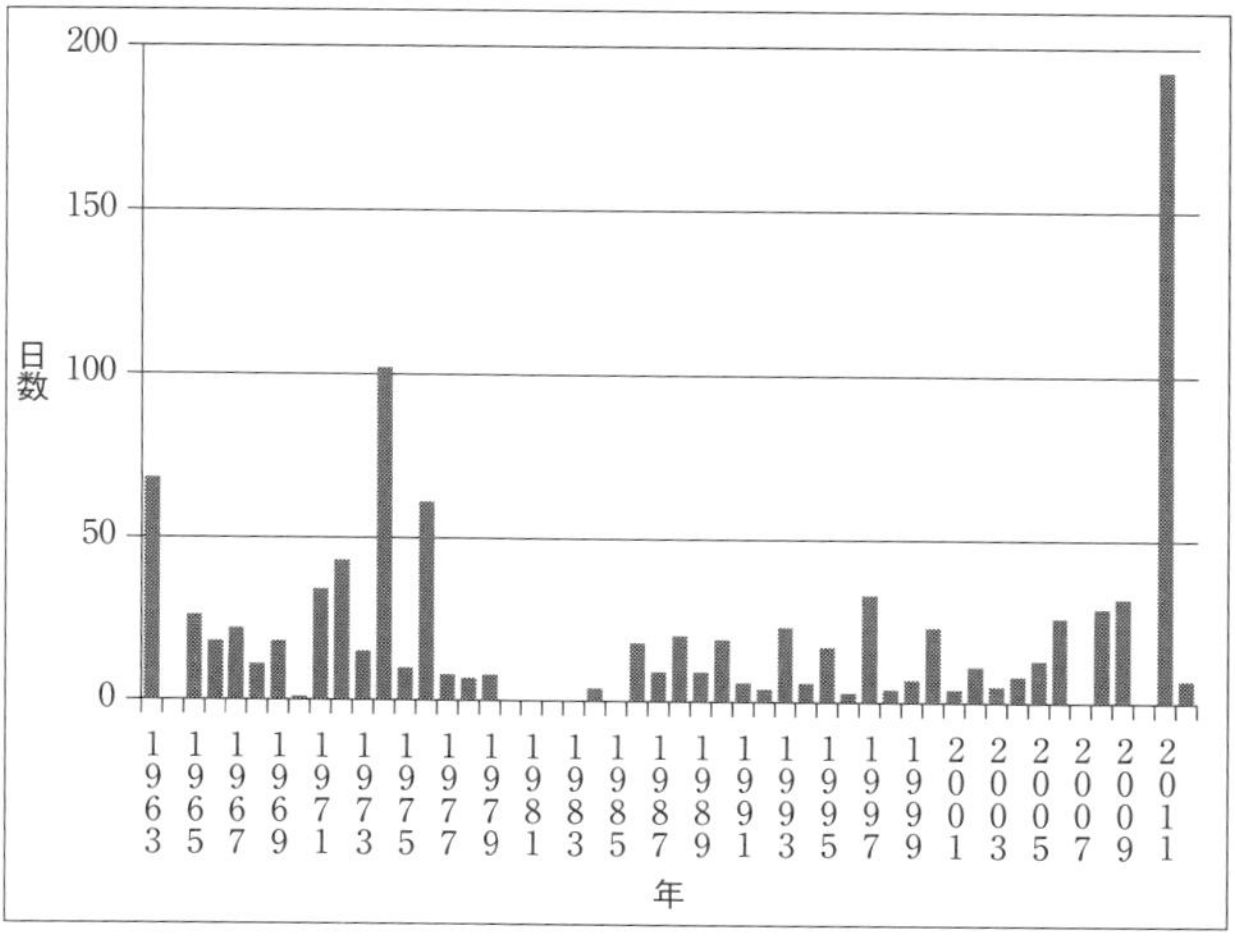

図2-4　中流域のゴバベブにおけるクイセブ川の洪水日数（1963〜2012年）（Gobabeb Research & Training Centre よりデータ提供）

が高い風向）の方角に移動していく。クイセブ川のような季節河川は通常は水が流れていない（写真2-9）。しかし、水が流れると一気に洪水を引き起こす（写真2-10）。砂漠にある河川はほとんどが季節河川であり、一年のうち数日から数十日だけ水が流れ、その水の流れを洪水と呼んでいる。

図2-4は、ナミブ砂漠の季節河川であるクイセブ川中流域での洪水日数である。1970年代後半から1980年代前半はほとんど洪水がなく、クイセブ川沿いの森林で枯死した樹木の年代を放射性炭素の濃度から推定したところ、この頃に枯死したものがほとんどであった（水野2005c、2016d）。

時折生じる洪水が、風上側の砂丘から風で飛ばされて河床に侵入してきた砂を洗い流すので、砂丘は季節河川を越えられず、季節河川は岩石砂漠と砂砂漠の境界をなしている。洪水は砂漠に降る雨でもたらされるのではなく、もっと降水量が多い上流の山岳地帯で降る雨が引き起こす。年によって水の流れる総日数（洪水日数）は異なるが、洪水日数は平年で0日から数十日である。しかし、2011年には観測記録上最多かつずば抜けて多い193日を記録した。2011年の洪水のときは、下流地帯でヤギなどの家畜が流されたり、井戸水を使って細々と管理していた家庭菜園が台無しになってしまった。筆者は2010年の12月にクイセブ川のホメブという村で川に水が流れているのを見たが、その

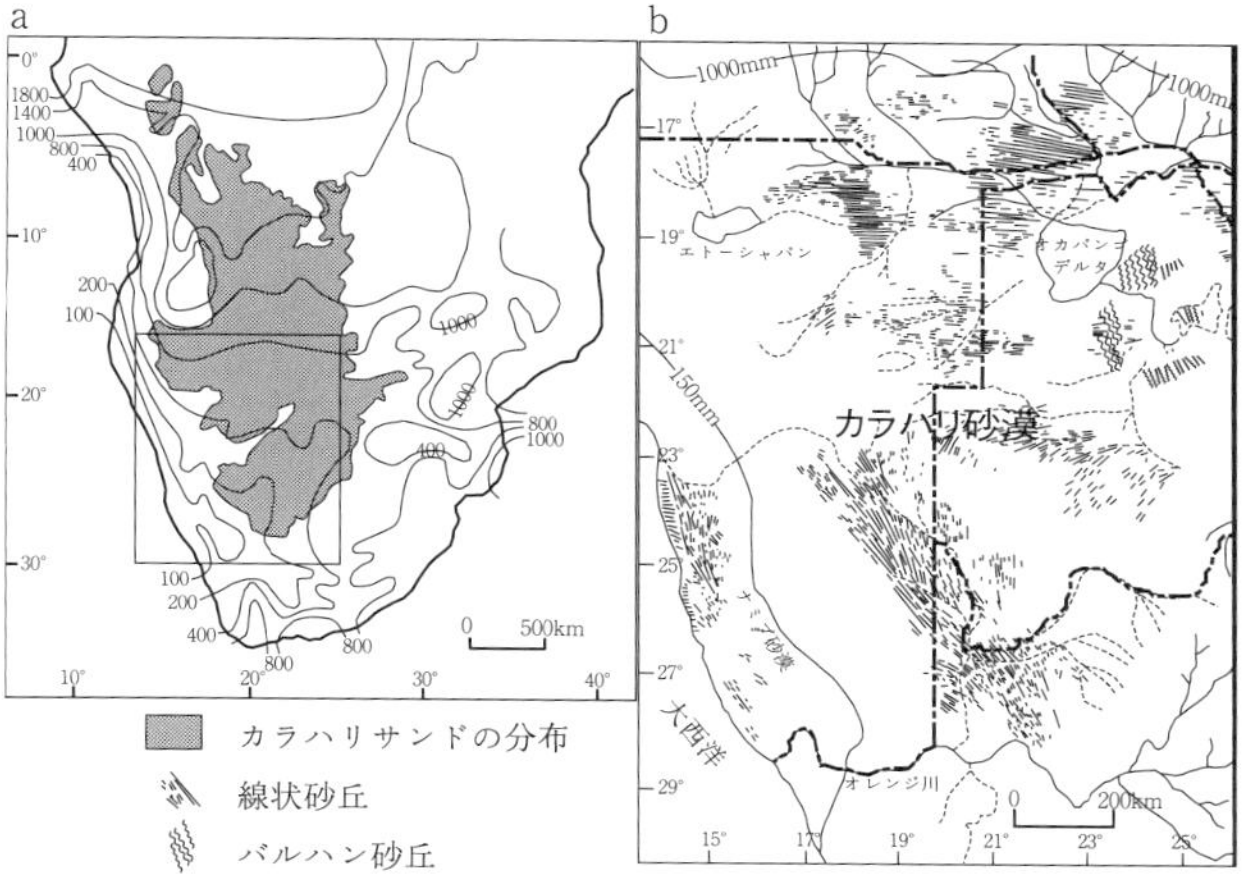

図2-5　南部アフリカにおける年降水量分布とカラハリサンドの分布（a）と古砂丘の分布（b）（山縣 2005b、2016）

ときの水は、最上流部である首都のウインドフック付近で二日前に大雨が降って流れ出て、丸二日間かけて250km先のホメブまでやってきたのだった。

†かつての砂漠「カラハリ砂漠」

ナミブ砂漠の東のボツワナには狩猟採集民のサン（ブッシュマン）の人々が暮らすことで有名なカラハリ砂漠があるが、このカラハリ砂漠は砂漠ではなくサバンナである。ただ、カラハリ砂漠が文字通り砂漠であった時代があった。いまから4万～3万年前には現在のカラハリ砂漠と称している地域より広く、アンゴラ、ナミビア、ボツワナ、ザンビア、ジンバブエ、南アフリカ共和国にまたがって真のカラハリ砂漠が広がり、そのときの砂丘の砂が現在それらの地域に分布し「カラハリサンド」と呼ばれている（図2-5）。そのころは現在より乾燥していて広範囲に砂丘が分布していたのだが、その後湿潤化し、それらの砂丘は植生に覆われて固定化され、現在古砂丘となっている（山縣2005b、2016）。カラハリ砂漠を車で走っていると、道路が上ったり下ったりする場所があることに気づくが、それはかつての砂丘列を横断しているのだ（図2-5b）。この広範囲の古砂丘をつくっている大量の砂は、約2億年前にゴンドワナ大陸が分裂した際に、大陸周縁部が隆起したのに対し、内陸部が相対的に低くなってカラハリ盆地ができ、周囲の高地から大量の砂が供給され堆積したものである。

2　気候メカニズム

†砂漠はどこにできるか?

図1-4の地球上の大気の大循環から、南北30度付近では下降気流が生じている。下降気流が吹き降りる場所は気温が上がって乾燥するため、降水量が少ない（図1-5）。図1-8の上昇気流が生ずると雨が降るという説明図を逆に下降気流にして考えればいい。

水粒を含む空気も下降気流で気圧の高い低地に降りてくると、空気の温度が上がって水蒸気をたくさん含むことができ、水粒が消えてしまうのだ。つまり雨が降りにくい。

図1-5、1-6の前線帯の位置の年変化と降水の変化を示した図から、北緯30度付近は通年にわたって亜熱帯高圧帯（中緯度高圧帯）下であり、年中下降気流が卓越する場所であるため、年中降水が少なく砂漠気候BWとなる（図0-1、1-5、1-6、2-0）。そのため世界のおもな砂漠の多く、サハラ砂漠、アラビア半島のルブアリハーリー砂漠、ナミブ砂漠、アタカマ砂漠はこの亜熱帯高圧帯のところに分布している。

ナミブ砂漠、アタカマ砂漠は亜熱帯高圧帯の影響プラス寒流の影響がある。通常は地面や海面に太陽の光が当たって熱せられ、地面や海面に接する空気は暖められて上昇気流となって雨を降らせる。しかし沿岸部を寒流が流れていると海水面に接する空気は冷やされ、むしろそれより上空の空気のほうが暖かいため、上昇気流が生じず雨が降りにくいのだ。

ゴビ砂漠やタクラマカン砂漠は海から遠く離れた内陸に位置し、海からの水蒸気が到達しにくいため砂漠ができている。パタゴニア地方は卓越風のアンデス山脈の風下に位置して、風上側では上昇気流が発生して降水があるが風下側では乾燥した空気が降下するため砂漠ができている。

また、図1-6から、北半球の場合、北緯20〜25度では、夏に少しだけ熱帯収束帯の影響を受け、冬には亜熱帯高圧帯下で乾燥するため、夏に少雨のステップ気候BSになる（図0-1、2-0）。

†サヘルの干ばつはどうして起きるのか？

西はセネガルから東はスーダンに至るサヘル地帯（通常、サヘル地帯にはスーダンを含まない）において、1960年代後半から1980年代にかけて深刻な干ばつが生じた（水野2008）。干ばつが特にひどかった1972〜73年と1983〜84年には、1931〜60年の30年間の平均値を平年値とすると、年降水量は多くの地点でその20〜40％にまで落ち込んだ。このサヘル地帯における少雨は、雨季のピークである7・8月の降水量が著しく減少するとともに、雨季の期間が短縮することによって生じている。熱帯収束帯（ITCZ）が最も北上してサハラ南部に到達し、大西洋からの湿ったモンスーンが大陸の奥深くまで進入するときが、サヘル地帯の雨季の最盛期である。しかし、南西モンスーンが弱まって水蒸気が大陸の奥深くまで運べなくなったり、熱帯内収束帯（ITCZ）が十分に北上しなくて、モンスーンの雨が届かなくなると干ばつが生じる（門村1991）。

サヘルにおいて、天水農業で行われるミレット（トウジンビエやシコクビエなどの総称）とソルガム（コウリャン）の耕作限界は、それぞれ、年降水量が300㎜と500㎜で、

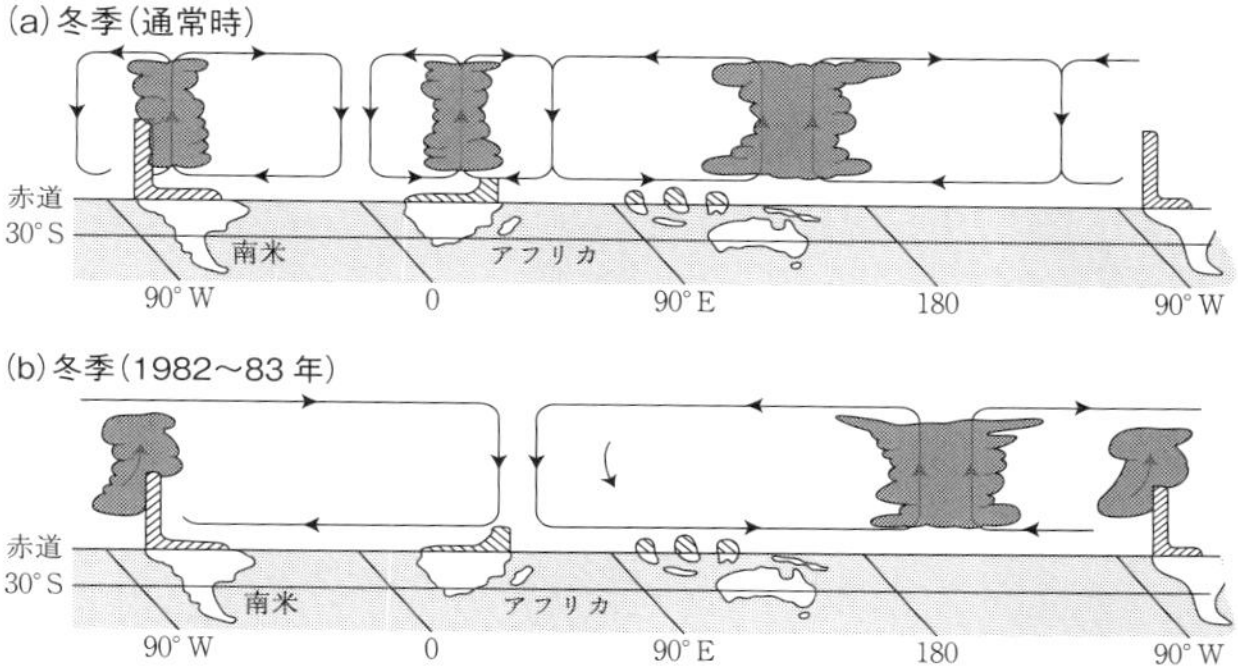

図2-6　冬の赤道対流圏におけるウォーカー循環の平均状態とエルニーニョ発生時の模式図。(a) 平年の12〜2月の平均的な状態、(b) 1982年12月〜1983年2月の平均的な状態（WMO［1984］による；木村2005）

サヘルにおける1951〜80年の雨季3か月の平均降水量は月150mm程度であるので、サヘルはほぼソルガムの耕作限界に相当する。しかし、1970年代と1980年代の干ばつ期には、降水量はミレットの耕作限界まで下がり、食料不足が生じた。このミレットの耕作限界である年降水量300mmの等値線は、「飢餓前線」と呼ばれ、1972年と1984年には、平年の位置より200〜400kmも南方に後退し、1960年代半ばまでの湿潤期に比べれば400〜600kmも南下し、深刻な食糧不足で多数の餓死者と難民を生み出したのであった（門村1991）。

サヘル周辺の南北方向の大気大循環では、「ハドレー循環」（熱帯の子午線方向の循環で、赤道付近で暖かい空気が上昇し、北緯〔南緯〕

30度付近で比較的冷たい空気が下降するために起こる循環）が見られ、サヘルの干ばつはこのハドレー循環に強い影響を受けているという（図1-5）。そのため、サヘルの南方にあるギニア湾の海面水温が高くなると、その上空で上昇気流が強くなり、それに伴って熱帯収束帯が南下し、サヘル付近は下降気流が卓越し、乾燥することになる（木村2005）。

また、サヘル周辺の東西方向の大気循環では、「ウォーカー循環」という循環が見られる（図2-6）。熱帯太平洋の海水面温度の東西差により熱帯太平洋西岸（インドネシア付近）で上昇気流を、熱帯太平洋東岸（ペルー沖）で下降気流を生じさせる循環であり、図2-6（a）に示すように循環が地球を1周する際に、アフリカ付近では上昇気流を形成することが知られている。しかし、熱帯太平洋東岸（ペルー沖）の海水面温度が上昇するエルニーニョ現象が生じると、この循環の配列が崩れ、図2-6（b）に示すように、アフリカ付近では上昇気流が弱くなる。このように、遠く離れた熱帯太平洋東部の海水面温度の上昇がサヘルでの干ばつをもたらす要因にもなっている（木村2005）。

3　適応する動植物

†乾燥地に分布する植物の特徴と機能

砂漠などの乾燥地域に生育する植物は、乾燥に耐えて生きるためのさまざまな形態や機能をもっている。乾燥地では多肉植物が多く見られる。サボテンなどがその典型例だが、みずからの母体に水分を保持して乾燥に耐えている。ナミブ砂漠には葉が退化して茎が多肉化したトウダイグサ属のユーフォルビアが生え（写真2-11）、サボテンのように見える。アフリカにはバオバブと呼ばれる巨大な太い樹木が見られるが、幹の中がスポンジのようになっていて水分を保持しているため、太っている（写真2-12）。スイカの原産地はカラハリ砂漠などのアフリカの乾燥地といわれ、ボツワナやナミビアには野生種のスイカがごろごろと地面になっているのをよく見かける（写真2-13）。野生種なので食べても苦いだけだ。

ナミブ砂漠にも固有種のナラ *Acanthosicyos horridus* というウリ科の多年生草本植物が生育している（写真2-14）。ナラメロンと呼ばれる果実をもっていて、それが地元住民の主食になっている。砂丘地帯に自然に生えているが栽培はできない。これらのみずみずしい果実をもつ植物は地下水に達するまで数十メートルも根を伸ばして、地下水から水分を吸い上げて果実に蓄えている。根が水を吸い上げる力は根の長さにかかわらないため、どんなに長くても吸い上げが可能である。また、ナラメロンはトゲをもつ茎のハンモックの中で生育する。

このナラという植物には葉がない。葉があるとそこから水分が蒸発するため、乾燥地では葉が小さくなって肉厚になっていく。その極限の形態がトゲである。ナラの茎やトゲに

写真2-11　ナミブ砂漠に見られる多肉植物のトウダイグサ属のユーフォルビア。サボテンのように水分を茎に蓄えているため多肉になっている。また、動物に食べられないように鋭いトゲで覆われている

写真2-12　ナミビアの半乾燥地に見られるバオバブの木。太い幹の中はスポンジ状になっていて根が地下水をくみ上げて幹の中に貯めている

葉緑素があるため、葉がなくともそこで光合成を行う。乾燥地だからこそ、乾燥に耐える戦略として、地下水まで根を到達させてみずからの母体に水分を蓄える。そうして、みずみずしい果実が生育するのである。

乾燥地域では光合成の仕方にも特徴がある。光合成とは植物などの光合成色素をもつ生物が、太陽からの光エネルギーを使って水と空気中の二酸化炭素から炭水化物（糖類）を

写真2-13　アフリカの乾燥地が原産地である野生のスイカ。果実はまったく甘くない（ナミビア）

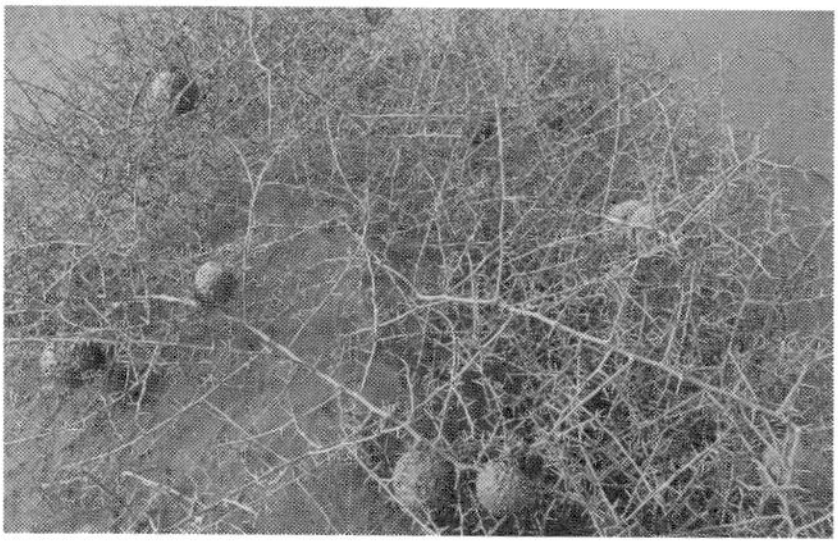

写真2-14　ナミブ砂漠に生育するウリ科のナラのブッシュとナラの実（ナラメロンと呼ばれている）

写真2-15　ナミビア南部から南アフリカ共和国の大西洋岸に広く分布する多肉植物（口絵）

合成する仕組みである。普通の植物は太陽エネルギーを効率よく取り入れるために、昼間に気孔（主に光合成、呼吸および蒸散のために、外部と気体の交換を行う目的で葉の表皮に存在する小さな穴（開口部））を開いて二酸化炭素を取り込んで、炭水化物を合成する。しかし、乾燥地域で昼間に気孔を開くとそこから水分が蒸発してしまい、植物は枯れてしまう恐れがあるため、その代わりに夜に気孔を開いて二酸化炭素を取り込み、昼間は気孔を閉じてしまう仕組みをもっている。この方法は太陽エネルギーのない夜に炭水化物を合成しなければならないので、通常の光合成と比べて著しく効率が悪いが、枯れてしまうよりはましだ。

ナミビア南部から南アフリカ共和国にかけての大西洋岸には、世界でも有数の多肉植物地帯がある（写真2-15、口絵）。そこの面積は5万km²で、日本の7分の1くらいの面積にすぎないが、日本全体とほぼ同じ数の約5000種もの植物が生育し、約2000種が固有種（世界中でそこの地域にしか生えていない植物）で、そのうち1000種あまりが多肉植物である。この地域は光合成が活発になるはずの夏の高温期に雨がほとんど降らず（乾季）、光合成ができない冬の低温期に年間の大部分の雨が降る（雨季）。雨の量は年間200〜400㎜程度だが、それでもその冬の降水を蓄える仕組みがないと、夏に活発な光合成を行うことができない（沖津2016）。そのため、自然に葉などに水分を蓄えて太った多肉植物が多く生育しているのである。

アメリカ大陸のサボテンと同様に、南部アフリカには前述の多肉植物ユーフォルビアが生育しているが、トゲをもつものが多い。乾燥地帯では多肉植物は動物にとって水分や食料として重要である。動物に食べられにくくするためにもトゲを発達させているのだ。

†ナミブ砂漠に1000年生きる固有種ウェルウィッチア

ナミブ砂漠には固有種のウェルウィッチア *Welwitschia mirabilis* が生育している（水野2016c、2016d）。世界でアンゴラ沿岸からナミブ砂漠にかけてしか分布していないのに、キソウテンガイ（奇想天外）という和名があるのは不思議だ。ウェルウィッチアはウェルウィッチア科ウェルウィッチア属の1科1属1種の裸子植物である。2枚の葉をもつが、通常は風でリボンのように引き裂かれて、何枚もの細い葉が地面にたなびいているように見える。ウェルウィッチアの雄株は豊富な花粉を含む褐色の雄花をもつ。雌株は青

写真2-16　ナミブ砂漠の固有種であるウェルウィッチア（和名「キソウテンガイ」）の雌株。ウェルウィッチアは系統が不明確な裸子植物である

緑色から褐色の比較的大きな球果（雌花）をもち、球果は花粉を捕らえやすいように粘った液を分泌する（写真2-16）。花粉は昆虫や風によって媒介されるが、とくにカメムシの一種がその役割を担っている。

種子は2枚の翼をもち、風で散布される。ウェルウィッチアはマツやソテツのように球果をもつ裸子植物に属するが、開花する被子植物の特徴ももち、両者をつなげるものと考えられている。この植物は1000年以上生き延びるといわれている。乾燥地であるとたくさん種子が散布されても、雨がほとんど降らないため、発芽するチャンスはまれで、発芽しても成長できる個体は少ない。それでなんとか生き延びられた個体は長生きにならざるを得ないのだ。そうでないと、種が絶滅してしまうからだ。コルク質の茎は水分貯蔵に役立っている。

ナミビアで特にこのウェルウィッチアがよく見られる場所は、大西洋岸から内陸に延びる道路沿いである。そこはゴンドワナ大陸が約1億2000万年前からアフリカと南米大

写真2-17　ゴンドワナ大陸がアフリカと南米大陸に分かれたときに、大地の割れ目から噴出した玄武岩マグマが地表を覆い、表面皮膜に含まれる鉄分が酸化して赤茶けた礫の海をつくりだした。そこにウェルウィッチアが点在している 口絵

陸が分かれていったときに（図2-2）、大地の割れ目から噴出した玄武岩のマグマによって覆われたため、玄武岩の溶出した鉄分の皮膜が酸化して赤茶けた礫が広がっている。この赤い礫砂漠に、緑の長い葉を地表に広げるウェルウィッチアが点在する光景は、異次元に来たような不思議な感覚をもたせてくれる（写真2-17、口絵）。

†砂漠の季節河川沿いの脆弱な森林の生態

ナミブ砂漠にはたくさんの季節河川（ワジ、涸れ川）があるが、季節河川の河床は周辺より地下水位が浅いため、季節河川沿いにはたいてい森林が見られる（120頁の写真2-8、2-9）。この森林の主要な樹種はアカシアの類のアカキア・エリオロバとファイドヘルビア・アルビダ *Faidherbia albida* である。

2006年、クイセブ川では1～4月に例年になく降水があった。そのため、2007

写真2-18　1年半前の降水によって芽生えたアカキア・エリオロバの背丈10 cmの稚樹

写真2-19　地上部は10 cmであるが、その場所を掘ってみると根は230 cm以上も伸びていた（230 cmまで掘ったところで根が切れてしまった）

年11月にはクイセブ川沿いの森林地帯の中で、それまで植生がなかった場所にアカキア・エリオロバの背丈10㎝の稚樹が見られた（写真2-18）。一年半前の降水によって芽生えた稚樹である。地上部は10㎝であるが、その場所を掘ってみると根は230㎝も伸びていた（写真2-19）。正確に言えば、根を深い場所まで追跡し、途中で根が切れて追跡できなくなったので、実際には230㎝よりさらに深くまで根は伸びていた。わずか一年あまりで地上部は10㎝でも、地下の根は2m以上になったのだ。

写真2-20　地表近くの浅い部分にたくさんの側根を伸ばすアカキア・エリオロバの成木

アカキア・エリオロバも、成木になると地表近くの浅いところにたくさんの側根を伸ばす（写真2-20）。ナミブ砂漠はゴバベブで年平均降雨量が27㎜であり、年平均霧水量が31㎜である。降雨や霧は地表をぬらす程度であるので、そのような地表付近の水分をむだなく吸い上げるために地表付近にたくさんの根を伸ばしていると考えられる（水野2016d）。

†砂漠ゾウと地域住民

この脆弱な森林には砂漠ゾウをはじめキリンやライオン、ヒョウ、チーターなどさまざまな動物が生息している。砂漠ゾウはほかの地域のアフリカゾウと比較して、牙が小さい、四肢が長い、群れのサイズが小さい、長距離を移動するなど、身体的、行動的特徴がある（写真2-21、口絵）。キリマンジャロの麓《ふもと》のアンボセリ国立公園ではたくさんのゾウからなる群れをよく見かけるが、ナミブ砂漠の砂漠ゾウは数頭以下で行動するのが普通だ。砂漠のわずかな水源と食料では多数の群れを養うことはできないからだ。

ナミブ砂漠に棲むこれらの動物は、エトーシャパンと呼ばれる、雨季にアンゴラから水が流入して水をたたえるパン（浅い皿状の凹地）を水場として生息し、かつては西の砂漠地帯と東のエトーシャパンの間を行き来していたものが、両者間に人が住んで柵で囲むようになると、砂漠地帯に取り残され、その環境に適応するように進化していった。

砂漠ゾウで有名なプロス村は、ナミブ砂漠北部のスケルトンコーストと呼ばれる地帯の季節河川ホアルシブ川沿いに位置している。プロス村には約200人の牧畜民ヒンバが住んでいる。砂漠ゾウは雨季には南の季節河川ホアニブ川に生息し、乾季にはホアルシブ川にやってくる。季節河川沿いの森林に生息する動物は、樹木の葉を食べるとき、葉だけを上手に食べる。しかし砂漠ゾウは枝ごと折って葉を食べたり、樹皮を剝《は》いで食べたりする。

この砂漠ゾウについて吉田美冬さんが忍耐強く調査された。彼女は調査中にゾウと鉢合わせになり、ゾウの鼻で体を払い飛ばされて鎖骨を折ったりもしたが、電気も診療所もない この村で帰国までの一か月以上の間、ひたすら痛みに耐えながら調査を継続したのだった。

写真2-21　ナミブ砂漠の季節河川沿いの森林に生息する砂漠ゾウ。鼻を河床にあてながら浅い地中に水があるところを探し出す

吉田さんが全904本の樹木を調べたところ、枝の1～50%が破壊されている樹木が58%、51～100%が破壊されている樹木が21%、枯死している樹木が18%で、枯死木を除いても、樹木の8割以上がゾウの採食行動の影響を受けていることがわかった。また、砂漠ゾウの全観察時間1853分のうち、1522分はゾウが採食していて、その多くがアカシアやタマリックスなど多く生育している樹木であることが判明した。また、2004

年度の一年間で27か国、3085人がプロス村のコミュニティキャンプサイトを利用し、住民は収入の約8割を観光関係から得ていることがわかった（吉田・水野2015）。

このようにプロス村は、砂漠ゾウを見に来る観光客からの利益で成り立っている。このプロス村のキャンプサイトに筆者が初めて行ったとき、各区画にそれぞれのグループがテントを張れるようになっていて、そこに炊事用の流し台や水洗トイレも設営されていた。夕方にトイレに行き、その後、夕食をみんなで談笑しながら食べていたとき、暗闇の背後に動物の気配を感じた。みんな急に息を押し殺した。しばらくしてトイレに行ったら水洗の便器がめちゃくちゃに壊されていた。ゾウが水を飲むために壊したのだ。ゾウは敏感な鼻で河床《かしょう》を探索して、水の匂いを感じると河床を掘って、水を飲む。水洗トイレは彼らにとって最も簡単に水が得られる場所だった。

このあたりの砂漠ではホアルシブ川沿いにしか森林はない。住民たちにとって森林は薪や建材、日陰を提供してくれる重要な存在だが、その森林を砂漠ゾウが破壊しつつある。しかし、住民は砂漠ゾウを見に来る観光客から収入を得ている。人間―植生―砂漠ゾウという三者の脆弱な関係は、どこかでほころびが出ると大きく崩れる可能性をはらんでいる。

†砂漠に生きる生物たちの知恵

砂漠のような乾燥地は日中に気温が40℃以上になると思えば、夜はセーターがいるほど冷え込む。一日の気温差が激しいのだ。野外では強い日射に肌がズキズキするほど猛烈な暑さを感じても、木陰や室内ではびっくりするほどひんやりする。なぜ砂漠では昼と夜、日向と日陰で気温差が大きいのであろうか？

固体は比熱（物質1gを1℃上げるために必要な熱量cal）が小さく、液体は大きい。フライパンは熱すればすぐ熱くなり、すぐ冷えるが、やかんの水は熱してもすぐに熱くならず、すぐには冷めない。地面や空気に水分があれば昼に太陽熱をゆっくり吸収して、夜間にその熱をゆっくり放出するため、豊富な水があれば気温差は小さくなる。砂漠のように水がないと、熱しやすく冷めやすくなるため、気温差は大きくなる。また、砂漠の日向は日中太陽光が当たって急激に気温が上がるが、日射を受けない日陰は気温が低いままなのだ。

そして、砂漠では雲ができにくいため、植物もほとんどない露出した地面は日中に強い日射を受けて熱くなる。夜間に地面はその熱を放出するが、雲や樹木などの熱を遮るものがないため、地面の熱はどんどん奪われて気温が急激に下がる。

砂漠に生息する動物たちもこの一日の温度差から身を守らなくてはならない。ナミブ砂漠に生息するトカゲやヤモリなどは、日中にはエサを求めて砂漠の地表を動き回っているが、日中の砂漠の地表温度が高いため、片足を交互に地表から浮かしたり、素早く移動したり、涼しい地中に潜ったりして暑さ対策をしている（写真2-22）。逆に、冷える夜間には暖かい地中のなかに棲んでいる。同じようにゴミムシダマシも昼間は地表を動き回り、夜間は地中に潜んでいるが（写真2-23）、霧が発生すると寒い夜間でも地表に現れて、風上に背を向けて逆立ちをし、背中を伝った霧の滴を口まで導いて水を飲むのだ。そして水を飲む前に比べ、飲んだ後では体重が40％も増えるという（飛山2016）。それで、この

写真2-22　ナミブ砂漠の砂丘に生息するトカゲ

写真2-23　霧が発生すると逆立ちをして背中で霧を集めてその滴を口まで持っていって水を飲むキリアツメゴミムシダマシ（サカダチゴミムシダマシ）

写真2-24　ナミブ砂漠に棲むナマクアカメレオン

ゴミムシダマシのことをキリアツメゴミムシダマシとかサカダチゴミムシダマシ（英語で通称 fog beetle）と呼んでいる。

海岸付近のナミブ砂漠にはところどころ小さな円形状の高まりがあって、そこだけ植物に覆われているが、その覆っている植物の中をのぞき込んでみるとナマクアカメレオンが生息している場合がある。一般的にカメレオンは樹上で生活しているが、このナマクアカメレオンはナミブ砂漠の地表に棲んでいるのだ。体の色は明灰色から暗褐色に変化する。砂漠は日中、強い日射によって猛暑だが、夜間は寒い。したがって、ナマクアカメレオンは体温調節のために日中は体色を白くさせて光を反射し、夜間は体色を黒くさせて体の熱を蓄えている。写真2-24は、私が植物の中をのぞき込んだら、口を開けて激しく威嚇のポーズをとり、植物の陰から出てきたところだ。日陰にいたから、カメレオンの色が黒っぽかったのかもしれない。このカメレオンのかっこうのエサは先ほどのゴミムシダマシで、エサを見つけると最高時速5kmとカメレオンにしては素早い動きを見せる。

†フェアリーサークル（妖精の輪）の謎

砂漠よりももう少し降水量が多いと、草丈の低い草原が広がる。ナミビアの草原にはフェアリーサークル（妖精の輪）と呼ばれる不思議な輪が無数に広がっている（写真2-25）。

写真 2-25　ナミブ砂漠に見られるフェアリーサークル。イネ科の草原に円形状に草がはげた部分が点在する。最近、シロアリが原因という説が出てきた

写真 2-26　フェアリーサークルを空から見たところ口絵

このような円形状に草が生えていない現象は、宇宙人の仕業など、長らくミステリーとしていろいろな説が唱えられてきたが、そのなかで最近有力説として出てきたのがシロアリ説である。

ハンブルク大学の生態学者であるノルベルト・ユルゲンス博士が2013年までにナミブ砂漠を40回訪れ、1200個以上のフェアリーサークルを調査したところ、つねにシロアリの一種 *Psammotermes allocerus* が存在したという。このシロアリは非常に乾燥した場所でも生息し、行動範囲内の植物の地中の根を食べることで、円形に草がはげた。そして、円内では水を吸い上げる植物がないことから地中に雨水がたまって、円外の植物がそれを吸い上げて成長するのでフェアリーサークルが発生したというのがユルゲン教授によって2013年にサイエンス誌に発表された説である。

それにしても、空から見ると膨大な数のフェアリーサークルが見られるが（写真2-26、口絵）、この地中にどれだけの数のシロアリがいるのかと想像すると、乾燥地で生きる生命の強さを感じずにはいられない。

†砂漠の暗闇の中で生きるサソリ

ナミブ砂漠の季節河川沿いの森林には多数のサソリが生息しており、サソリを見つける

写真2-27　夜行性のサソリは紫外線ライトを当てるとその姿が緑青色で暗闇から浮き出てくる

のに1分とかからない。夜行性のサソリは日中には樹皮の裏側に生息しているが、夜間になると樹皮の上に出てくる。それで樹皮に紫外線ライトを当ててやると、サソリは表皮にあるヒアリン層が蛍光を発し、暗闇の中で緑青色の蛍光色で浮かび上がってくるのだ（写真2-27）。

キャンプをするときテントの外に靴を出しておいてはいけない。サソリは暗がりの隙間を好むので、靴の中にサソリが入っていることが少なくないからだ。サソリは毒をもつが、人間に対して致命的な毒をもつサソリは世界で約1000種中25種ほどである。しかし、ナミブ砂漠でサソリに刺されると猛烈に痛いそうだ。

4　農業

写真2-28　綿花畑（セネガル）

†半乾燥地の農作物

半乾燥地に育つ農作物に綿花（ワタ）がある。綿花は、ワタの種子を包む白色の毛状繊維である（写真2-28）。綿花は亜熱帯の降水量の少ない（年間600～1200㎜）気候に適している（図1-11）。無霜《むそう》期間200日以上が必要である。乾燥地域でも灌漑により生産が増えている。綿花は、綿毛をひとつひとつ手で摘む必要があり、かつては大変な作業であった。そのため、アメリカの綿花栽培のためにアフリカからたくさんの黒人奴隷が運ばれていったのである。現在のアメリカでのワタの収穫は、綿収穫機（コットン・ピッカー）やコットン・ストリッパーと呼ばれる機械で大規模に行われている。

ナツメヤシは気温が高くて乾燥した気候に適する（図1-11）。雌株と雄株があり、雌株のみ実をつける。果実は房状になり10kgにも達する。ナツメヤシからは毎年70kg以上の果実を収穫できる。原産地は、北アフリカ、中東、インド周辺であり、紀元前30世紀にはメソポタミアで作物化されたと推定されている。エジプトへは有史以前に伝播して栽培化された。その後、西方へはモロッコからアフリカ北部を経て、スペインに伝播し、東方へはペルシアからパキスタン・インドにいたる西アジア一帯の砂漠地帯のオアシスに広がった。北米でも気温が高く乾燥しているカリフォルニアとアリゾナで、20世紀初頭に栽培された。

†ステップの土はなぜ黒く、「世界の穀倉地帯」になるのか?

半乾燥地域の典型的な植生は背の低い草原のステップである。ステップの主たる植生はイネ科植物であるが、イネ科植物は地下部の浅いところに膨大なひげ根を発達させ、その生物量(空間に存在する物質量で重量などで示す)は地上部より地下部のほうが多い。ステップは雨量が少なく雨が降っても地表をぬらす程度だが、地表付近の膨大なヒゲ根がその地表付近の水分を吸い上げるのに適している。

草原の地上部は秋に枯れて堆積する。地下部の3分の1ほどの根は冬に枯れて腐り、これらのリターとよばれる植物遺体はミミズなどの土壌動物の働きで翌年の春から夏に分解され腐植となる。ステップ地方では夏の水不足と秋から冬の寒さが、腐植をさらに分解させるカビやバクテリアの活動を不活発にさせ、そのまま腐植が厚く堆積する。この腐植の層は1m以上の厚さになることもあり、腐植は黒く、また有機物であるためカリウムやリンなどの栄養塩類に富む。そのため、ステップ地帯は土が黒い「黒土地帯」と呼ばれる。ロシアのチェルノーゼムや北米のプレーリー土などの黒土地帯は肥沃で、コムギやオオムギ、トウモロコシなどの世界の穀倉地帯になっている。

5　住民生活

†乾燥地帯で生きる人々

乾燥地帯で暮らしている人々には、アラブの遊牧民族ベドウィンや、ベルベル人系の遊牧民トゥアレグ族、トルコ系イスラーム教徒のウイグル族、モンゴルと中国の内モンゴル自治区に住む遊牧民モンゴル系民族、南アフリカ共和国からナミビアの海岸地帯と高原地帯の乾燥地に住む牧畜民コイコイ人（ナマ民族、ダマラ民族）、カラハリ砂漠に住む狩猟採集民サン（ブッシュマン）などがいる。乾燥地では農耕ができないため、乾燥に強いラクダやヤギの遊牧や放牧を行うのが主な生業となっている場合が多い。ケニア北部の乾燥地にあるトゥルカナ湖周辺には、レンディーレ族やトゥルカナ族、サンブル族などの人々が住み（写真2-29）、遊牧で生計をたてているが、エルモロ族は、トゥルカナ湖での漁業で生計をたてている（写真2-30）。

西アジアでは最終氷期以降、遊動的狩猟採集民から定住的農耕民への移行が見られた（図2-7）。それは、西アジア全域で画一的に起きたわけではなく、地域ごとにさまざまな定住度と農耕度の異なる集団が、互いに共存しながらそのテリトリーを変化させてきた。そして、定住がはじまり、農耕がはじまっても、かなりの時間、遊動的狩猟採集民や定住的狩猟採集民は共存していたと考えられている（図2-8）（那須2017）。

ベドウィンとはアラビア半島を中心にラクダやヤギ、ヒツジを連れて遊牧するアラブ系の遊牧民のことを指している。ラクダや羊の放牧や売買を行い、輸送や他の仕事を営む彼らは、サハラ砂漠からアラビア半島にかけて広く分布している。

トゥアレグ族はアルジェリア、マリ、ニジェール、リビアなどサハラ砂漠西部に住む遊牧民で、その数は100万〜350万人といわれている。青いターバンと民族衣装を着用することから「青衣の民」として知られる。本来は砂漠でラクダ、ヒツジ、ヤギなどを飼育するが、オアシスで農業を営む者もいる。また古くからラクダを使ったサハラ砂漠の隊商貿易を支配していた。アメノカルという首長を戴き、その下に貴族からハラティンとい

写真 2-29　トゥルカナ湖の湖畔に住む女性たち。左の２人は民族がトゥルカナ、真ん中の３人は不明（首に付けているビーズはサンブルのものだが、服装は町の女性である）、右の１人はレンディーレ

写真 2-30　トゥルカナ湖の湖畔で唯一漁業で生計をたてているエルモロ族の住居と屋根に干してあるナイルパーチの魚

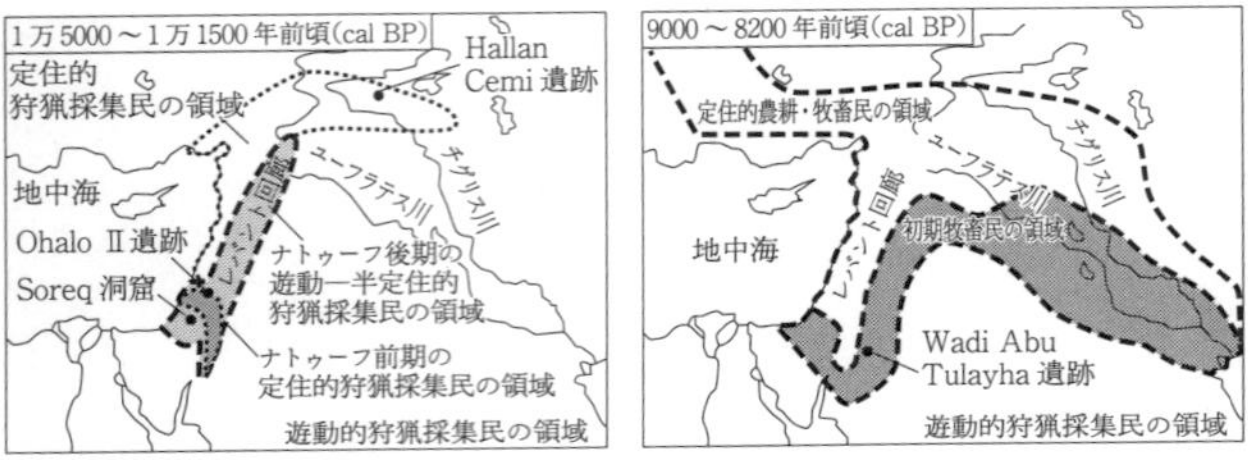

図 2-7　西アジアにおける狩猟採集民と農耕牧畜民のテリトリー変化

(Bar-Yosef & Meadow [1995] を改変、那須 2017)

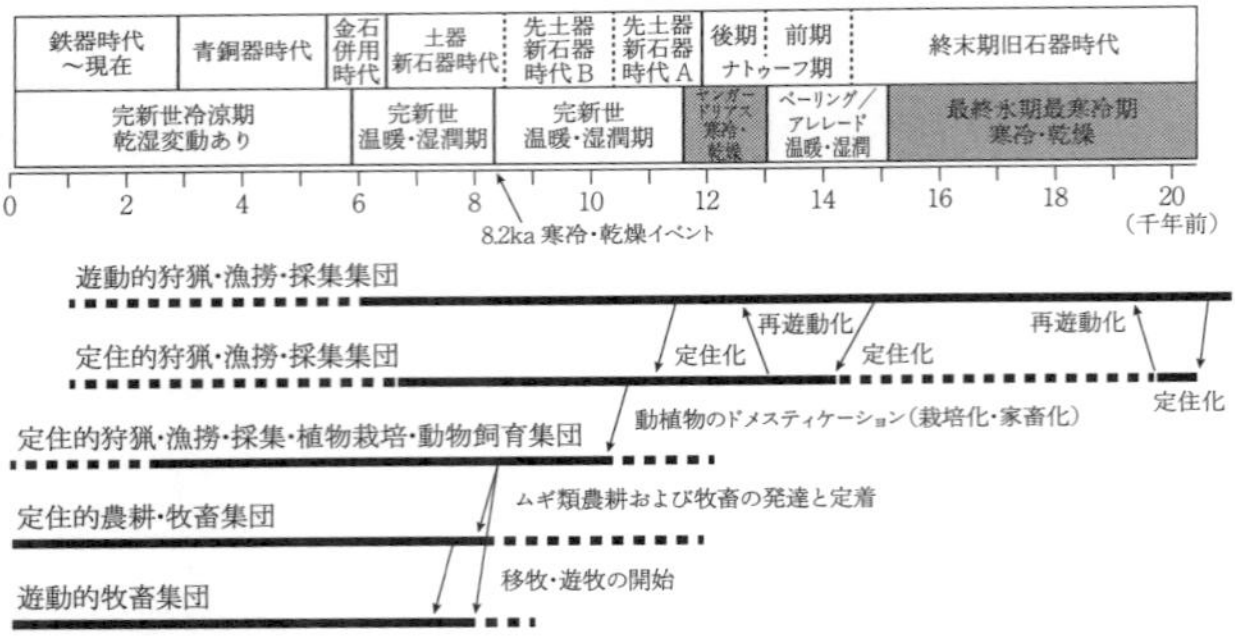

図 2-8　西アジアにおける定住化と農耕化の進化モデル (那須 2017)

それぞれの実線は、定住度と農耕度の異なる集団が存在したと考えられる年代の幅を示す。点線部分は推測による。編年と気候データは Rosen [2007] を参照したう黒人奴隷にいたるまでの、職業や婚姻を制限する身分制度が存在している。宗教はイスラームを信仰する。

ウイグル族は、はじめモンゴル高原、のちトルクメニスタン方面に移住したトルコ系民族の一つで、現在は中国の新疆《しんきょう》ウイグル自治区とカザフスタン、キルギス、ウズベキスタンなど中央アジアに居住している。人口は約1000万人である。

†牧畜民コイコイ系ナマ民族の人々（ナミビア）

砂漠で人間が生きていくためには水が必要だ。また、住民にとって小さいながらも森林が不可欠だ。樹木は住民に料理の燃料としての薪を提供し、住居の建材を提供する。しかし、最も重要なのは木陰を提供することだ。砂漠は日中、強い日射や紫外線によって肌が焼けるように暑いが、木陰に入ると涼しい。動物も人間と同様に強い日射を避けるようにわずかに木があれば、その木陰に集まってくる。写真2-31は日中の日差しが厳しい中、わずかな木陰に密集しているスプリングボック（ウシ科のレイヨウ〔アンテロープ〕の一種）の群れである。

ナミブ砂漠ではクイセブ川などの季節河川（ワジ、涸れ川）沿いの森林に点々と村がある。砂漠に暮らす民族トップナールの人々は、ヤギ放牧の他に古くからナラの果実・ナラ

写真2-31　日中の強い日差しを避けるために木陰に集まるスプリングボック（ナミビア）

メロンを採集し、生活の糧としてきた（写真2-14）。トップナール民族は、ナミビアの中南部の海岸地方に分布するナマ民族に属し、ナマはコイコイ人（コイとも言う。かつてはホッテントットと呼ばれていた）の中の最大民族である。コイコイは、カラハリ砂漠に住むサン（ブッシュマン）とあわせて、民族学的にコイサンと呼ばれ、バントゥ系のアフリカ人種とは異なった独立の人種として扱われることもある。コイサン語族の特徴は、使用言語におけるクリック音（吸着音、舌打音）の存在である。

トップナールの人々は、別名「ナラニン（「ナラに頼る人々」の意）」とも呼ばれ、現在も毎年ナラメロンを採集し、果肉と種子を利用している。毎年12月から翌年5月の採集最盛期には村から10〜15km離れたナラフィールドと呼ばれる、ナラが多く採集できる場所にロバ車で採集に出かける（写真2-32）。ナラフィールドの出先小屋で数週間滞在して採集してくるのだ。伊東正顕《まさあき》さんと飛山翔子《とびやましょうこ》さんは、それぞれこの地で調査された。

熟した果肉は非常に甘く、濃厚な味がする。生食以外に、火を通してペースト状にしたものを主食であるトウモロコシ粉の練がゆに混ぜ込んで食べたりもする。また、ナラケーキは、熟したナラメロンの果肉をドラム缶に入れて火にかけて煮詰め（写真2-33）、ふるいにかけて種を取り除いた液体部分をビニールシートの上に流し、薄く伸ばして天日干ししたものである（写真2-34）。一年以上の保存が可能であり、トップナールにとって貴重

写真2-32　トップナールの人々はロバ車を使ってナラフィールドで採集したナラの実を村に運ぶ（撮影：飛山翔子）

写真2-33　熟したナラメロンの果肉をドラム缶に入れて火にかけて煮詰める

な間食・携帯食になっている。このナラメロンの果肉やナラケーキは、住民にとって重要な食料なのである。

ふるい分けたナラの種子は住民にとって非常に重要な現金収入源になっている（写真2-35）。種子を炒ってピーナッツのようにして自分たちで消費したり町で販売したりしている。2002年の調査時、ナラ採集者の40％は種子販売による収入しかなく、村の住民

写真2-34　ナラメロンの果肉を煮詰め、ふるいにかけて種を取り除いた液体部分をビニールシートの上に流し、薄く伸ばして天日干ししたナラケーキ

写真2-35　ナラの実から種子を集めて販売する。クイセブ川沿いの住民にとって重要な現金収入となる

全体の年間収入の約43%が種子販売による収入であった（その他の現金収入は家畜であるヤギの売却や出稼ぎ労働などから得られる）（伊東2005）。ナラの種子の卸値は1997年から2012年の15年で約4・5倍に上がっており、特に近年、急激に価格が上昇している（飛山他2016）。種子から取り出した油を利用した化粧品の開発・商品化が進み、種子の価値が上昇したのだ。

クイセブ川は海岸から内陸に30km入った地点で本流から支流が分かれ、その支流が河口の町ウォルビスベイに向かっていた。しかし、クイセブ川は約10年ごとに大洪水を繰り返し、町にたびたび被害を及ぼしていたため（写真2-36）、1962年、本流から分かれた支流側の分岐点に洪水防止堤防が建設された。その結果、分岐点からウォルビスベイ方向にのびていた旧河川流域に「洪水」が発生しなくなったため、ナラの

写真2-36　クイセブ川が1934年に洪水を起こしたときは河口の町ウォルビスベイに大きな被害をもたらした（Walvis Bay Museum 所蔵）

更新が行われなくなったのである。洪水が古いナラの株を洗い流し、水の供給で新たに発芽する、つまり赤ちゃんが誕生するのであるが、洪水がなくなって古いナラの株ばかりになって枯死していったのだ。

さらに2013〜15年は干ばつが続き、ナラの果実がなっても小さなものばかりで、採集量も減少した。この干ばつはトップナールの人々の生活に大きな影響を及ぼし、町に出稼ぎに出る人が増えていったのである。

†牧畜民ダマラの人々(ナミビア)

ナミビア北西部、クネネ州のコリハス周辺には、主にダマラの人々が暮らしている。彼らが使うダマラ語は、ナマ民族のナマ語とほぼ同じである。ほとんどの世帯がヤギを飼養している。ここで手代木《てしろぎ》功基《こうき》さんが調査された。ヤギは、村の周辺で日帰り放牧されている。牧者は毎朝9時頃に集落を出て、少しずつヤギを移動させながら10㎞程度歩き、午後4時頃に集落に戻ってくる。ヤギは雨季にはさまざまな植物種を採食し、地域の多様な植生をうまく利用しているが、採食資源の少ない乾季には、モパネ(マメ科の半落葉樹で蝶のような形の葉をもつ)が採食の半分近くを占め、緑が少ない時期のヤギの生存を担っているかのようであった(写真2-37)(手代木2016)。

ダマラの食事は基本的には甘みの少ないトウモロコシを粉にして炊いて練ったもの（現地語でMai-i）が主食で、それにウシやヤギの酸乳をかけるのが最も一般的な食べ方である。とうもろこしの耕作はできないので、人々は町で購入したトウモロコシ粉を利用する。クリスマスなどの特別の日にはヤギ肉などがよく食べられている。また、モパネを食樹とするモパネワーム（ヤママユガの一種である*Imbrasia belinga*の幼虫）は、人々の貴重なタンパク源となっている。採集したモパネワームは、内臓を取り出し、塩茹で後に天日干しされて、日々の間食として好んで食べられている（手代木2016）。

写真2-37　モパネを採食するヤギ（撮影：手代木功基）

†狩猟採集民サン（ブッシュマン）の伝統的な生活とその変化（ボツワナ）

サン（ブッシュマン）の人々はボツワナやナミビアのカラハリ砂漠やアンゴラ南部に住んでいる。サンは、先ほど述べたように、ナミビア南部の牧畜民コイコイとあわせて、民族学的にコイサンと呼ばれ、特徴的なクリック音（吸着音、舌打音）を使用する。サンは古くは南部アフリカから東・中央アフリカにかけて広く分布していたが、バントゥ族の南下、および白人の侵入により大半は絶滅して、現在はカラハリ砂漠のみに残存している。

サンは現在、政府の方針で定住化しているが（後述）、かつては自由に居住を移動し狩猟採集を行ってきた（写真2-38）。その自由であった頃の1960年代から、田中二郎さんがブッシュマン研究のパイオニアとして、長年調査されてこられた。

サンの人たちは必要最小限のもの以外は所有しないのだが、この無欲さは彼らの社会を根本から支える平等主義の原理と密接に関わっているという。日々集められる植物性食物や小動物は家族単位で消費されるのが一般的だが、まれに得られる大量の肉は、徹底して平等に分配される（田中2001）。サンの社会では、獲物の所有権は射止めた人ではなく、狩猟具の提供者に帰属するというルールをつくっている。弓矢の狩りには上手下手の差が歴然と現れるが、矢を作るだけなら誰にもできることなので、特定の優秀なハンターに富が集中しないよう、また、できるだけ多くの人に所有の機会が与えられるように配慮がされている（写真2-39）（田中2001）。

サンの社会では居住集団であるキャンプをつくって生活するが、この集団は固定的ではなく、移動の過程で分裂、融合を繰り返し流動的である。キャンプの規模は1家族から20

家族くらいまでで、10家族くらい（約50人）で構成されることが多い。この人数は、食糧や燃料など資源の分配量、共同作業に必要な人数など、いくつかの要因に基づいて経験的に割り出された大きさと考えられる（田中1994）。

写真2-38　カラハリ砂漠に住む比較的低身長の狩猟採集民サン（ブッシュマン）の人々。家財道具一切を背負って叢林の中を移動する。犬は猟犬として貴重な、かつ唯一のといってよい財産である（1967年）（撮影：田中二郎）

写真2-39　サンの女性たち。食料として重要なスイカが見られる（1967年）（撮影：田中二郎）

写真2-40　猟犬を使った槍猟でゲムズボックを仕留めた男たち。ゲムズボックはブッシュマンの狩猟獣の代表である(1972年)(撮影:田中二郎)

ボツワナのカラハリ砂漠に住むサンの一民族であるグイとガナの生活は、狩猟採集民社会での一般同様、基本的には男の狩猟と女の採集によって成り立っている。植物性食物が全食物量の80%を占めている。動物の狩猟は安定した食料獲得手段とはとてもなりえず、男は毎日朝から夕方まで原野をさまようが、たいていの日は手ぶらであった。ゲムズボックやエランド(ともにウシ科の大型のレイヨウ〔アンテロープ〕の一種)のような大きな獲物を仕留めることができるのは、平均50人の居住集団当たり月に一度あるかどうかだという(写真2-40)。サンの生活は毎日コンスタントに必要量が保障できる女性の植物採集に支えられていた(田中1994、2001)。

100種を超える食用植物の中でも、実際に食卓に並ぶのはわずか10種類ばかりの品目にすぎない。それらは十分な水分を含んだ植物であり、一年の大半の期間にわたって必要な水分はこのような植物性食物から摂取せざるをえなかった。

主要な食料として利用される植物は、大きく分けてスイカ類、豆類、根菜類である。スイカ類や豆類は雨季から乾季のはじめまで採集でき、その期間には他の植物も一斉に若葉を出し、実を結ぶが、多くは豆や果実や水がわりのスイカを採集してくるだけである。乾季になると食べられるものは否応なしに利用するが、そんななかで重要な食料はウリ科植物の根で、カラハリの長く苦しい乾季を生き抜くために必要不可欠なエネルギーと水分を供給する（田中2001）。

サンの人々は元来、狩猟採集を行うため自然環境をよく熟知している。草や障害物の少ないポイントを把握し、特定の樹木についての膨大な知識をもち（移動の際にランドマークになる）、点在する疎林や水たまりの連なりなどをよく把握している（高田2005）。

1970年代に入ると、奥地に隔離された地域で細々と狩猟採集生活を守り続けてきた約5000人のサンの人々に、文明の影響が直接及ぶことになる。

1961年には中央カラハリ動物保護区が制定され、1970年代後半からは遠隔地域開発計画が適用されて、グイとガナの多くは動物保護区の中のカデ（コイコム）に集住、定住するようになった。さらに、保護区の西側に位置した新居住地ニューカデ（コエンシャケネ）へと強引に再移住させられる。ニューカデには1000人を超えるグイとガナが密集して住むようになり、農耕も牧畜もとても自給できる規模にはなりえず、狩猟採集資源は以前にもまして乏しくなった。人々の生活は依然として配給食料と年金に依存せざるをえない状況である（田中2001）。

このような動植物保護を名目としたサンの人々の定住化政策で、多くの人は貨幣経済生活になじめず、失業、伝統文化の消失などが社会問題化するようになった。定住化によって自由に狩猟採集生活が送れなくなったことから生ずるストレスや貨幣経済の浸透から、アルコール依存者の増加や酒が絡んだ暴力事件、自殺が多発することになる。これまでサンの社会では盗みと暴力は最もよくないものとされていたのだが。

†トロフィーハンティングと地域住民

サンの人々が現在国立公園内に住んでいるケースもある。ブワブワタ国立公園（Bwabwata National Park 東京都の約3倍の6100㎢の広さをもち、2007年に国立公園として成立）は、ナミビア共和国北東部のカプリビ州（現ザンベジ州）とカバンゴ州をつなぐカプリビストリップと呼ばれる細長い回廊地帯（図2-3のアンゴラとボツワナに挟まれた、腕を突き出したような細長い地域）のほぼ全域を占め、ライオンやゾウ、インパラなどの野生動物が生息している。この地域には、古くからクエ（Khwe）と呼ばれるサン（ブッシュマン）の一民族が暮らしている。ここでは芝田篤紀《あつき》さんが調査された。（芝田2016a）。クエの人々は、国立公園内の12の村で約4000人（2015年2月現在）が生活をしている。国立公園は管理区域と多角的利用区域に分けられ、多角的利用区域のみに住民が住むことが許され、その自然資源を利用できることになっている。

ナミビアでは野生動物の個体数の管理のため、毎年、動物種ごとに狩猟が許可される個体数が決められている。主として欧米の白人たちがハンティングにやってきて、莫大な費用を支払って、国から許可を得て狩猟、いわゆるトロフィーハンティングを行う。その料金は野生動物の種類によって値段が異なっているが、最も高いのがゾウであり、ブワブワタ国立公園の場合、ゾウのハンティングは一頭当たり2015年時点で1万6500ナミビアドル（約170万円）で、そのお金は国とクエの人々が主体の国立公園管理団体で折半される（2007年の国立公園設立以前はすべて国に入っていた）という。

狩猟者はハンティングというスポーツを楽しむのであり、戦利品（トロフィー）として獲得した動物の牙や角、頭部、毛皮などだけを持ち帰る。彼らは肉を必要としないのだ。

動物保護団体ヒューメイン・ソサイエティー・インターナショナル（HSI）とヒューメイン・ソサイエティー・アメリカ支部が、米国魚類野生生物局がもつ輸入データを分析した結果、スポーツ狩猟家たちは、2005〜14年までの10年間に、126万頭分のト

写真２-41　トロフィーハンティングで欧米人が狩猟したゾウの肉を干して、干し肉にする（撮影：芝田篤紀）

ロフィー（狩猟動物）をアメリカに輸入していたことが判明した（『ナショナル・ジオグラフィック』ウェブサイト２０１６年２月12日）。アメリカに輸入されるトロフィーの原産地（２００５〜１４年）は１位がカナダで50万８３２５個体、２位が南アフリカで38万３９８２個体と両国が飛び抜けて多く、３位がナミビアで７万６３４７個体だった。狩猟家たちが最も強い憧れを抱いているのがアフリカの「ビッグファイブ」といわれるライオン、ゾウ、サイ、スイギュウ、ヒョウである。野生動物の個体数管理のためという説明のもとに、これほど多くの野生動物が合法的な趣味として射殺されているのだ。

狩猟家に必要とされない野生動物の肉は地元の村々に分配され、さらに村の住民に平等に分けられる。ゾウの場合は肉の量が多いので、住民にとっては栄養源の少ない乾季における重要なタンパク源になる（写真２-41）。２０１４年にはブワブワタ国立公園で16頭のゾウがハンティングされ、順番に一つの村に一頭ずつ肉（小さい村は二村で一頭の肉）が分けられていったという。

†サンの人々の食事

食事は家族だけでなく、そこにいあわせている人たちを含めていっしょに取る（写真2-42）。ただし、男性のグループ、女性のグループ、子供たちといったぐあいに、別々の皿に分かれて食べる（同じ皿で男女あるいは大人と子供がいっしょに食べることは通常しない）（写真2-43）。みんな分け隔てなく食事を取り、年齢や地位は関係ないが、写真2-42で村長（白い服の人）が座っている腰掛けだけは、より年長者の人や客人が来たら譲るという習慣になっているようだ（ちなみに村に住み込み調査をしている芝田さんも村の客人なので、

写真2-42　サンの村人たちで夕食を作っているところ（撮影：芝田篤紀）

写真2-43　男たちが料理し、分け合って食べる（1967年）（撮影：田中二郎）

写真2-44　トウモロコシの粉を湯で練ったものとゾウの肉を煮込んだものによる夕食
（撮影：芝田篤紀）

腰掛けを譲られた）。

主食は、トウモロコシの粉を湯で練ったもので、それに周辺で採れた植物（葉菜）を煮たソースをつけて食べる。写真2-44は、ゾウの肉が手に入ったとき、トウモロコシの粉を湯で練ったものと、ゾウの肉を煮込んだものによる夕食である。ゾウの肉は非常に硬いので、時には棍棒でつぶして挽いたような状態にして食べることもあるが、肉を小片に切って煮込んで食べるのが一般的だ。干し肉をそのまま食べるときは、口の中でビーフジャーキーのように噛んで染みてくる味をずっと楽しむという（芝田2016b）。

しかし、サンでは定住化によってそのような分配や平等主義は失われつつある。たとえば、芝田さんがサンの村に住み込んでいるとき、若者がたばこを人に見つからないように隠れて吸おうとしていたことや、何かを食べようとした住民が住居の中に持ち込んでドアを閉めて見つからないようにしていたことなど、以前のような、そこにいる人全員で分配するという精神が崩れつつある一端が見られたという（芝田2016b）。

†サンの伝統的儀礼とシャーマニズム（ボツワナ）

サンの社会ではいろいろな儀礼が行われるが、儀礼の際も、彼らが豊富な知識をもつ植物のなかから特定なものが使用される。結婚式、初潮儀礼など、「儀礼」と見なされるものは、グイやガナの言葉で「ツォー」と呼ばれている。「ツォー」は本来「治療」や「薬」を意味しており、彼らにとって「儀礼」は治療の一部とみなされている。

写真2-45　初潮を迎えた少女を祝うエランドの踊り。（1968年）（撮影：田中二郎）口絵

グイやガナにとって、血、汗、尿、精液、唾液といった身体物質は、「水」が形を変えたものとしてとらえられている（今村2001）。カラハリ砂漠という過酷な環境では、「水」はすべての生命を生み出す強力な源泉なのである。

グイ社会では誕生、成人、結婚という人生の節目において儀礼を行う。今村薫さんは、グイ社会での儀礼について調査をされてこられた。

少女が迎える初潮の儀礼には、少女自身の穏やかな成長と多産を願う側面と、自然を畏怖し自然からの恵みを祈願する二つの側面があるという（今村2001）。

少女が初潮儀礼で小屋にこもっているあいだ、近隣のキャンプから何度も女性たちが訪ねてきて、初潮を迎えた少女を祝う「エランドの踊り」を踊る（写真2-45、口絵）。女性たちが豊穣と多産のシンボルとされるエランドの群れを模して踊るのだ。こうして平均して2週間ほど少女は小屋にこもり、満月の頃に小屋から出される（今村2001）。

グイやガナの社会では既婚者が自分の配偶者以外の相手と性関係を結ぶことを半ば公認しており、そのような婚外の性関係をザークという（Tanaka, 1989）。グイやガナの文化においても、性行為は他人から隠すべきものなのだが、毛布を一つ隔てることによって、隣のカップルの行動は自分に関係のないものとして扱うことになっている（今村2010）。

彼らの社会では「結婚」を形式的に峻別するための儀礼はないが、性的関係をもつことによって「汚れ」と呼ぶ病にかかることを防ぐために新郎と新婦は互いの血を混ぜる儀式を行う。第二婦人として結婚する場合、夫と第一婦人、第二婦人の3人が互いの血を混ぜ合う（今村2010）。

大人たち全員が一か所に尿をため、皮膚を傷つけて血を流し、全員の尿と血を混ぜ合わせ、さらに薬草を混ぜ合わせるとそれが強力な「薬」に転じるという。この薬を大人や子供たち全員の傷口に塗り込む。「尿を混ぜ合わせる儀礼」は性交渉を行った男女の関係をそれぞれの配偶者や家族、親族に明らかにし公にすることに、社会的な意味があるという（今村２００１）。

写真2-46　ヒンバの女性たちは鉄分を含む赤い石を砕いた粉にバターを混ぜて肌や髪に塗り、腰には羊皮や布のエプロンをまとい、腰周りや手足、首などにもさまざまな装飾具をつけている（口絵）

†牧畜民ヒンバの人々（ナミビア）

ヒンバ民族はバントゥ系の牧畜民であり、ナミビア北西部からアンゴラ南西部にかけて住んでいる。彼らは牛糞で壁を作った家に住み、ウシやヤギ、ヒツジなどを飼って、それらの乳やトウモロコシの粉を湯で練ったものを主食としている。

ヒンバの女性は、頭髪を細かく取り分けて縄編みにし、その上に小さな頭飾りを載せている（写真２-46、口絵）。腰には羊皮や布のエプロンをまとい、腰周りや手足、首などにもさまざまな装飾具をつけている（吉村２０１６）。また、彼女らは鉄分を含む赤い石を砕いた粉にバターを混ぜて髪や肌に塗っている（写真2−47）。これは強い日差しや乾燥、虫などから肌を守るために用いられるが、彼女らにとって一種の化粧の役割を果たしている。また、ヒンバの女性は水浴びをしないといわれ、体臭を消すために家の中で香木をお香のように焚いて、その上にエプロンをかぶせてよい匂いをそれに染みこませている（写真2−48）。

写真2-47　鉄分を含む赤い石を砕いて赤い粉を作っている女性

写真2-48　体臭を消すために家の中で香木を焚き、その上にエプロンをかぶせてよい匂いを染みこませる

†ラクダ遊牧を行うレンディーレの人々（ケニア）

東アフリカに南北に延びるアフリカ大地溝帯の東側には、広大なサバンナ、半砂漠草原、そして砂漠が広がっている。赤道直下に位置するため日中の気温は40℃を超え、蒸発が激しい。一年のうち、1月と2月が小乾季、6月から11月までが大乾季、それを挟んで大雨季（3～5月）と小雨季（12月）があるが、必ずしも期待通りに雨季にまとまった雨が降るわけではない。

ケニアの北部には面積が約5万㎢のレンディーレ・ランドと呼ばれる乾燥地がある。この地に遊牧民レンディーレが古くから住んでいる。孫暁剛《そんしょうがん》さんは、このレンディーレのラクダ遊牧について調査された。

レンディーレ・ランドは年間降水量が200㎜未満の乾燥した低地平原（高度600ｍ）である。土壌は貧弱で、長い棘を発達させた灌木やパッチ状に生える草本による灌木草原と半砂漠草原からなっている。降雨は雨季に限られるが、広域に降ることはなく、短時間に局地的に降る集中豪雨が大半である。そして数年にわたる大旱ばつが不規則的に発生する。河川は、普段は表流水がなく集中豪雨のときにのみ洪水流が発生する季節河川（ワジ、涸れ川）である。年間を通して利用できる地表水は、「コラレの泉」と呼ばれる砂漠の中

写真2-49　朝日を浴びながら放牧へ出かけるヒトコブラクダの群れと牧畜民レンディーレ（北ケニア）（撮影：孫暁剛）

にある湧き水だけだ。季節河川に沿って掘られた浅井戸と手押しポンプ井戸は、人々の生活を支える貴重な水源となっている（孫2016）。

レンディーレは主としてヒトコブラクダと小家畜（ヤギやヒツジ）、そして少数のウシとロバを飼養し、農耕をまったく行わずに家畜に大きく依存した生活を続けてきた（写真2-49）。家畜のうち、ラクダとヤギは木本《もくほん》植生を採食するブラウザー（browser 草木の芽や葉を食べる草食動物）で、ウシとヒツジは草本植生を採食するグレーザー（grazer 草を食べる草食動物）である。レンディーレ・ランドに出現する草本植生は、年二回の雨季の期間中のみに見られ、干ばつ年にはない。それに対して灌木草原と半砂漠草原には、アカシア属やコミフォラ属の低木と、デュオスベルマ属やインディゴフェラ属などの

写真2-50　コラレの泉で給水するラクダ（撮影：孫暁剛）

灌木が分布し、年間を通じて利用できる。そのため、ブラウザーの放牧に適している（孫2016）。

レンディーレは「平原のラクダ遊牧民」で知られるほど、ラクダを高く評価し、積極的に飼養する人々である。ラクダは雨季に植物の枝葉から水分を取り、乾季でも14日おきに給水を受ければ生存できる。砂漠の中にあり他の家畜がアクセスできないコラレの泉も、暑さと長距離の移動に耐えられるラクダだけは利用できる（写真2-50）。干ばつによって水場と植生の条件が悪くなったときに、人々はラクダを連れて遠く離れた放牧地に移動する。出産したメスラクダは一頭一日約3ℓの乳を生産でき、26か月間乳を出しつづける（佐藤1984）。ラクダさえ確保すれば干ばつ

写真 2-51　半砂漠草原にあるレンディーレの集落（撮影：孫暁剛）

を乗り越えられると人々はいう。

　レンディーレの格言の一つには「人がヤギを失うのは手首を折ったのに等しく、ラクダを失うのは大腿骨を折るのに等しい（手首が折れても人は歩けるが、大腿骨が折れると歩けない）」というものがあり、ラクダへの高い評価をよく表している。また、婚資の支払いはラクダ8頭と決められており、家畜の貸し借りをめぐる信託制度が適用されているのもラクダだけである（Sato, 1992）。年に4回開催される供犠祭 *sorio* のうち、3回はラクダの安全と繁殖のためである。さらに14年ごとに行われる集団割礼儀礼や結婚開始儀礼のときにも、ラクダは神様に捧げるために、あるいは儀礼当事者への贈り物として重要な役割を果たす。このようにラクダはレンディーレにとって、生計上だけではなく、社会的・文化的にも重要な家畜である（孫２０１２、２０１６）。

　乾季には、家畜は水と牧草を求めて遠距離移動しなければばならないので、井戸などの限られた水源の近傍に位置する集落には年配者と子供が残り、若者たちのみで放牧キャンプをつくって広域を移動する。一方、雨季には、家畜は採食で十分な水分を取ることができ、人間は家畜から豊富な乳を得られるので、集落とキャンプは合流して牧草が豊富なところにつくられて、若者は年配者や子供と合流する（写真2-51）。

写真 2-52　レンディーレの青年たち（撮影：孫暁剛）口絵

放牧キャンプは、ラクダ・ウシ・小家畜別につくられる。ラクダ放牧キャンプは同じ集落のラクダを集めてつくられ、同じクラン（氏族）出身の青年たちによって管理される（写真2-52、口絵）。キャンプの平均サイズはラクダ10群（約500頭）と牧夫20～30人である。一つの群れの構成は、種オスが1～2頭、去勢オスが10頭、メス成獣が22頭、そして未成熟と幼獣が16頭である。乳生産と群れの増産のために、メス成獣が最も高い割合を占めている。

キャンプでは食料のすべてが畜産物で賄われる。

雨季には水分をたくさん含んだ植物を食べるのでラクダの泌乳量が多く、牧夫は乳だけで充分な食事ができる。一方、乾季にはラクダの頸静脈から血を採取し、乳と混ぜてつくる混血乳が利用される。放牧キャンプでは毎日の朝夕二回に搾乳と採血が行われ、得られた乳と血は一か所に集められた後、牧夫全員に平等に分配される。これはラクダの所有数をめぐる個人間の格差をなくし、キャンプ内の結束と協力を図るためである（孫２０１６）。

ラクダキャンプの移動は、乾季と雨季の季節変化や牧草と水場の状況に大きく影響される。とくに乾季の間にラクダは14日おきに給水する必要がある。ラクダの成獣一頭は一回50ℓ以上の水を飲むため、浅井戸では水量が不足する。そのため、往復距離が１００㎞を超える給水移動が放牧地とコラレの泉の間に2週間おきに行われる。ラクダの出産時期や、放牧地の治安状況や、祭日と儀礼活動などもキャンプの移動に影響する。高い移動性を維持するためには、自由に利用できる放牧地と水場が不可欠である。レンディーレ・ランドでは今も放牧地と水場の共同利用が維持され、遊牧民同士の話し合いや慣習に従って互いに譲り合って利用されている（孫２０１２）。

第 3 章
寒帯・冷帯気候

ワイナポトシ山(標高6088m)を背景にしたスズ鉱山。スズ採掘はボリビアの主要産業である。

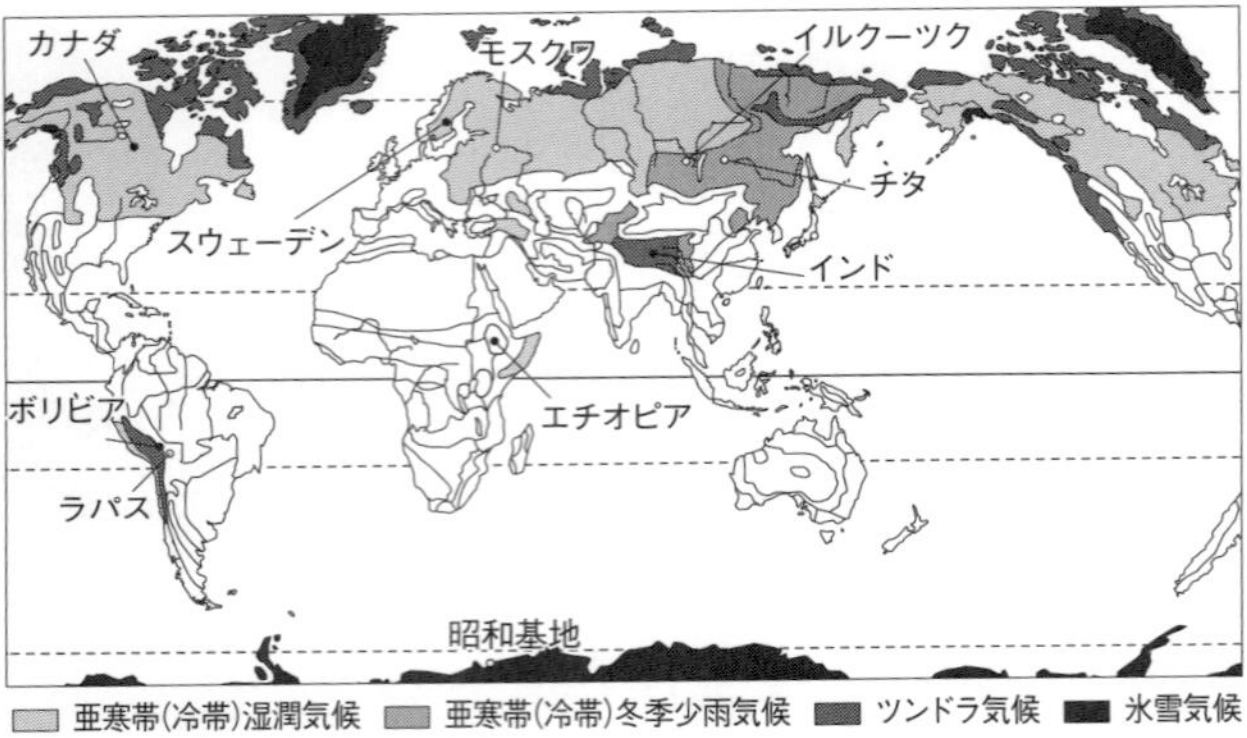

図 3-0　寒帯、亜寒帯（冷帯）の分布

1　自然

†ツンドラや亜寒帯（冷帯）地域の分布

ツンドラ（寒地荒原）気候地域は、地下に永久凍土（通年にわたって凍結している土壌）が広がる降水量の少ない地域であり、シベリア北部やグリーンランド沿岸、カナダの北部など北極海沿岸の寒帯地域に見られる（図0-1、3-0）。ツンドラは、低温で植物の成長可能期間が短いため樹木が成長できない地域であり、高山ツンドラも含み、主たる植生は草本類、蘚苔《せんたい》類、地衣類である。

亜寒帯（冷帯）気候地域は、冬の期間が長く寒いが、四季の変化があり、夏冬の温度差が激しい地域である。主にユーラシア大陸や北アメリカ大陸の概ね緯度40度以上の高緯度地域・高標高地域に比較的広く分布する（図0-1）。北海道も亜寒帯（冷帯）地域に属する。北部はタイガと呼ばれる常緑針葉樹の純林、南部は針葉樹林と広葉樹林の混交林が広がっていて、ポドゾルと呼ばれるやせた土壌が分布する（図0-1下部）。

写真3-1　ストックホルムの市街地に見られるエスカーの急坂

氷河によってつくられた地形

写真3-1は、スウェーデンのストックホルム市街地の中心地に近い場所のものである。写真撮影した場所から前方にかなり急勾配に下る坂が見られる。この急な坂道はどのようにできたのだろうか？

実はこのストックホルム市街地内にある急坂は最後の氷河時代である最終氷期（7万〜1万年前、図3-1）に大陸氷河（氷床）が形成したエスカーなのだ。エスカーは氷河中や氷河底にトンネルをつくって流れる融氷流水（氷河が融けた流水）が

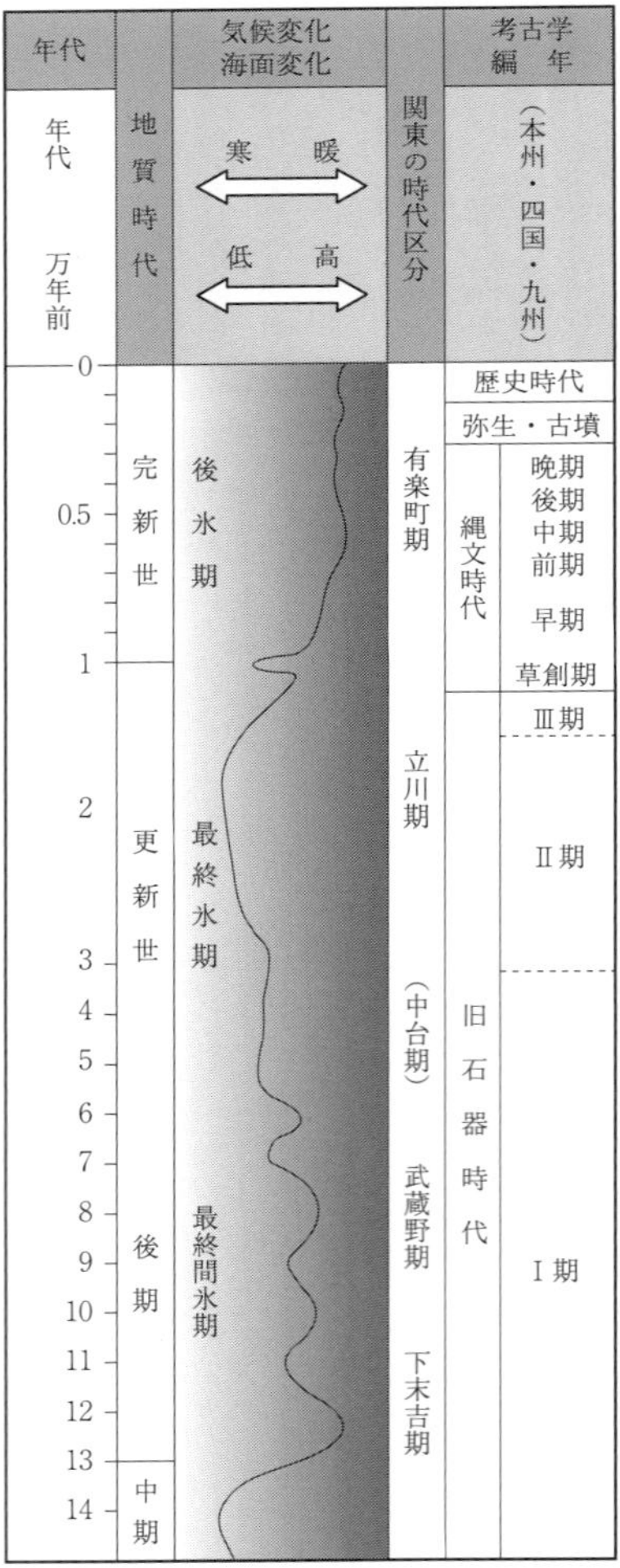

図3-1　過去12万年の環境の編年図（貝塚1990）

氷成堆積物（流動する氷河中に取り込まれ運搬された岩屑が氷体の衰退に伴って解放され、その場に堆積した堆積物）を運搬し、トンネル内の流路に沿って再堆積させてできた、細長い堤防状の砂礫堆積地形を指す（図3-2）。つまりストックホルムの場所は氷期には大陸氷河（氷床）に覆われていたことになる。そして、ストックホルムの場所は1万1000年前頃に氷河が後退して、氷河から解放され、そこに堤防状の地形、エスカーが現れた。湖水や湿地の多いスウェーデンやフィンランドではエスカーが交通路として利用される

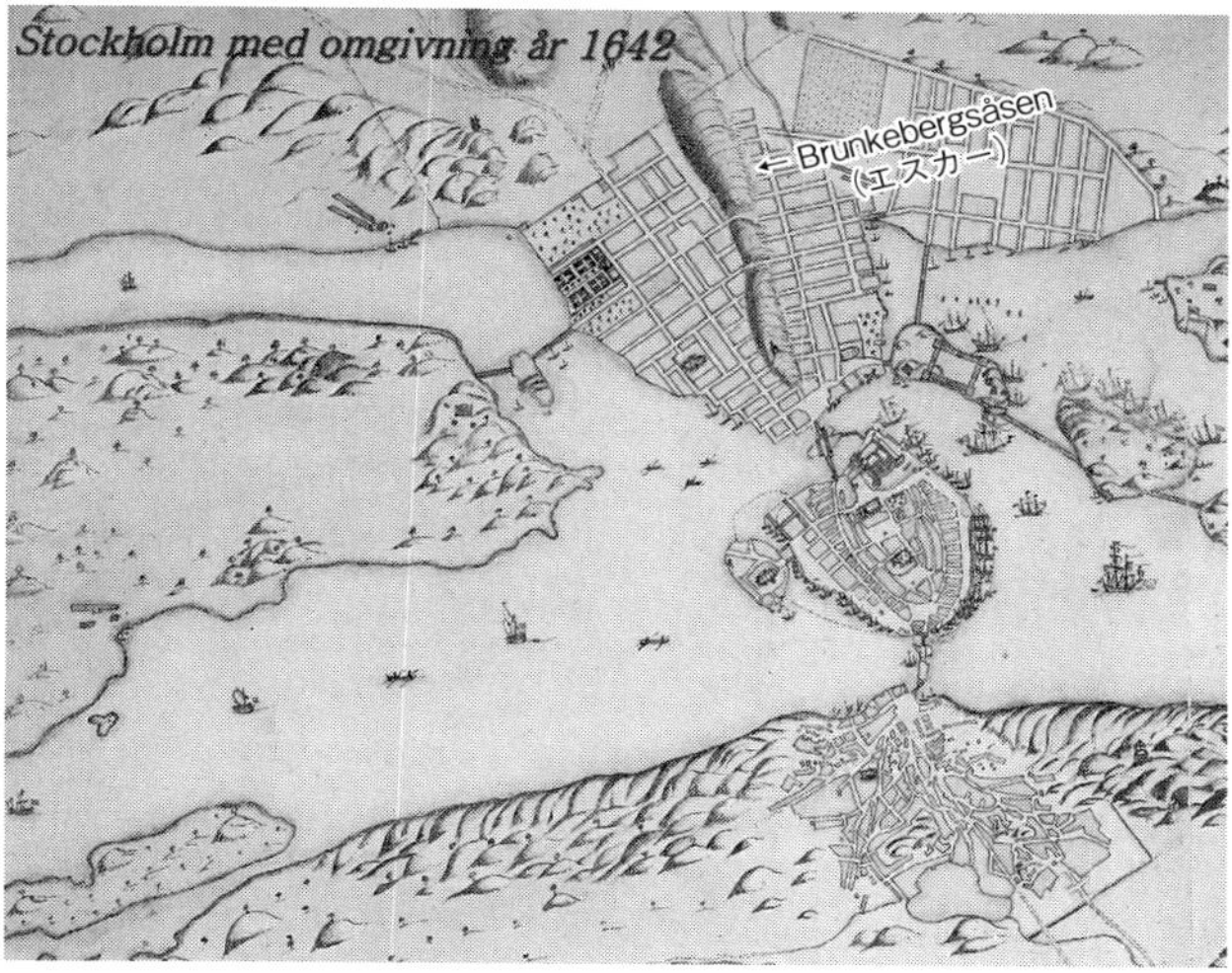

写真3-2　ストックホルムの1642年の古地図（National Library in Stockholm蔵）。市街地の中央に堤防状の地形のエスカーが南北に延びているのがわかる

ことが多い。スウェーデンではエスカーのことを「ås（オース）」と呼び、ストックホルム市街地にはエスカー（ås）の一つであるBrunkebergsåsenという名称の長い堤防状のエスカーが南北に延びている（写真3-2）。それが交通の障害になるため、そのエスカーを掘り込んで東西に延びる道路が作られた。写真3-3は、1909年に市街地を東西に結ぶ幹線道路King's Street "Kungsgatan"を建設するために、南北に延びるBrunkebergsåsenを掘っているところである。

写真3-4はボリビアのアンデ

写真 3-3　ストックホルムの市街地を東西につなぐ幹線道路 King's Street "Kungsgatan" の建設のために Brunkebergsåsen と呼ばれるエスカーを掘っている（1909 年撮影）（Stockholm City Museum 蔵）

写真 3-4　ボリビアのアンデス山系、ワイナポトシ山の下流の U 字谷内に見られるターミナルモレーン（エンドモレーン：氷河の末端に形成されるモレーン）

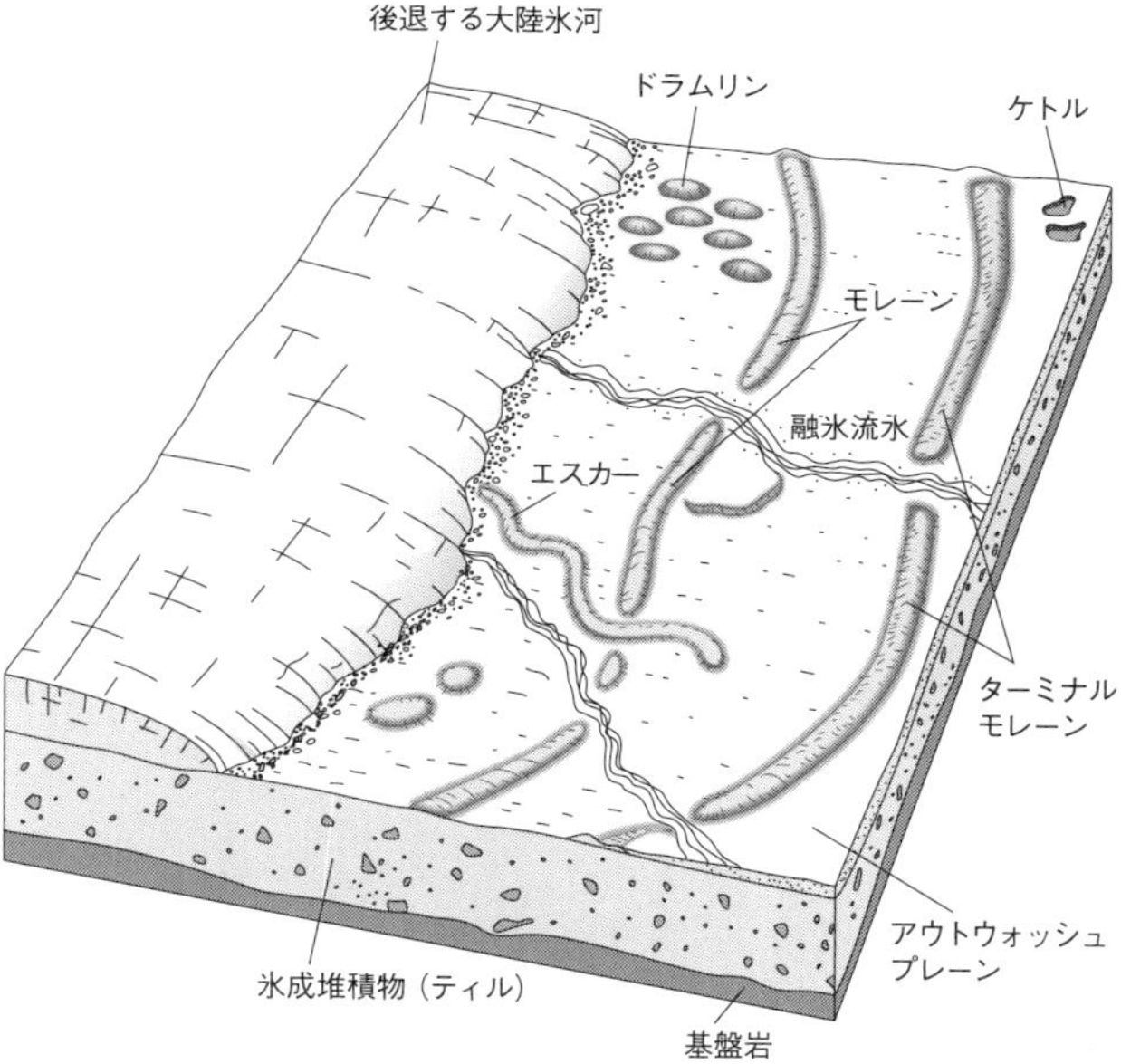

図3-2　氷床の後退とともに形成される地形（de Blij and Muller1996）

ス山系、ワイナポトシ山の下流のU字谷内にあるモレーンだ。モレーンは、氷期（氷河時代）などの寒冷期に氷河が前進しながら砂礫をブルドーザーのように前面に押し出して、その後、氷河が後退したときにその場所に残していった堤防状の地形である（図3-2）。谷をせき止めるように堤防上のモレーンが形成されている。エスカーは融氷流水によって運ばれた堆積物から成っている地形なので、堆積物が丸みを帯びているのに対し、モレーンの堆積物は氷

写真 3-5　ベルリン北方に見られる氷河湖

河によって運ばれたものなので、特に氷河前面に運搬・堆積してできたターミナル・モレーンの堆積物は角張っている傾向がある。

氷河時代などの寒冷期に、氷河の作用でつくられたエスカーやモレーンの砂礫の高まりがその後、温暖になって樹木や草原、住居などで覆われると、現在ではそこがかつてのエスカーやモレーンであるとはわからないことが多い。

U字谷に水がたまったり、堤防状のモレーンで囲まれた窪地に水がたまると湖ができる。これを氷河湖というが、たとえば写真3-5はドイツのベルリン北方に見られる氷河湖である。このように北欧からスコットランド、ドイツ北部は最終氷期（7万〜1万年前）には大陸氷河（氷床）に覆われていた（図3-3）。そのため、北欧や北ドイツなどにはたくさんの氷河湖が見

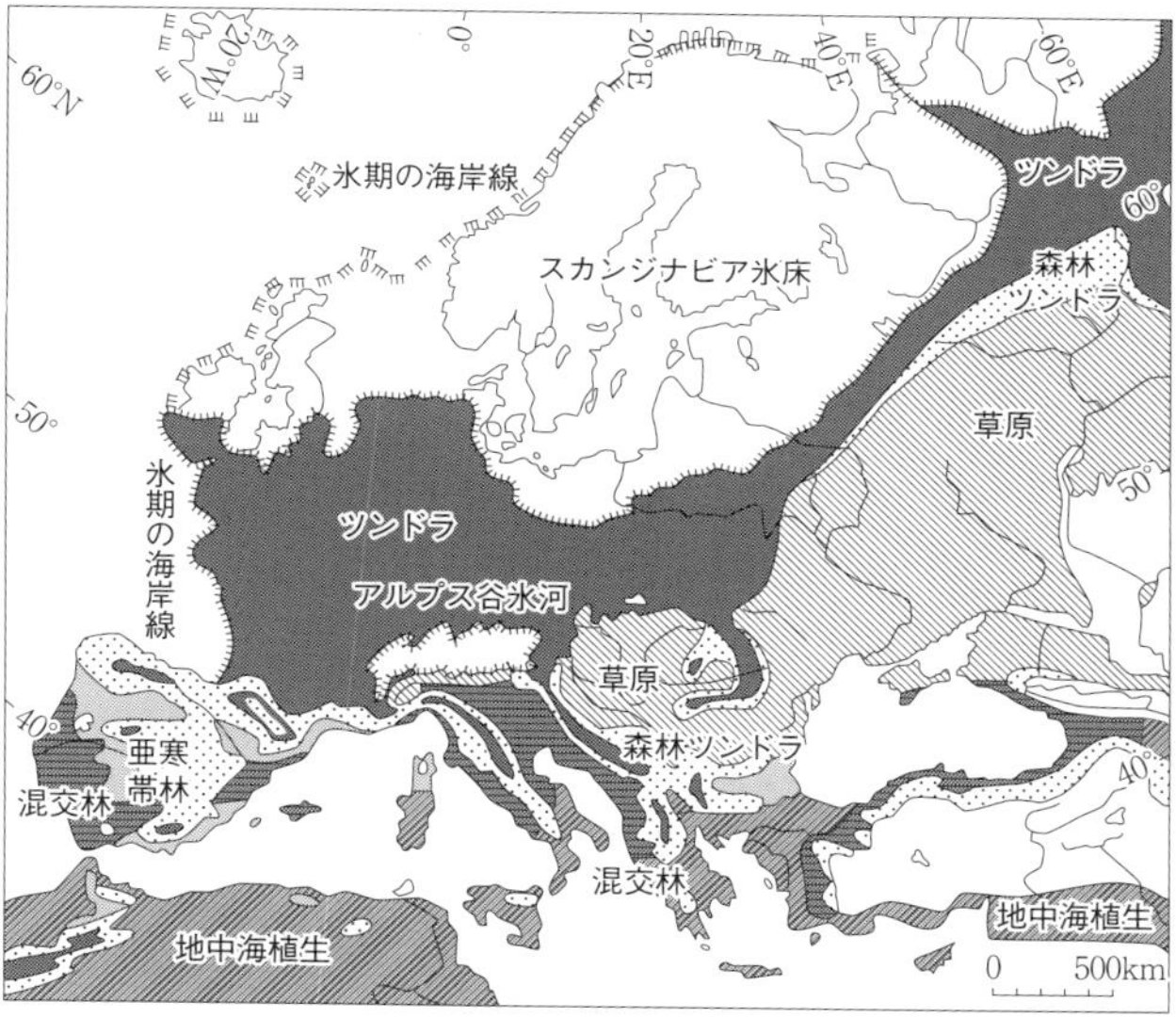

図3-3　最終氷期におけるヨーロッパの自然環境（Büdel1982；杉谷・平井・松本2005）

られる。このような地域では大陸氷河（氷床）の周縁に堤防状のモレーンが取り囲み（図3-2、写真3-6）、氷床の縁から放出される融氷水はところどころで、氷床を縁どるモレーンの丘に切れ目をつくり、そこから大量の砂礫をはきだしてアウトウォッシュプレーン（サンダー）と呼ばれる扇状地を形成した（図3-2）。写真3-7はベルリン北方で見られる約1万6000年前にできたアウトウォッシュプレーンの厚い堆積物である。あちこちでアウトウォッシュプレーンをつくった融氷水

写真 3-6　写真の背後に見えるスカイライン（空と地表の境界線）が、最終氷期（7 万〜1 万年前）のうち、約 1 万 6000 年前に氷河の周縁に形成されたターミナルモレーン（エンドモレーン）の堤防状の地形列。写真中央の森林で覆われた小高い丘がドラムリン

写真 3-7　アウトウォッシュプレーン（氷河末端から流れだす網状の流路をもつ水流によって形成された扇状地状の平野地形）の堆積物

は集まって大河となり、氷床の外縁を流れた。その大河の跡である巨大な浅い谷をウーァシュトロームタール（Urstromtal）と呼ぶが、実は現在のエルベ川をはじめ北ドイツ平野の河川はウーァシュトロームタールのところを流れている。

このように北欧には平地にさまざまな氷河がつくりだした地形が見られるのである。大陸氷河が流れると、それによって運ばれた砂礫が氷河の底に堆積して、さらに新たに前進してきた氷河によって乗り越えられると舟底状の丘、ドラムリンをつくる（図3-2）。ドラムリンは氷河の流れる方向に平行にでき、その断面は氷河の流れの上流に急傾斜、下流に緩傾斜となる。写真3-6はベルリン北方で見られるドラムリンである。森林で覆われた小高い丘は右手が急傾斜、左手が緩傾斜なので、右手から氷河が流れたことがわかる。

このような氷河によってつくられた地形は高山でも見られる。写真3-8はアフリカの第二の高山であるケニア山だ。ケニア山には現在も氷河があり、しかし、その氷河も温暖化によって近年急速に後退して消滅しようとしている。写真中央に見えるケニア山の最高峰のバティアン峰の向かって左手に、ケニア山第二の氷河であるティンダル氷河がある。そのティンダル氷河が19世紀半ばに前進したときにつくったモレーンが、写真手前の堤防状の地形だ。14世紀半ばから19世紀半ばまでは寒冷な時代であって（図3-4）、小氷期と呼ばれている。その小氷期のときにつくられたモレーンなのだ。

写真3-8　ケニア山の第二の氷河であるティンダル氷河（左手）と小氷期に氷河前面につくられたモレーン（写真手前の白っぽい堤防状の地形）

しかし、小氷期の後、氷河は後退する一方で、その氷河の後退にともなって、氷河末端付近に生育できるキク科のセネキオ・ケニオフィトウムやアブラナ科のアラビス・アルピナなどの先駆的植物種はどんどん山を登っている（水野1999、2005b、2015、2016）。最近は気温上昇そのもので氷河末端に出現した、ムギワラギクの仲間のヘリクリスム・シトロスピヌムのような植物種もある。1997年には筆者によって氷河末端から氷漬けになったヒョウの遺骸も発見された。そのヒョウは放射性炭素年代測定によって今から1000年ほど前に生きていたヒョウであることが判明した。その時代は日本でいえば平安時代末期で世界的に温暖な時代だった（図3-4）。その後19世紀まで続く寒冷期にヒョウは氷の中で眠り続け、20世紀以降の温暖化で融けた氷河の中から発見されたのだ。

氷河時代には氷河はさらに下方まで流れた。このティンダル氷河と最大のルイス氷河はケニア山の山麓まで流れ、氷河の氷が岩盤を削り、大きなU字谷を形成した。写真3－9はこれらの氷河が流れてつくられたU字谷である。氷河時代にはいかに長大の氷河が流れたのかが想像できる。水が流れる河川と異なり、氷が流れる氷河は一日に数十センチメー

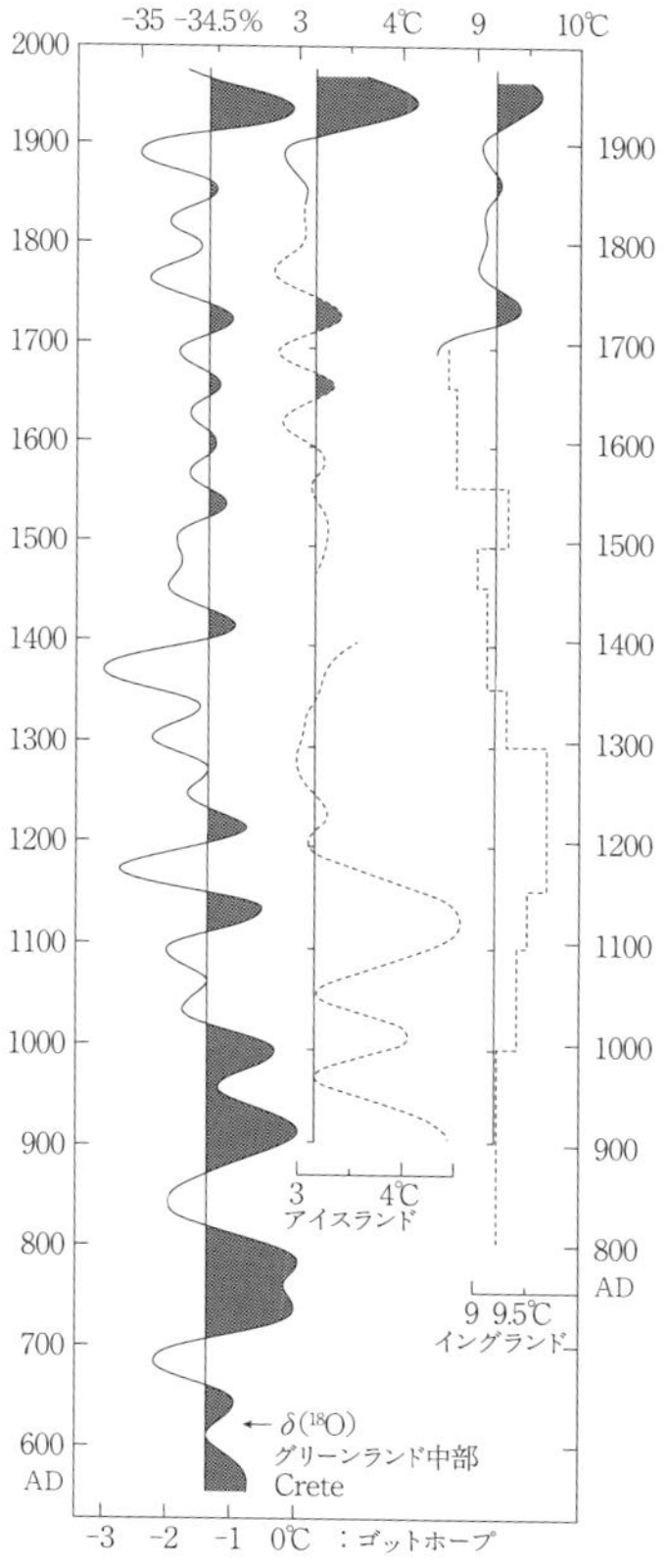

図3-4　グリーンランド、アイスランド、イングランドの気温変化（グリーンランドは氷柱コア中の18Oの濃度変化）(Dansgaard et. al. 1975)

写真3-9　かつて氷河が流れた時に氷河によって削られてできたU字谷（ケニア山）

トルから数十メートルというようなゆっくりとした速度で移動し、そのときに氷河の氷が岩盤をU字形に削っていくのだ。

　氷河が岩盤の上を流れると、岩盤の表面がなめらかに削られ、そのときにできる筋状の削痕《さくこん》が残る。このような氷河が流れたときに削られてできた岩盤の削痕は、かつてそこに氷河が流れた証拠である。ニューヨークのマンハッタンにあるセントラルパークには、氷河が流れて岩盤の表面を研磨し、その削った筋が進行方向に残る岩盤が見られる（写真3-10）。子羊の脂で滑らかにした、当時（18世紀）のカツラに似ていることから、このように氷河で削られた岩を羊背岩《ようはいがん》（羊群岩《ようぐんがん》、ルントヘッカー、ロッシュムトネ）と呼ん

写真 3-10　ニューヨークのマンハッタンに見られる、氷河が削った岩盤（表面が氷河によって研磨されている）とその削痕（提供：PIXTA）

写真 3-11　世界最大のフィヨルドであるソグネフィヨルド（ノルウェー）

でいる。現在、高層ビルの建ち並ぶニューヨークも氷河に覆われた時代があったのだ。

寒冷期に氷河がつくったU字谷がその後の温暖期に海面が上昇し、U字谷が沈水したものがフィヨルドである。写真3-11はノルウェーにある世界最大のソグネフィヨルドである。写真中央には支流のU字谷が見られ、それが流入した本流のU字谷が沈水してフィヨルドになっている。フィヨルドは両岸がU字谷の急斜面の断崖絶壁になっていることが多く、両岸への交通が発達しにくく、大きな都市は立地できない。

†日本の高山に見られる氷河地形

氷河は現在日本では見られない（ただ最近の研究で立山周辺の万年雪が氷河だという可能性が示唆された）。しかし、氷河時代に氷河が流れてつくられた氷河地形は、日本アルプスや日高山脈で見られる。写真3-12は初冬（11月下旬）の南アルプスの荒川岳である。写真の右手の山にすり鉢状の地形が見られるが、これは氷河が削ってできたカールである（図3-5）。カールの末端あたりまで雪で白くなっていて、それより下方は黒っぽくなっている。図3-6より、現在の中部山岳地帯の雪線は高度4000m付近にある。雪線とは雪が積もる量が溶ける量より勝る高度の下限を指し、雪線より高い標高では雪がどんどん積もっていって、その雪圧で下から氷になり地表をすべっていく。つまり氷河が流れるのだ。

写真3-12　南アルプスの荒川岳。氷河地形であるカールが見られる

その雪線が最終氷期には北アルプスで高度2500m、南アルプスでは高度2600mまで下がった。したがって写真3-12のカールの下限がおよそ高度2600mあたりになる。図3-6を見てもわかるように、最終氷期の雪線高度は現在の森林限界の高度にほぼ一致する。したがって、カールの末端までは森林がないため、雪が積もって白っぽく見え、それより下方の森林地帯は雪が積もっても森林にかくれて黒っぽく見えるのである。つまり、この写真の白と黒の境界が最終氷期の雪線で、それより上方に氷河が流れ、氷河地形をつくり、この境界が現在の森林分布の上限である森林限界だということだ。

しかし、写真3-12ではモレーンがよく見えない。そこで写真3-13や口絵を見ていた

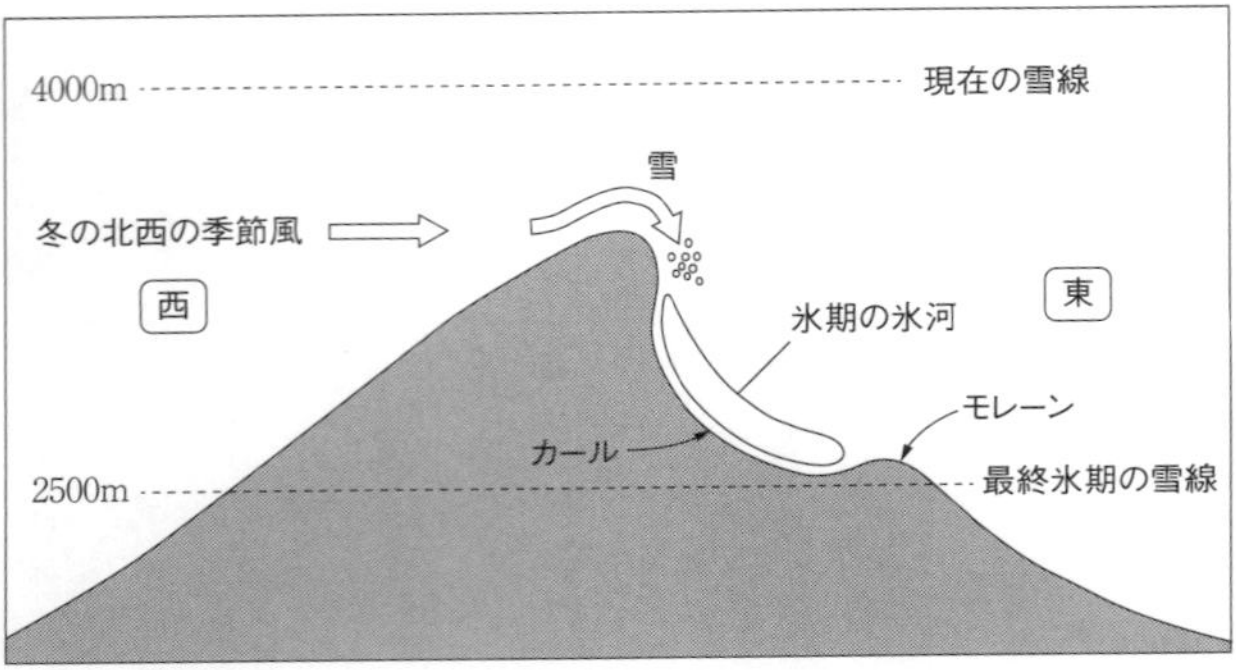

図 3-5　日本アルプス（東西断面図）における最終氷期の氷河の形成と現在の氷河地形。※雪線：1年間の積雪量が融雪量より勝る下限の高度を連ねた線。雪線より高標高では雪が溶ける量よりも積もる量のほうが勝り、氷河が形成される

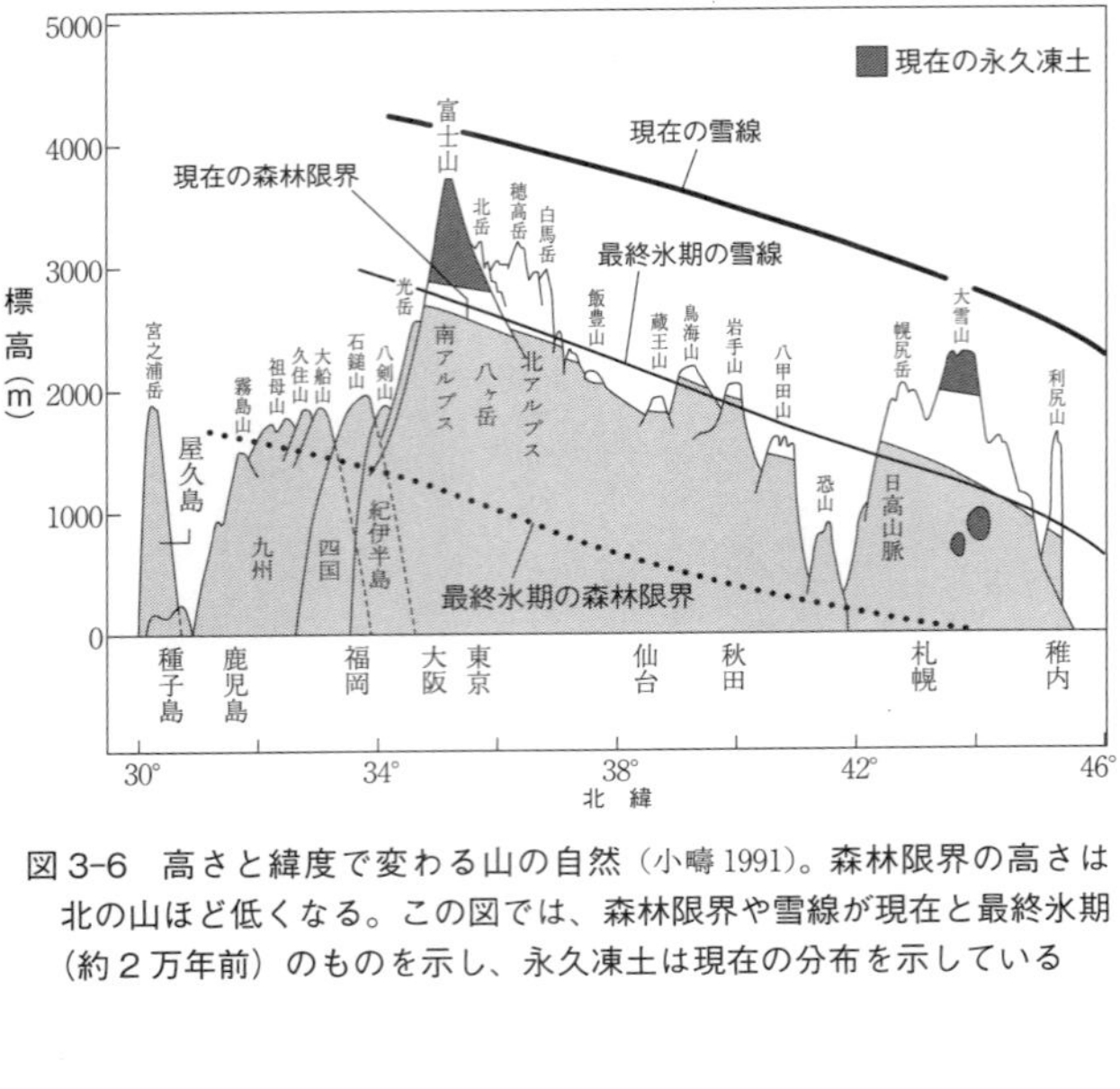

図 3-6　高さと緯度で変わる山の自然（小疇 1991）。森林限界の高さは北の山ほど低くなる。この図では、森林限界や雪線が現在と最終氷期（約2万年前）のものを示し、永久凍土は現在の分布を示している

写真 3-13　北アルプスの野口五郎岳のカール(口絵)

写真 3-14　野口五郎岳カール内の土石流扇状地上のお花畑。背後のモレーン上は消雪時期が早いのでハイマツが生育している

だきたい。写真3-13(口絵)は北アルプスの野口五郎岳のカールの様子である。氷河が流れてすり鉢状に削ってカールをつくり、その氷河がブルドーザーのように砂礫を前方に運び、それが堆積してできた小山のモレーンがある。斜面下方に大きな岩盤の高まりがあって、氷河はその岩盤にぶつかって二つに分かれたため、モレーンも岩盤を避けるように湾曲している。カール底は消雪時期が遅く、植物が生育せずに裸地になっているが、モレーンは小高い地形のために消雪時期が早く、嫌雪性の植物であるハイマツが生育している。写真左手からカール底に土石流が流れて形成された土石流扇状地は、カール底の裸地の場所より少し消雪時期が早いため、高山植物が生育する「お花畑」になっている(写真3-14)(水野1999、2015、2016d)。

†冷帯の森林分布

冷帯(亜寒帯)には、一般にタイガと呼ばれる針葉樹林の純林が分布する。それらは、モミ属、トウヒ属、マツ属、カラマツ属などの針葉樹林である。シベリアでは、エニセイ川をはさんで西側はモミ属、トウヒ属の常緑針葉樹が中心のうっそうとした暗い森林、東側は落葉広葉樹のカラマツ属が中心の明るい森林となっている。北アメリカのタイガはモミ属、トウヒ属の常緑針葉樹のタイガである。

写真 3-15　雪が早く消える場所には嫌雪性のハイマツが分布し、雪が遅くまで残る場所には好雪性のダケカンバが生育する

日本でも、冷帯の北海道は、トウヒ属のエゾマツとモミ属のトドマツの純林が広がる。トウヒ属とモミ属の木は一見似たような樹形をしていて区別しにくいが、トウヒ属の葉は先がとがっているのに対し、モミ属の葉は先が二つに割れているので、葉を見ればわかる。本州では亜高山帯にモミ属のアオモリトドマツ（オオシラビソ）やシラビソ、トウヒ属のトウヒ、そのほかコメツガやカラマツなどが分布している。亜高山帯でとくに積雪が多い場所にはダケカンバが分布している（写真3-15）。ダケカンバは樹幹に粘りけがあるため、斜面下方への雪圧に耐えることが可能で、樹幹がしなっても折れることはないが、針葉樹はそのような積雪の多い場所では稚樹は生育できるものの、成長する過程で雪圧に耐えき

れずに折れてしまう可能性が高い。

2　気候メカニズム

†寒帯・冷帯の分布とその気候メカニズム

39頁の図1-7を見てもわかるように、高緯度地域では一年を通して太陽からの日射が地表面に斜めに当たる、つまり太陽高度が低いため、地表面一定面積あたりの日射から受ける熱量が小さく、気温が低い。また、北半球の北極点に近い高緯度では、7月（夏至：6月21日頃）には地球が自転してもほとんど一日中日射を受け、逆に1月（冬至：12月22日頃）には一日の大半が日射を受けない（図1-7）。北緯66・6度以北を北極圏、南緯66・6度以南を南極圏と呼ぶが、北極圏では夏至の前後、南極圏では冬至の前後に白夜（真夜中になっても薄明かりになっているなど、太陽が沈まない現象）が生じる。それぞれ逆の時期には極夜（日中でも薄明かりか、太陽が沈んだ状態が続く現象）となる。

グリーンランドを見ると、沿岸部は高山植物等が生育するツンドラ気候になっているのに対し、内陸部は植物がほとんど生育しない氷雪気候になっている（図0-1、3-0）。比熱（物質1gを1℃上げるために必要な熱量cal）が固体では小さく、液体では大きいため（水が1に対して、大陸は平均で約0・3）、大陸は冬に急速に冷やされるが、海の水はそれほど冷えず、そのため冬に内陸で気温が大きく下がるのだ。北緯・南緯30〜60度では、上空を偏西風が吹いているため、冬に相対的に暖かい海のほうから風がもたらされ、内陸でも東寄りの部分が最も気温が下がる。ユーラシア大陸でも、冬に最も寒いのは東シベリアだ。

モスクワ（北緯55・5度）に比べ、東シベリアのイルクーツク（北緯52・2度）やチタ（北緯52・0度）のほうが緯度は低い（赤道に近い）が（図0-1、3-0）、モスクワの最寒月の平均気温は1961〜90年の平均値の場合、1月のマイナス9・2℃に対し、イルクーツクのそれは1月のマイナス19・1℃、チタはマイナス25・9℃である。1981〜2010年の平均値の場合、モスクワの最寒月の平均気温は、2月のマイナス6・5℃に対し、イルクーツクのそれは1月のマイナス17・7℃である。

また、モスクワの年平均降水量は1961〜90年の平均値の場合、692㎜で、最も降水量の少ない3月でも34・4㎜ある。一方、イルクーツクの年平均降水量は460・5㎜で、最も少ない2月は8・1㎜、チタの年平均降水量は343・6㎜で、最も少ない1月は2・0㎜しかない。1982〜2010年の平均値の場合、モスクワの年平均降水量は706・5㎜で、最も降水量の少ない3月でも35・2㎜ある。一方、イルクーツクの年平均降水量は478・5㎜で、最も少ない2月は8・1㎜である。

それでモスクワは亜寒帯（冷帯）湿潤気候に属し、イルクーツクやチタは、亜寒帯（冷帯）冬季少雨気候に属す（図0-1、3-0）。気温の低い寒帯や冷帯では地表が熱せられにくいため、上昇気流が生じにくく、降水量が少ない。降水量が少ないのに砂漠にならないのは、わずかな水分も気温が低いため蒸発しにくいからだ。それにしても、1961〜90年の平均値に比べて、1981〜2010年の平均値は、モスクワもイルクーツクも最寒月の平均気温が上昇し、降水量が増えている。地球温暖化の影響が想定される。

†高標高地の気候

ヒマラヤ山脈やチベット高原、アンデス山脈の一部などは寒帯のツンドラ気候に属す。植生は高山植物などの多年生草本や矮性《わいせい》低木などに限られる。

多年生草本とは、一度種子から発芽すると、何年かは地中に残った根茎から成長する草本である。低地では毎年種子から発芽する一年生草本が多いが、長い間低温かつ積雪に覆われる高山では、植物の生育期間が限られるため、前年の個体から成長できる多年生草本や矮性低木が多い。

気温は高標高になるにつれて下がっていき、これを気温の低減率という。山などの地表面の物体の影響を受けない自由大気の場合の低減率は0・65℃／100mといわれ、山地に接した大気の場合は、地表からの放射や大気の乱れなどに強く影響されるため、0・5〜0・6℃／100mになるといわれる。筆者がケニア山の高度1890mと3678mの気温データを比較して求めたケニア山の気温低減率は、0・63℃／100mであった。

3 冷涼地域の農業

†冷涼地域の農業分布

第2章でも述べたが、地表には植物の枯れた腐植が堆積し、腐植は有機物であるためそれが土壌の栄養分になっている。したがって腐植が混ざっている土壌の表層が黒っぽいのはそのためである。しかし最終氷期に氷床（大陸氷河）があったような北ヨーロッパや北米は、氷河によって土壌の表層の腐植がはぎ取られて栄養分が少ないため、農耕には不向きである。たとえば、北米では最終氷期に現在のハドソン湾を中心としたローレンタイド

図3-7　アングロアメリカの農業地域

氷床が、現在の五大湖周辺まで覆い、氷河が基盤を侵食していた。最終氷期の後、氷河の侵食跡が水をたたえて氷河湖である五大湖が成立した。五大湖周辺も氷河によって土壌の表層の腐植がはぎ取られたため土壌の栄養分が少ないので、農作物を作るには不向きである。それでこのような氷河に覆われていた場所は酪農地帯になることが多い（図3-7）。五大湖周辺は大都市に近いこともあって、新鮮な乳製品を大都市に輸送する点でも有利なため、酪農地帯となっている。

　本章の冒頭でも述べたが、タイガ（針葉樹林帯）地域にはポドゾルと呼ばれる灰白色の土壌も見られる。針葉樹の落葉が地表に堆積しても寒さのため分解が進まず、厚い腐植層をつくる。この腐植が強酸性のフルボン酸を生成し、この酸が鉄やアルミニウムを溶脱させて漂白層ができ、その下に鉄やアルミニウム、腐植が集積した褐色の集積層ができる。この作用をポドゾル化作用という。ポドゾルは強酸性を示し、養分が極度に欠乏しているため、肥沃度はきわめて低く、農業には不向きである。

ところで、北米のハドソン湾や北欧のボスニア湾では氷河時代に厚く氷河（氷床）が覆っていたため、その氷河の重みで地殻の下のマントルが周辺に逃げて地殻が沈み込み、湾ができたのである。しかし、氷河期が終わるとマントルが戻りつつあり、地殻が上昇するというアイソスタシー現象が生じた。これによってボスニア湾では過去1万年間で250mほどの隆起を記録しており、スカンディナビア半島南端近くでは50mほどの隆起があるといわれ、現在でも年間約1cmずつ隆起し続けている。

†氷河レスの堆積と農作物

氷河が流れてその前面にできたモレーンには、地表からはぎ取られた腐植が多く含まれ、その細粒物質が風で飛んで再堆積したものをレスと呼んでいる。私がドイツのドナウ川流域にあるレーゲンスブルク近郊で観察したとき、70万年前以降の17層に及ぶレスを見た（写真3-16）。風で何度もレスが堆積しているのだ。風で飛ばされてきたレスはハンガリー盆地やパリ盆地、ポーランド盆地やボヘミア盆地などのへこんだ地形の盆地に堆積しや

写真 3-16　70 万年前以降の 17 層に及ぶ氷河性レス（ドイツ、レーゲンスブルク近郊）

写真 3-17　ドイツ、バイエルン地方の小麦畑

写真 3-18　チチカカ湖周辺に広がるジャガイモ畑（ボリビア）

写真 3-19　ラパスの野外マーケットで売られている何種類ものジャガイモ

すい。レスにはたくさん腐植が含まれているため、栄養分が多く農耕には適している。そのような盆地は主要な小麦地帯となった（写真3-17）。

冷涼な気候に適す農作物にジャガイモがある（図1-11）。原産地は南米アンデス山系の標高約3800mにあるチチカカ湖周辺で、7000年以上前から栽培されているという。現在もチチカカ湖周辺にはジャガイモ畑が広がり（写真3-18）、ボリビアの首都ラパスのマーケットにはいろいろな種類のジャガイモが並ぶ（写真3-19）。1533年にピサロ率いるスペイン軍によってペルーのインカ帝国は滅ぼされ、そこから金銀といっしょにスペインに持ち帰られたのがジャガイモだった。金銀はスペインに何の貢献もしなかったが、その後ヨーロッパ社会に大きく貢献したのがジャガイモだ。ジャガイモはヨーロッパでは当初、珍奇鑑賞植物であったが、18世紀の小氷期（図3-4）の度重なる飢饉の際に重要な食料と認められ、ヨーロッパの主要な農作物となったのだ。

4　高緯度地帯の住民生活

†極北の狩猟民、イヌイットの人々（カナダ）

アラスカやカナダ、グリーンランドの極北地域に住む人々はイヌイットと呼ばれている。かつては、エスキモーと呼ばれていたが、「エスキモー」は現地の言葉で「生肉を食べる者」という意味の呼称であったため、現地の言葉で「人々」を意味する「イヌイット」が1970年代から使われるようになってきた。アフリカ南部の乾燥地に住む狩猟採集民の呼称が「ブッシュマン」から「サン」に変わってきたのと似ている。

イヌイットの人々の生活については、岸上伸啓《のぶひろ》『イヌイット――「極北の狩猟民」のいま』(2005)を引用しながら以下に述べてみる。

イヌイットはこれまで動物を捕るために季節の変化に応じて居住地を変えてきた。冬には海氷上に現れるアザラシの呼吸穴を利用してアザラシを捕り、夏にはホッキョクイワナやアザラシ、シロイルカ、セイウチ、秋には川を遡上するホッキョクイワナを捕り、内陸でカリブー(トナカイ)を狩猟する。これらはイヌイットの食料になるだけでなく、脂肪は燃料になり、骨や枝角《えだづの》、牙は道具の材料となった。彼らは主食であるアザラシやカリブーの肉、ホッキョクイワナなどを生や自然冷凍の状態で食べることが多かったが、それらに含まれる血液から、不足するビタミンを摂取しているのだという。太陽光線は皮下に取り込まれるとビタミンDが体内でつくりだされるため重要だ。極北地域は日射量が少ないので、北欧などでは、太陽光線を吸収するメラニン色素が少ないコーカソイド(白色人種）が住んでいる。しかしながら、モンゴロイド（黄色人種）であるイヌイットは皮膚にメラニン色素が多く、それが太陽光線を吸収して皮下取り込み量が不足して、ビタミン不足になってしまう。ビタミンDはカルシウムを骨へ吸収させるために必要で、その不足で「くる病」（脊椎や四肢骨の彎曲《わんきょく》や変形が起こる病気）になりやすくなる。そのためにも狩猟した動物の生肉や内臓を食べる必要性があったという。

イヌイットがアザラシの肉や魚を食べるときは、アザラシの脂肪油にひたして食べるが、それは高カロリーの脂肪分を多量に取ることによって、エネルギーを体内で燃焼させ、寒さから身を守るためのようだ。

イヌイットは獲物を捕ると、それを独り占めすることはなく、自分の家族が必要な分を取ると、残りは親族や友人に分け与える食物分配の制度が古くから根付いているという。どんなに腕のよいハンターでも常に獲物が捕れるとは限らないため、獲物が捕れたハンターが捕れなかった他のハンターに獲物を分け与え、みなが生き延びるという慣習だったのだ（岸上2005）。

†イヌイットの慣習と現代生活

かつてイヌイットの人々は、氷雪板を切り出してらせん状に積み上げて作ったドーム状

写真 3-20　イヌイットの住居イグルー（1963 年、カナダ）（提供：朝日新聞社）

のイグルーに住んでいた（写真3-20）。屋内でアザラシの脂肪を石ランプにともせば、冬のマイナス30℃以下の極寒でも、0℃以上になって暖かかった。現在は、一戸建てやアパートに定住している。そんな現在の家屋でも冬には家屋が氷雪に覆われてすべて凍結してしまうので、下水道はない。川の上流や湖から取られた水を配水車が週に一、二回各世帯の貯水タンクに給水している。汚水や屎尿《しにょう》は各世帯のタンクにためられ、週に一回、汲み取り車が取りに来る。

イヌイットは現在でも村の外にキャンプに行く。5月頃から9月頃までの暖かいうちに、数日から2〜3か月程度、村の外で生活する家族が多いという。

イヌイットは生まれた子供に、いくつもの

名前をつける慣習がある。イヌイットの世界では、名前に「アティック」（名前を意味する）と呼ばれる霊魂が宿っているとされている。名前の霊魂は、性格、資質、特殊な技能、人格を有しており、子供に名づけられた名前の属性が体現されると考えているという。同じ名前を有している人同士は、「サウニック」（「骨」を意味する）と呼びあい、この呼称は親族名称に優先して使用されるようだ。

また、イヌイットの世界観では、人や動物が死ぬと、生物を生かす霊魂「ターニック」がその体を離れ、別の人や動物に宿って、再生すると信じられている。霊魂には人間と動物の差がないため、人がホッキョクグマとして生まれ変わったり、その逆もあると信じられているようだ。イヌイットの間では、動物は人間に捕らえられるために人間の前に現れると考えられているため、目の前に現れた動物を捕り、食べるのが礼儀だという。

2001年のカナダの国勢調査によれば、カナダには約4万5000人のイヌイットが住んでいるが、その全人口の60%あまりが未成年だ。カナダ全体の平均年齢が約37歳なのに対し、極北地域のイヌイットの平均年齢は約20歳ときわめて若い。イヌイットの人口に占める若年層の割合が高い理由は、出生率が高い割に平均寿命が短いためである。都市に住むイヌイットでは飲酒のトラブルが問題になっている。アルコール依存症で仕事をやめた人や、退学せざるを得なくなった学生が後を絶たない。

近年、地球温暖化が進み、氷上を移動すると氷が割れる恐れが大きくなった。そのため、伝統的な生活を続ける人々は、海のアザラシやシロイルカから、内陸部のカリブーに狙いを変えるようになり、海岸から離れて暮らすようになった（岸上２００５）。

†昼の長い夏と夜の長い冬（スウェーデン、ドイツ）

冷帯気候の場所は緯度が高いか標高が高いかのどちらかである。冬になると大陸は冷え、海は相対的に暖かいが、とくにヨーロッパの大西洋岸には暖流の北大西洋海流が流れている。その暖かい海のほうから偏西風が吹いてくるため、ヨーロッパは緯度が高くても比較的暖かい。北緯40度は日本では秋田だが、ヨーロッパではスペインのマドリードであり、パリは北緯約48度、ロンドンは北緯約52度だが、日本では札幌が北緯約43度、稚内が約45度で、カムチャッカ半島の南が約50度である。ノルウェーのオスロやスウェーデンのストックホルムは北緯60度付近にある。緯度が高い場合、夏はなかなか日が沈まず、逆に冬の日照時間は短い。ドイツの大学生は、冬の場合、朝8時のまだ暗いなかを自転車にライトをつけて通学する。

写真3-21は、11月下旬のスウェーデン、ストックホルムの午後3時半である。北緯約59度と高緯度のストックホルムの冬は午後2時くらいになると暗くなりはじめ、3時には

写真3-21　ストックホルムの11月下旬午後3時半の風景（スウェーデン）

だいぶ暗くなって町に照明がつき、午後4時にはすっかり暗くなる。ストックホルムの一日の日照時間は夏の18時間から12月下旬の6時間まで3倍の開きがある。

　緯度の高いヨーロッパでは夏の長く明るい時間を有効に使うために、サマータイムを導入しているのにはうなずける。夏は時計の針を一時間進めて、早くから働きはじめ、その分早く帰宅して、まだ明るい時間に屋外でスポーツや散歩などを楽しむのだ。私は文部省（現・文部科学省）の在外研究でドイツに滞在していたとき、6月に学生にサイクリングに誘われ、集合時間が午後6時と聞いて驚いたが、サマータイムを使用しているので実際は午後5時で、サイクリングを3時間楽しんで午後9時（実際には午後8時）にいっしょにビールを飲んで楽しんだが、まだあたりは十分明るかった。

　西欧や北欧の秋から冬は日照時間が短いだけでなく、毎日どんよりと曇って日が射さない。寒くて暗く、そして長い冬の夜に、唯一外に出かけて行こうという気にさせるのが、クリスマスの一か月前から町の広場で開催されているクリスマスマーケットだ。クリスマスがなかったら、ヨーロッパの冬はもっと暗い。クリスマスマーケットで売られているものに、キャンドルの類が多いのもうなずける。暗くて寒いヨーロッパの冬には、明るくて

写真 3-22　春になると一斉に屋外のカフェでお茶を楽しむヨーロッパの人々（ドイツ）

写真 3-23　夏になると一斉に野外の公園で日光浴を楽しむヨーロッパの人々（フランス、パリ）

暖かいキャンドルはもってこいなのだ。

そのヨーロッパに春がやってくると、住民たちは一斉にレストランの屋外でお茶や食事を楽しむ（写真3-22）。レストランの室内はガラガラだ。みんな体中に太陽の日差しを浴びるために屋外を好むのだ。それほどヨーロッパ人の太陽の光に対する欲望は強い。夏になれば街の公園は水着姿になって日光浴をする人であふれかえる（写真3-23）。日射量の少ない高緯度のヨーロッパでは、日光浴は健康のため（体内でビタミンDをつくって「くる病」になるのを防ぐため）に行われているのだ。先日テレビを見ていたら、北欧のある国で、親がレストランに入っているときに、乳母車に乗せた幼い我が子を、戸外の窓際において日光浴させている様子が映し出された。ヨーロッパ人の多い東京の青山通りのカフェにはたいてい屋外の席があるのも、こういった彼らの習慣の影響が大きい。

5　山岳地帯の農業

†ヒマラヤの森林利用と農耕（インド）

アルナーチャル・プラデーシュ州は、インドの北西部、アッサム州の北に位置し、西にブータン、北にチベットと国境を接するヒマラヤ山系の山岳地域である（図3-8）。この領土の帰属をめぐって、長らくインドと中国の間で国境紛争が生じ、1990年代まで外国人の入域が禁止されていたため、ベールに包まれた地域となっている。現在も特別区域入域許可証を必要とし、許認可を受けたガイドをつけないと入域は許されていない。

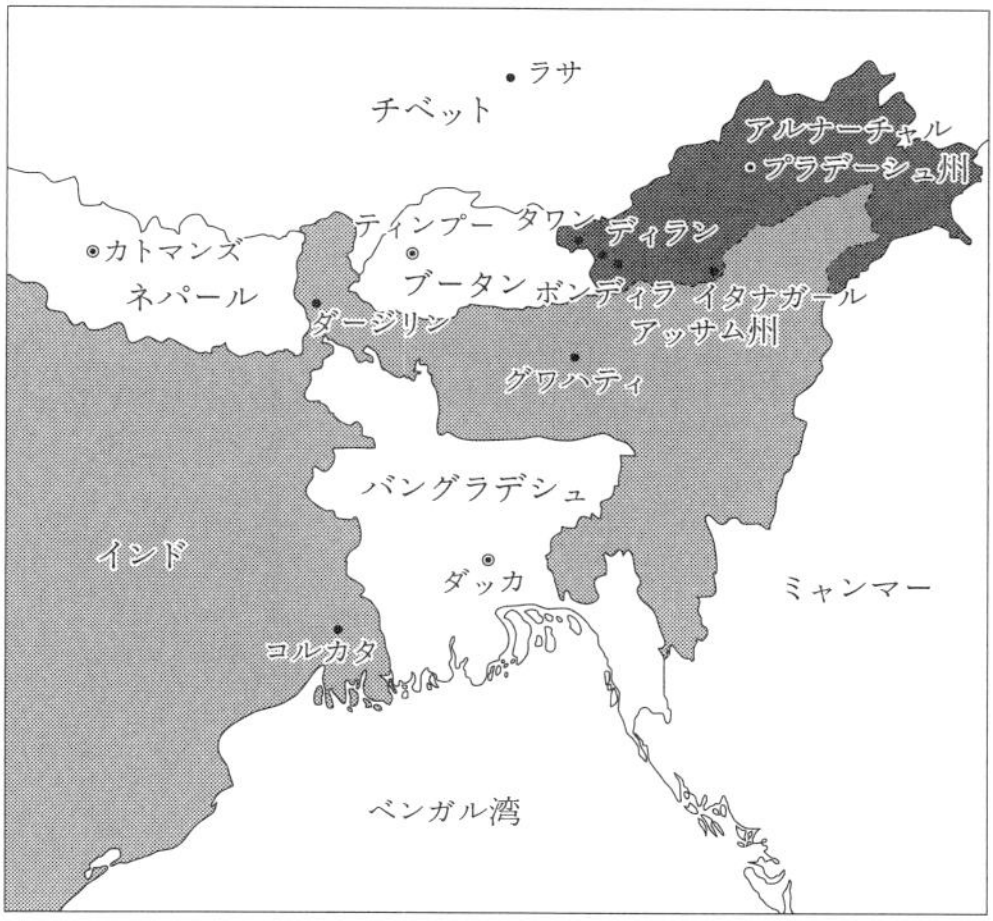

図3-8　アルナーチャル・プラデーシュ州の位置

　アルナーチャル・プラデーシュ州のディラン地方の森林は、高度約2400mで大きく変わる。2400m以下ではコナラ属の常緑広葉樹に混ざって、コナラ属やハンノキ属、オニグルミ属などの落葉広葉樹が目立つが、それ以上の高度では落葉広葉樹があまり見られなくなってくる。高度2400mを超えると、マテバシイ属やシキミ属、オガタマノキ属の常緑広葉樹に混ざってビャクシン属などの常緑針葉樹が目立ってくる。さらに高度2800mを超えると、モミ属やツガ属の常緑針葉樹が優占する。森林限界は4000m付近にある（水野2012、Mizuno & Tenpa, 2015）。

高度の違いによる森林分布は、住民の森林への近接性と森林利用に関わってくる（水野2012）。ディランモンパ民族の人々が住むディラン地方の村周辺では、「ソエバ・シン」と呼ばれる「落葉を集める森林」が存在する（写真3-24）。これは一般にはすべての農家が所有しているものだ。その森林からコナラの落葉が集められ、トウモロコシの裏作として作られる大麦やソバの肥料として、あるいは雑草の生育の抑制のため、さらには雨季の土壌流出を防ぐため、トウモロコシ畑にまかれるのである（写真3-25）。この地域は降雨量が多いため、地表に落葉がないと土壌流出が進み、トウモロコシが倒れてしまうことがあるようだ。一般にトウモロコシの播種の約2か月後、トウモロコシの背丈が30cmくらいになったとき、除草した後に落葉が3~5cmくらいの厚さにまかれる。ウシを飼っている人は落葉に牛糞を混ぜたものを畑にまく場合もある。

「ソエバ・シン」では、針葉樹のヒマラヤゴヨウが成長してくるとそれを除去し、コナラの純林になるようにコントロールしている。したがって、水田とトウモロコシ畑が隣接している場所では、コナラの落葉が必要のない水田ではその背後の森林はヒマラヤゴヨウが優占し、落葉を必要とする畑の背後の森林はコナラ林になっている。

このコナラの落葉は毎年1〜2月に約2週間、朝7時から夕方4時頃まで、家族総出で、時には人を雇って、「ソエバ・シン」の斜面の上方から落葉を徐々に下方に落としていって集める（写真3-26）。

写真3-24　村の畑に接して「ソエバ・シン」と呼ばれるコナラ林の「落葉を集める森林」が存在し、その周囲にヒマラヤゴヨウなどからなる「ボロン」と呼ばれる「薪を集める森林」がある

写真3-25　コナラの落葉を農地にまいている人々（テンバン村）

写真3-26　家族総出で「ソエバ・シン」の斜面の上方から落葉を徐々に下方に落としていって集める

このコナラの落葉は自分の土地からしか採集できないため、他人の土地から落葉を得るためには、土地の所有者との関係で、蒸留酒（アラック）を差し出したり、現金を支払ったりして得ることになる。

「ソエバ・シン」では、土地の所有者でもコナラの樹木を切ることが禁止されており（最近では自分の土地のコナラなら少しは切れるように変わりつつある）、利用できるのは枯れた樹木、倒木、枝のみである。ある村では、コナラを伐採するのが発見された場合、ツォルゲン（ガウンブラ）と呼ばれる村長に通報され、樹木一本につきウシ一頭をツォルゲンに提出しなければならない。

「ソエバ・シン」の周辺には「ボロン」と呼ばれる森林地帯があり、さらにその周縁に「ムーン」と呼ばれる森林地帯がある。「ボロン」は「ソエバ・シン」のような直接管理された森林区域ではないが、間接的に管理された森林区である。主に薪を集める森林であり、村落から近接性が高い場所、たとえば山の村落側の斜面や標高がおよそ2400m以下の森林で、落葉広葉樹、常緑広葉樹、常緑針葉樹からなっている。

一方、「ムーン」は「深い森」を意味し、村落と反対側の山の斜面や高度2400m以上など、村落から遠く、近接性の低い森林帯であり、主に建材を集めたり狩猟を行う場所となっている（写真3-27）。かつてはこの「ムーン」の森林帯まで人が入って木を切ることは少なく、「一人で入るのは恐い」深く暗い森であった。人為の影響が小さく自然林（一次林）となっている。

写真3-27　主に常緑針葉樹からなる高標高の「ムーン」と呼ばれる森林地帯

「ボロン」はクラン（氏族）の共有地と個人の私有地があり、「ムーン」はクランの共有地である。「ボロン」の森林の利用については場所により差があるが、たとえば私有地の場合、原則として所有者にのみ樹木伐採や薪を採集することが可能である。他人でも（同一クラン、別のクランに限らず）所有者の許可が得られれば、薪の採集が可能である。
クラン共有地の場合、そのクランの人たちは薪を許可なく採集できる。しかし、建材利用などで大量の木材を伐採するときには、そのクランの首長から許可を得る必要がある。「ボロン」や「ムーン」で許可なく違法に木を採集した人に対して、所有クランの長老は、5000から1万5000ルピー（1ルピー＝約1・7円、2018年1月現在）の罰金を科すことができる。クランの森林においては、商業目的の伐採は認めないが、そのクランの人間が自分の利用のために伐採するのは認めている。政府はどちらも公に認めていないとしているものの、実際には黙認していることが多い。

近年の人口の増加と道路の整備、車の発達とともに、「深い森」である「ムーン」の森に入る人が増加し、森林が伐採され、陰樹（幼時の耐陰性がとくに強く、弱光下でよく発芽・生育する樹種）が主体の一次林の「ムーン」の森から、「ブルーパイン（青松）」と呼ばれるヒマラヤゴヨウのレンソン・シン *Pinus wallichiana* など陽樹（陽光の下で発芽し早い生育を示す樹種）が主体となる二次林の「ボロン」の森に遷移している。そのため、年とともに、「ムーン」が減り、「ボロン」が増え、「ムーン」が村からますます距離的に遠くなっている。

†ヒマラヤのヤク牧畜（インド）

ヒマラヤやアンデスの高地では、その土地特有の家畜が飼われている。すなわち、ヒマラヤのヤクと、アンデスのリャマ、アルパカだ。

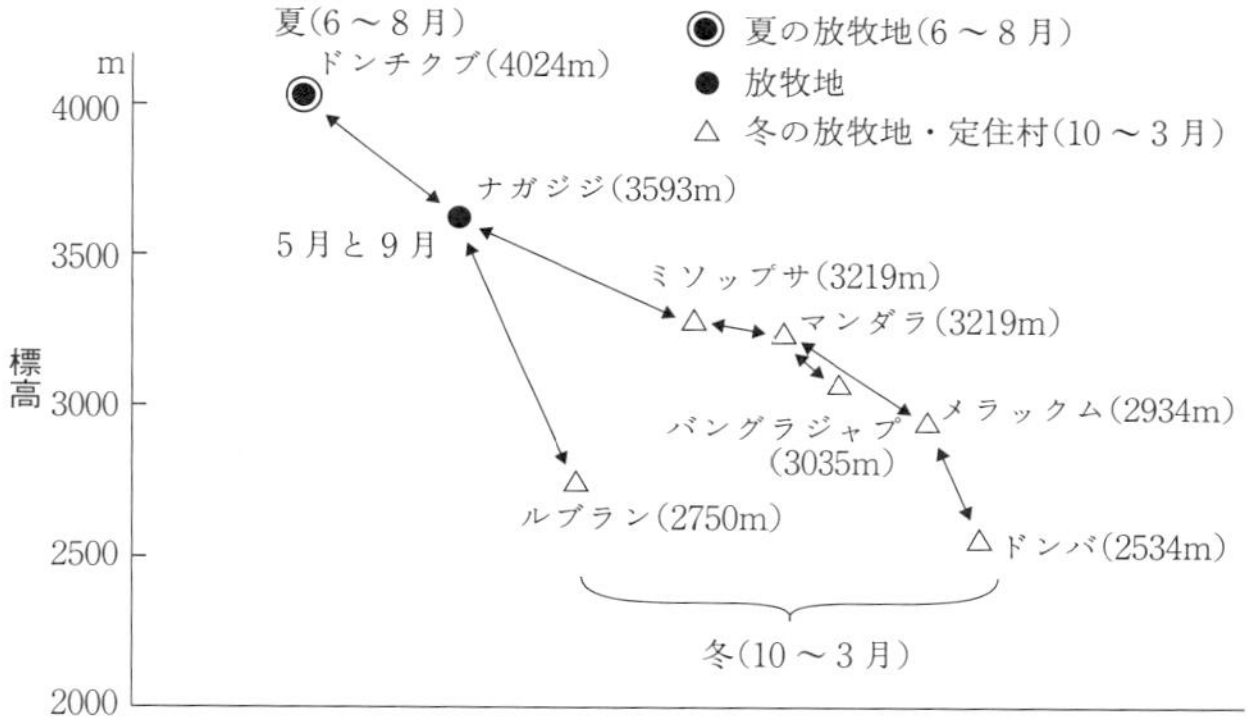

図3-9　アルナーチャル・プラデーシュ州（アルナーチャル・ヒマラヤ地域）ディラン地方における放牧地と牧畜民の移動（水野2012）

ヤクはウシ科に属し、チベットからヒマラヤ地域のみに分布する家畜である。筆者が調査を行ったインドのアルナーチャル（アッサム）・ヒマラヤ地域では、冬の10月から翌年3月には標高2500～3500mあたりの住居に住み、4月から草を求めて山を登り移動する（水野2012、Mizuno & Tenpa, 2015）。図3-9は、そのディラン地方の放牧の移動を示している。たとえば、一番高度が低い牧畜民村のドンバ村（2534m）の牧畜民は冬の12月から翌年3月をドンバ村で過ごし（高標高の村ほど冬の定住期間は長くなる）、4月から5月上旬にメラックム（2934m）まで移動し、そこの出先小屋で数日から数週間過ごし、家畜に草を食べさせる。そして次にミソップサ（3219m）とナガジジ（3593m）のあいだの場所に出先小屋を建て、数日から数週間滞在し、最後にブータンとの国境付近であるドンチクブ（4024m）の夏の放牧地に移動し、6月から8月まで夏の雨季の3か月ほど滞在し放牧する。9月はじめに下りはじめ、少しずつ移動して冬の村まで戻ってくる（写真3-28）。

各放牧地の土地は農耕民のクラン（氏族）や村落の所有地のため、年に一度、牧畜民はその地代を農耕民に支払っている。このあたりの森林限界は標高4000mくらいなので、

写真3-28　季節移動するヤクと牧畜民（インド、アルナーチャル・ヒマラヤ）

写真3-29　森林を人為的に枯死させてつくられる放牧地（インド、アルナーチャル・ヒマラヤ）

ドンチクブの放牧地以外は、樹皮をはがして森林を人為的に枯らして放牧地を作っている（かつてはリング状に樹皮をはいでそこにトリカブトの根の毒を塗っていた）（写真3-29）。

ヤクのメスはブリと呼び、ヤクと高地牛の交配種であるゾのメスはゾモと呼ぶが、ブリやゾモの乳は区別されず同じ容器に搾乳されて混ぜ合わされる。容器に入っている乳を道具で攪拌すると、上部のクリームはバターになり、残りの乳はチーズになる（写真3-30）。これらのバターやチーズはシャクナゲの葉に包まれて売りに出される。交配種のゾやゾモは、ヤクやブリより高い標高には適応できず、また牛よりは高標高に適応するため、両者の中間標高（2500〜3500m）で利用される。

ヤクとブリは暑さや湿気に弱く、通常は標高3000〜4500mで放牧される。ヤクやゾは荷物の運搬にも利用され、ヤクの肉は地域の重要な食料になっている。ただし、ゾの肉は食

写真3-30　ヤクや交配種ゾのメスの乳からバターやチーズを作る牧畜民（インド、アルナーチャル・ヒマラヤ）

用として利用されない。また樹木のないところでは、ヤクの糞は乾かして燃料にする。森林地帯では燃料に薪を利用しているが、近年、森林保護のためにヤクの糞が見直されている。

†アンデスのリャマ、アルパカの牧畜(ボリビア)

南米のアンデスの山岳地帯で飼われているのが、ラクダ科のリャマとアルパカである。筆者が調査を行ったボリビアのラパス近郊では、標高4000~5000mでリャマやアルパカが放牧されていた。牧畜民はヤクの放牧のように季節移動せず、定住の住居周辺で放牧を行っている。リャマやアルパカは牧童が放牧に連れて行くわけではなく、かってに採食のため草を求めて移動し、氷河の近くまで登っていく。夕方になってお腹がいっぱいになれば、自分たちだけで牧畜民の住居まで戻ってくるが(写真3-31)、お腹がいっぱいにならないと戻ってこないため、そのときは牧童が連れ戻しに行く。リャマがエサとして乾燥した草を好むのに対し、アルパカは湿った草を好むため(写真3-32)、両者は別々に放牧されていることが多い(水野・小坂2016)。

ヒツジは高度3000~4700mくらいで飼われる。ヒツジは高標高で飼えないが、その最大の理由は積雪である。ヒツジは雪の中を歩くと凍傷になり、日ごとに患部は腫れて約3日後には死亡する。そのため、降雪がある日にはヒツジは家畜囲いの中に入れられて、地面の雪が溶けてから出される（写真3-33）。ヒツジは、冬には草の新芽を地面の土を掘って食べる。ウシは、住居周辺の狭い草地で飼うことができるため、比較的低標高地の住居の密度が高い地域で飼われている。

リャマやアルパカは荷物の運搬や食肉として利用されるが、乳は利用されない。その点

写真3-31　夕方になると自ら放牧地から戻るリャマの群れ（ボリビア）

写真3-32　リャマより湿った草を好むアルパカ（ボリビア）。毛がセーターの原料として高値で取引される

写真3-33　雪に弱いため、積雪のある日は家畜囲いの中に入れられるヒツジ

写真3-34　リャマの肉は1〜2か月天日干しにして、干し肉にされる

はほかの家畜であるウシやヤギ、ヒツジ、ヤクなどと異なる点である。リャマは、おもに食肉生産や運搬のために飼われ、毛は椅子のカバー程度にしか利用されず価値が低い。肉は一頭当たり大きなもので800ボリビアーノ（約1万3000円（1ボリビアーノ＝約16円、2018年1月現在））、小さなもので300〜500ボリビアーノ（約5000〜8000円）で牧畜民自らマーケットで販売する。リャマの肉は一頭当たりの量が多いため、

冷蔵庫のない高地では保存できず、販売するか、あるいは天日で1〜2か月干して保存食にし（写真3-34）、主に野菜と一緒に煮込んでスープとして食される（たまに焼き肉として食される）。

アルパカは、毛が毎年一回9月か10月に刈られ、セーターの原料になる。一頭から取れる毛のマーケットでの販売価格は180〜280ボリビアーノ（約2900〜4500円、30〜35ボリビアーノ／ポンド〔1ポンド＝453g〕で、一頭から6〜8ポンドの毛が取れる）である。乳はリャマと同様に利用されない。リャマやアルパカはあまり水を飲まないため乳の出る量が少なく、リャマやアルパカの赤ん坊に乳を飲ませるために、あえて人々は乳を利用しないようだ。また水分が少ないため、それらの乳は非常に濃いという。

ヒツジの毛は毎年一回9月か10月に刈られ、靴下の原料になるが、商品価値はアルパカに比べきわめて低い。一頭から取れる毛のマーケットでの販売価格は5〜10ボリビアーノ（100〜200円、2・5ボリビアーノ／ポンドで、一頭から2ポンドの毛が取れる）である。ヒツジの肉は量的にリャマに比べて少ないため、わざわざ干し肉として保存食にせず、ほとんど自家消費でスープにして食べる場合が多い。ヒツジの乳は飲まれ、チーズも作られるが、バターはボリビアでは作られない（アルゼンチンでは作られる）。一匹のヒツジを殺すと、一週間の夕食と昼食はヒツジのスープ（肉を細かく切り、お湯に入れて、ジャガイモとエンドウ、ニンジン、カボチャ、キャベツ、カブ、ソラマメ、ピーマンなどの野菜といっしょに煮る）になる。コメ、キヌア（アンデス山脈の高地アルティプラーノにおいて、数千年前より食用に栽培されている雑穀）、スパゲティーをヒツジのスープに入れることもある。日によって違うものを入れるが、ジャガイモなどの野菜は必ず入れるようだ。

リャマとアルパカは好む牧草が違う上、交配種が生まれるのを嫌う牧畜民によって、別々に放牧される。リャマとアルパカの交配種はアルパカに比べてよい毛が生えず、リャマより体が小さいため、よい毛の生産や食肉の量、運搬力という点で劣るからである。リャマの繁殖には、ある世帯では二頭の種オスを選び、それぞれ約40頭のメスとかけあわせていた。

近年は、放牧労働の厳しさから若者が町に出ていく傾向があり、牧畜からジャガイモの農耕に移行している世帯が増えつつある。

牧畜民はリャマに名前を付けていない。リャマの区別は色で行っている。所有の区別は耳のマークで行う。あるオーナーの場合、息子二人とそれぞれ異なったマーク、すなわち耳のカットで区別していた。たとえば右耳の切れ込みはオーナー世帯の違いで、左耳はオーナーの家族間の違いというような要領である。ＮＧＯが配ったプラスチックリボンを使用している世帯もあった（水野・小坂２０１６）。

リャマの糞は燃料に利用されているが、最近、ガス（プロパン、ブタン）を使用する人が増えてきた。低地で耕作を行っている人は、ヒツジやリャマ、アルパカの糞を牧畜民から購入する。たとえば、ヒツジの糞は、農耕民が中型トラック一杯につき300〜400ボリビアーノ（5500〜7000円）で牧畜民から購入し、野菜畑の肥料として利用していた。ヒツジは常に家畜囲いの中で寝て、糞を家畜囲いの中でするので、そこから糞を採集する。一方、リャマとアルパカは家畜囲いの中で寝ないので（囲いの中に入れられるのをいやがり脚で蹴飛ばしたりする）、糞を囲いの外でする。リャマやアルパカを囲いの中に入れるのは放牧後の頭数を数えるときのみである。

写真3-35　アルパカの原種と言われる野生種のビクーニャ（ボリビア）

筆者はラパス近郊の氷河周辺の植生を調査していたが、リャマやアルパカの放牧がずいぶんその植生分布に影響していると考えられた（水野・藤田2016）。また、リャマとアルパカはそれぞれ好んで採食する草があり、リャマやアルパカが採食した場所には糞がされ、それが栄養分となるため、それらの放牧は植生に影響を与えるのである。

従来からリャマとアルパカの原種はアンデスの野生種のグアナコであるとされていたが、近年になってアルパカの原種はアンデスの野生種のビクーニャ（写真3-35）であるという説が出てきた（川本2007）。

6　山岳地帯の住民生活

†高地に住む人々

高標高の山岳地に住む人々としては、ヒマラヤ山系からチベット高原に住んでヤク牧畜を行っているチベット系住民、アンデス山系に住んでリャマやアルパカの牧畜を行っているインディヘナ（インディオ）の人々、エチオピア高原でヤギ放牧などを行っているエチオピア人などがあげられる。

とくに高標高では低温のために農耕が行えず、牧畜を行っている。また、低温などの環境への適応度が家畜によって異なるため、標高によって飼われている家畜が異なる。標高が下がれば農耕が行われる。牧畜民も、場所によって、牧畜だけを行っている民族と牧畜と農耕を組み合わせている民族がある。隣接地域でも、地形的に山脈が人の移動の障害になっている場合、言語や文化が異なっている場合が少なくない。

†ヒマラヤの住民社会（インド）

アルナーチャル・プラデーシュ州には22〜24の民族（細分化すれば51民族）が分布し、その北西部にはモンパ民族が住んでいる（水野2012、Mizuno & Tenpa, 2015）（図3-8）。彼らはチベット系民族であり、古くからチベットとのつながりが深い。チベット仏教を信仰し、彼らの地域ではその寺院が多数見られる。ディラン地方（西カメン県）とタワン地方（タワン県）の間にはアルナーチャル（アッサム）・ヒマラヤの山脈が連なり、それが流通の大きな障害になって、タワンモンパとディランモンパの言語や文化、社会の相違をつくり出している。タワンモンパ語はチベット語に近いが、ディランモンパ語は東ブータンの言葉とほぼ同じであり、互いに通じ合わない。

またセラ（ゼラ）峠はインドにとって中国に対する軍事的に重要な地形的要塞であり、その両側の山地斜面にはインド軍が多数駐屯し、物々しい雰囲気を呈している。雨季には山岳地のアルナーチャルと低地のアッサムを結ぶ幹線道路で何十か所にわたって地滑りが生じ、そのつど通行止めになる。さらに冬季には、降雪でたびたびセラ峠は閉鎖される。

写真3-36　アルナーチャル・ヒマラヤのセラ峠でブリザードで立ち往生する車（2017年3月中旬）

写真3-36は、大学院生二人と調査に行った2017年の3月中旬に、標高4200mのセラ峠付近で季節外れのブリザードに出会って車が立ち往生したときのものである。動けなくなったまま日が暮れ、インドの軍隊が救助に来てくれた。近くの山小屋風のレストランに避難し、そこでインド軍の救援を待ち、暗闇と寒さのなか、懐中電灯の明かりをたよりに1時間ほど歩き、そこで軍のトラックの荷台に乗って軍の基地までたどり着いた。基地ではパイプの二段ベッドに寝袋が用意されていた。その後の新聞等の報道で、このとき127人がインド軍に救出され、そのうち40人が基地の病院に収容されたことがわかった。

モンパ地域には、ゴンパと呼ばれるチベット仏教のお寺がある。タワン仏僧院のように専業の僧侶ラマが常駐しているお寺もあるが、多くは主要な村にある、僧侶が常駐していないゴンパである。大きなゴンパでは通常年一回、釈迦《しゃか》如来《にょらい》の言葉をチベット語に翻訳した約100巻からなる教典カンギュルを誦《じゅ》する儀式が行われる（写真3-37）。

かつてチベットのラサから移住してきた王族の居城であるテンバンゾンの城塞の中には

現在も住居があり、人々が暮らしている。城塞の周囲にも住居が点在しており、それらをあわせてテンバン村を形成している。このテンバンゾンは、それ以前に作られた居城ディルキゾンが外敵の民族から攻撃されやすいとか、水源から遠い、農地の利用がしにくいなどの理由で、もう少し高台に移動し、建設されたものであった。しかし、山深いところにあるディルキゾンのことについては何もわかっていなかった。２００４年に州政府が初めて調査を試みたとき、テンバンゾンの住民に案内をさせようとしたが、ディルキゾンには先祖の死霊が漂うと信じられ、恐れて誰も行こうとしなかった。それで州政府は各世帯から一人ずつ強制的に案内者を出させて調査したが、けっきょくは遺跡の写真を撮っただけであった。

写真 3-37　ナムシュゴンパにおけるカンギュル読経の儀式

筆者は２０１０年５月にそのときの住民に案内を頼んで山谷を越え、いばらをかきわけてディルキゾンを訪れた（写真3-38）。私に同行していた学生が遺跡に残されていたわずかな炭化物を見つけ、それを放射性炭素年代測定したところ、その遺跡の年代がＡＤ

写真 3-38　ラサから移住してきた王族のかつての居城ディルキゾンの遺構。AD1400 年ごろに使用されていた。16〜17 世紀にはテンバンゾンに移住した

1400年頃のものということが初めて明らかになった（水野2012、Mizuno & Tenpa, 2015）。筆者の調査によってこの城塞は最後には24世帯の住居からなっていたと推定されたが、ここに漂う先祖の死霊を村人たちは非常に恐れ、けっして近づこうとはしないのだ。

ちなみに同行していた学生は母親が奄美大島の出身で、瞳が大きい南方系の顔立ちだった（少女漫画の典型的な男子像）。その学生がどの集落に入っても、彼について「男性か女性か？」と住民たちがささやき始める。インタビューをしていた奥さんから、筆者の嫁さんか？と尋ねられたこともあった。日本人から見ればどう見ても男性にしか見えないその南方系の顔立ちは、このヒマラヤの山岳地域では男性としてありえない顔立ちだったようだ。

†ヒマラヤの山と精霊信仰（インド）

ボン（ポン）教はチベットで古代から続く民族宗教で、土着的要素と密接な関連をもちながら独自の高度な数理体系を築き上げていき、チベット仏教のニンマ派（古派）とは相互に影響し合って発展してきた。テンバンゾンでは、6年に1回、ラスシ（ラーソイシェー）と呼ばれる山の神への捧げ物を行う自然崇拝およびボン教の儀式・お祭りがある。世界どこでも山岳地では、山は自然がつくりだした最も大きな創造物であり、そこに住む人々に畏怖の念を抱かせ、聖地となって信仰の対象になっている。筆者は2011年2月20〜23日の4日間行われたラスシに参加した（水野2012、Mizuno & Tenpa, 2015）。二日目はテンバンゾン西側の城塞の門からモンパ民族の伝統的衣装をまとった人々が行進をし（写真3-39、口絵）、下方の広場で儀式と宴会が行われる。四つの上位クラン（王族の末裔で、バプーと呼ばれる）ごとに座る席が決まっている。下位クラン（王族の使用人の末裔

写真3-39　テンバン村の自然崇拝およびボン（ポン）教の祭式ラスシの2日目。テンバンゾンの西側の城塞の門からモンパ民族の伝統的衣装をまとった人々が行進をする口絵

写真3-40　ラスシの祭式の際に、シャーマンが山の神を呼び寄せ、山の神に家畜を捧げる儀式を行っているときブロパ（男性）とブロム（女性）と呼ばれる踊り子が舞う

で、ギラと呼ばれる）の人々はそれぞれの属するバプーの席の後方に座る。

ラスシのときにはラマ（僧）がチベット仏教の経典を誦《よ》みながら、すべての山の神に祈る。シャーマンは特定の山の神にのみ祈る。それぞれの山の神に捧げられる家畜は異なっている。儀式が行われた後は、家畜は殺されることなくそのまま放たれる。

著者が広場で行われていた儀式を観察していたとき、シャーマンが山の神を呼び寄せ、山の神に家畜を捧げる儀式が行われていた（写真3-40）。シャーマンは髪の毛を切れないため、二つの角が出ているような帽子の中にその長髪を入れている。シャーマンは特別な言葉で村の歴史を詠し、それを助手が住民に訳して伝える。シャーマンのまわりをブロパ（男性）とブロム（女性）と呼ばれるダンサーが踊る。

このテンバン村では古くから毎年4月か5月頃に精霊信仰およびボン（ポン）教のお祭

りで、悪霊への捧げ物をするホシナと呼ばれる祭りが行われている（参加した2011年は5月1〜3日）（写真3-41、口絵）（水野2012、Mizuno & Tenpa, 2015）。テンバン村の人々はかつてこの地方を治めていた王の末裔である人々からなる、いわゆるバプーと呼ばれる人たちであり、そのため1960年頃まで各世帯1人の男性（父親あるいは長男）がチベット暦の正月ダワ・ダンポ・ロサルの前に、アッサムまで税を集めに行っていた。アッサムに税を集めに行った人はダワ・ダンポ・ロサルの後に村に戻ってくるわけだが、アッサムの人がテンバン村の人が戻るとき背後から悪霊もいっしょに送った。その悪霊を取り除く儀式・お祭りがホシナである。

ホシナの際に悪霊への貢ぎ物として、人間の内臓を取り除いた皮の部分から成る人体が必要であった（写真3-42）。そのためにテンバン村ではかつてリス民族（ディランモンパ民族の居住地域内に住むがそれとは言語がまっ

写真3-41　テンバン村で行われる精霊信仰およびボン教の儀式のホシナ。アッサムの人たちによって送られた悪霊を取り除く儀式で、かつてはリス民族の少年が生け贄にされたと伝えられている 口絵

写真3-42　宗教儀式の際に必要なものが描かれている1枚書きの説明書「サンチェン・グュデェイ・レモ」。ホシナの際に悪霊への貢ぎ物として必要であった、人間の内臓を取り除いた皮の部分から成る人体も説明書の一番右下に描かれている

たく異なり、かつてアッサムあるいはチベットから移住してきたと言い伝えられている民族）の少年が生け贄にされたと伝えられているが、事実であったかどうかは確認できなかった。言い伝えによれば、3人がアニミスト（アニミズム〔精霊信仰〕の信仰者）のミジ民族（ディランモンパ民族と隣接する地域に居住し、かつては外敵として争っていた民族）の格好をして走り、その後を2人の大きな刀をもった兵士の格好をしている者が追い、公民館の前の小さな広場までやってきて、ミジのアニミストは逃げ、その後2人の兵士の格好をした者が加わり、4人が地面に縛り付けられたリスの少年のまわりを踊りながらまわり、最後に少年に刀を振り上げて殺すという儀式である（写真3-41）。

かつては、リス村から税として少年が生け贄として差し出されていたようだが、現在は、ヒツジの肉やボクペ（穀物の粉を湯で練ったもの）で作った人形を切っている。ホシナの日には兼業僧がテンバン村のすべての家をまわり、トウモロコシやソバの実を部屋の中に撒いて悪霊を追い出す。最後に空になったブレ（器）を屋外に投げ、上向きだと運がよく、下向きだと運がよくないと信じられている。

†ヒマラヤの地域社会での占い（インド）

写真3-43　ツェスパ・ラマ（チェスパ・ラマ）は家族から死者の死亡の原因やどのように臨終したか、誕生日や十二支、死亡の日にちと時間などを聞いて、チャート（占星図）や書物を調べて、死者の霊魂の輪廻、再生について占う

モンパ地方では、各村には一人から複数の、ミナックパ・ラマ（ナッパ・ラマ）と呼ばれる兼業僧（在家僧）が住んでいる。ミナックパ・ラマは普段は農業を営んでいるが、必要な時には僧の役割を果たし、結婚もできる。村には兼業僧の中でさらにツェスパ・ラマ（チェスパ・ラマ）と呼ばれる僧がいる。人が死ぬと家族がツェスパ・ラマを呼び、ツェスパ・ラマは家族から死亡の原因やどのように臨終したか、誕生日や十二支、死亡の日にちと時間などを聞く（写真3-43）。それを聞い

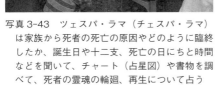

写真3-44　ツェスパ・ラマはチャート表（占星図）「ツェタン」や占星術に関する書物「カルツェ（カルツィ）」を用いてさまざまな予言を行う

たツェスパ・ラマはチャート（占星図）や書物を使って調べ（写真3-44）、死亡者が誕生の前にはどこに住み、死亡後はどこに生まれ変わるかなど、霊魂の輪廻、再生について占う。そして、家族が死亡者をどのように再生させるかについて説明する。また葬式の方法、すなわち、川に流す水葬か火葬あるいは土葬や風葬などの葬式のうち、やってはいけない葬式を一つだけ述べる。家族は残った祭式から選んで行う。

僧、特にツェスパ・ラマは村人に伝統的医療のようなことも行ってきた。たとえば、兼業僧は文字が彫ってある印鑑のような器具ゼルダムをもっていて、それを病人の痛い部分に押して病気を治すのに古くから使ってきた。また、患部に吸い出し口をあてて、悪い物を吸い出して治療をするというような行為も行われてきた。永橋（1999）には、ラダックのシャーマンが金属製のパイプで患部の吸い出しをするという巫術《ふじゅつ》の様子が描かれている。シャーマンへの依頼内容は、頭痛、神経痛、胸の痛み、胃痛などで、金属パイプを使って古血を吸い出したり、あるいはシャーマンが患部に嚙みつくようにして古血を吸い出すという加療的措置がなされていた（永橋1999）。

†ヒマラヤ地域社会での住居（インド）

モンパ民族の地域では、ロランゲと呼ばれているゾンビ（死体のまま蘇った人間）の存

写真3-45　タワン地方の住居。外側の入り口を入りバルコニーや土間を介して、次の入り口から居間に入る。入り口は小さく、また段差を作ってゾンビ（ロランゲ）が入りにくくしてある

写真3-46　モンパ地方では悪霊や邪視から守られるように住居の屋根の下に木製の男根を模した物を吊り下げる風習がある

在が古くから信じられ、住居の入り口は小さくして、ゾンビが入りにくくしてある。ゾンビは背筋をぴんと伸ばしていて体を曲げられないので、ゾンビが入り口で頭がつかえて入れないようにしてあるのだ。また、入り口の床の部分も木の板で二段階になっていて、下を見ることができないゾンビが足先をひっかけて入りにくいようにしてある（写真3-45）。

住居の屋根の下に木製の男根を模した物が吊り下げてあるが、それは悪霊や邪視《じゃし》（悪意

写真 3-47　ディランモンパの伝統的な高床式のトイレ。住居と離れてトイレがある。トイレ下ではブタが飼われている

写真 3-48　ディランモンパのトイレではトウモロコシの皮をトイレットペーパー代わりに使用する

をもって相手を睨みつけることにより、対象者に呪いを掛ける魔力で、妬みの眼差しが不運をもたらすと信じられた）から守られるようにするためである（写真3-46）。たいてい、家を新築すると周囲の人からは妬まれる。それで、新築のぴかぴかの家の屋根の下に男根を模したものをぶらさげて、「うちは、こんな汚いものがぶらさがっていて、たいした家ではないのです」と言って、人の妬みを回避したり、「汚いもの」によって悪霊を追い払うのだ。

写真3-49　ディランモンパの住居密集地ではかつては戸口前のテラス（写真中央の二階部）で用を足した。最近、政府の補助金でトイレ（壁が白い建物）が住居に隣接して建設された

写真3-50　タワンモンパの伝統的トイレは住居内にある。コナラの落葉がトイレットペーパー代わりに使用されている

写真3-51　タワンモンパのトイレ下では、コナラの落葉と糞尿と飼われているブタの攪拌で堆肥ができていく

写真3-52　トイレ下から取り出された堆肥を農地に撒く

ディランモンパ地域では、トイレは伝統的に住居から離れて設置されている（写真3-47）。高床式になっていてトウモロコシの皮をトイレットペーパー代わりに使用し、それは床下に投げ捨てられる（写真3-48）。床下ではブタが飼われている。住居が密集している場所では1980年代頃までは、高床式になっている戸口の前のテラスで用を足し、その下でブタが飼われていた（写真3-49）。近年は人前で用をたすのを恥ずかしがる若者

を中心に、住居周辺のブッシュの中がトイレ代わりに使用されるようになった。2015年頃からインド政府が全国でトイレ環境の改善のために補助金を出して、各住居に隣接してトイレが作られるようになった（写真3-49）。新しいトイレはトイレットペーパー代わりに水を使用し、用を足したあとに水で流している。

タワンモンパ地域では、伝統的にトイレは住居の中にある。トイレは高床式になっていて、トイレ下にはコナラやマツの枯れ葉が敷かれ、そこでブタが飼われている。タワンモンパではコナラの落葉がトイレットペーパー代わりに使用され、使用したコナラの落葉は床下に投げ捨てられる（写真3-50）。床下には糞尿やコナラの落葉が堆積し、そこで飼われているブタによって攪拌され、高温発酵によって寄生虫や病原菌が死滅されて堆肥ができる仕組みになっている。その堆肥は一年に一回、3月にトイレの床下から取り出されて（写真3-51）、農地に運ばれて撒かれる（写真3-52）。しかしながら、十分に高温発酵して堆肥ができているかどうかは確認できなかった。

†ヒマラヤのチベット仏教（インド）

モンパ地域は、もともとブータンに近いこともあってチベット仏教のうち、ニンマ派が主流であった。しかし、チベットよりゲルク派の兵が派遣されてニンマ派が一掃され、そ

写真3-53　タワンの町を見下ろす丘の上にあるタワン仏僧院（Tawang Galden Namgye Lhatse）。建造物は城塞の形態を取り、古くはモンパ地方全域から、現在でもタワンモンパの住民から税クレイを徴収している

写真3-54　ニンマ派のキンメイ仏僧院の中に描かれているマンダラの壁画。壁一面にいろいろな守護尊（男性尊格）がそれぞれの明妃（ダーキニー）を抱いている姿が描かれてある 口絵

の後にタワン仏僧院ガデン・ナムギャル・ラツェ Gaden Namgye Lhatse が建設された（写真3-53）。現在、ゲルク派が主流であるものの、とくにディラン地方にはニンマ派の影響力も大きく、融合している（水野2012、Mizuno & Tenpa, 2015）。

タワンにあるニンマ派仏僧院であるツァン・ンガック・チュゴリン（キンメイ仏僧院）

の大講堂の中の壁一面には、いろいろな守護尊がそれぞれの明妃を抱いている姿が描かれてあった（写真3-54、口絵）。最古派のニンマ派は実際にタントラ的な行法を実践するが、ゲルク派、カギュ派、サキャ派は、そのような性的な行法をイニシエーション（灌頂《かんじょう》）における視覚化の瞑想を通して象徴的に行うにすぎないという。タントラ仏教は9世紀以降の後期密教のことを指し、密教はきわめて神秘主義的・象徴主義的な教義を教団内部の師《し》資相承《しそうしょう》（師から弟子へと法・道を伝えていくこと）によって伝承していく。

ヒンドゥー教および仏教の双方のタントラ（密教）思想において、究極的実在としてのレベルでの男性原理と女性原理の融合・合体において最高の真理の示現があるとされ、これは究極の完成であり、至福の境地「マハースクワ（大楽）」であるとされる（川崎1993）。仏教タントラにおいては、活動的で慈悲を与える男性原理ウパーヤ（方便）が、不変で無特質の空性である女性原理プラジュニャー（般若）と融合することにおいて究極的実在があり、これが至福の境地であると説かれる（川崎1993）。

†アンデス山系の人々の暮らし（ボリビア）

牧畜民は放牧地に定住している。ラパスやエル・アルトなどの町に別に家をもって、そこに家族が住んでいる場合もある。特に学校に行くような子供がいる場合は、子供と母親は町の家に住んでいることがある。

ラパス近郊の牧畜民地域では、町村より小さな行政単位であるコミュニティがある。コミュニティの位置する標高や環境によって飼われている家畜が異なり、標高が低いと農耕が行われている。以下に、いろいろなコミュニティに属している牧畜民の例をあげてその生活を述べてみる(水野・小坂2016)。

標高4790mに住む牧畜民A氏(58歳)の場合、家族はエル・アルト市に住んでいて、義兄と交代で放牧地を管理している。234haの放牧地をもち、リャマ220頭、アルパカ50頭、ヒツジ65頭を所有している。リャマは朝7時頃出発、夕方6時までに戻る。リャマ肉はほとんどを販売している。ヒツジの肉は自分と家族がスープにして食べるため、ほとんど売らない。アルパカの毛はマーケットで売っている(写真3-55)。

標高4626mに住むL夫人の場合、夫は鉱山で働いている。リャマを120頭、アルパカ5頭、ヒツジ35頭を所有している。ラパスに住む夫の兄弟はチチカカ湖の近くの畑でジャガイモを作っているため、リャマの糞を年4回ほどもらいに来る(写真3-56)。

標高4280mに住むQ氏(47歳)は、弟(35歳)と2人で暮らしている。リャマ30頭を所有している(耕作をするには気温が低すぎる)。リャマ肉の多くは自家消費し、たまに販売する。乾燥しているため、アルパカは飼えない。食事はリャマ肉のみで、毎日少しの野菜を食す（1～2週間に一度、町に出て野菜を購入）。朝6時に放牧、リャマだけで戻ってくるが、戻ってこないときは夕方5時くらいに連れ戻す。リャマ放牧だけでは生活が成り立たないため、近くの電力会社Cobee（Compania Boliviana de Energia Electrica）でアルバイトをしている。

標高3778mに住むA夫人（75歳）の場合、娘5人と息子1人がいるが、娘のひとり

写真3-55　アルパカの毛。高値で取引され、セーターの原料になる

写真3-56　リャマ、アルパカ、ヒツジの糞を牧畜民から購入する農耕民

写真3-57　ワイナポトシ山を背景にしたスズ鉱山。スズ採掘はボリビアの主要産業である

（43歳）と暮らし、他の子供、孫はラパスに住んでいる。ジャガイモを栽培していて、畑を耕すときは50ボリビアーノ（約800円）／日で近くの住民に手伝ってもらっている。ジャガイモは半分が自家消費、半分はマーケットで売る（30ボリビアーノ（約500円））／25ポンド（11kg））。

標高3610mに住む60歳の夫婦の場合、ジャガイモだけを作っている。リャマなどの家畜は飼っていない。周辺にはかつての他の所有者の家畜囲いが残っている。若者が家畜の世話をするのがいやで、また学校や仕事のために町に出るようになった。子供がいないとリャマの放牧ができないため、家畜囲いのみが残っている。現在放牧地になっているところは氷食で土地がやせている場合が多いが、このあたりは標高が低いので、土壌がジャガイモを作るのに適している。

この地域では、以前はCOMSURという私企業のスズ鉱山で約1200人の労働者が就労していたが、1986年に閉山し、それ以降は少人数で運営している（写真3-57）。

前述の電力会社Cobeeは水力発電を行い、この地域の重要な働き口（正社員は高収入）になっている。

†エチオピア高原の山岳地の人々の暮らし（エチオピア）

筆者は1994年8月にエチオピアのラスダシャン山に調査に出かけた。ラスダシャン（4620m）はアフリカで第四の高峰で、シミエン国立公園の中にある。エチオピアは全体がエチオピア高原からなっているため標高が高く、首都のアジスアベバも2440mである。標高が高いところに住んでいるエチオピア人は持久力にすぐれ、マラソンに強い。

国立公園の管理事務所でライフル銃を持った2人のレンジャーが護衛について、ガイドとポーターとあわせて5人の登山となった。事務所には国立公園入園者数のグラフが張り出されてあって、月平均10人くらいで、1月はクリスマス休暇でかつ乾季のため、飛び抜けて多く40〜50人、雨季の8月は平均3人だった。その3人も近くの景色のよい場所まで行くだけで、ラスダシャンまでは行かない。事務所では雨季にラスダシャンに登る人は皆無だといわれた。

登山道といっても、山頂付近まで住民の生活ルートである。私とガイドは緩傾斜の斜面はミュール（オスのロバとメスの馬の交配種）に乗り、急斜面は徒歩で歩き、荷物は馬に背

写真 3-58　雨季の川の増水のため、通常ルートを外れて訪れた村（標高 3600 m）

写真 3-59　インジェラを焼く村人

負わせて移動した。国立公園のゲートから山頂までは雨季で6日間かかる。途中の川には橋がないため、川が増水する雨季は、相対的に水量の少ない川の上流を回らないと行けない。これは地域住民も同じことである。途中途中で村を通り過ぎる（写真3-58）。その村で、ガイドが村人に少し謝礼を払って、インジェラを作ってもらうことがあった（写真3-59）。エチオピアではイネ科のテフという穀物を栽培している。インジェラはテフの粉を水で溶いて3日かけて発酵させ、それをクレープ状に焼いたもので、エチオピアの主食である（水野2005a）。

雨季なので毎日が雨で、途中で雨合羽《あまがっぱ》を身にまとった子供たちと出会うこともあった

(口絵)。川の上流まで来たとき、連日の雨で川は増水していた。一晩様子を見ることにして川岸の高台にテントを張った。しかし、翌朝起きてみると、川を渡った地元住民二人が流されて行方不明になっていて、住民たちが捜索をしていた。しばらくして二人とも遺体で発見された。山岳地の雨季の移動の大変さを身に染みて感じたのだった。

結局、我々は川岸にテントなどほとんどの荷物と馬、ミュール、ポーターを残し、さらに上流を渡ることにした(写真3-60)。山頂までの最後の村にたどり着いたものの、テントをもっていないため、ガイドが一軒一軒訪ねて泊めてくれるように頼んだが、どこでも断られた。断られた理由は客をもてなす薪と食料がないということだった。その村は標高3

写真3-60　増水した川を渡る我々一行を手助けしてくれる村人たち

写真3-61　薪を運ぶ女性と子供

写真3-62　泊めてもらった家の家族と国立公園管理事務所のレンジャーの２人（護衛用のライフルをもっている）と筆者

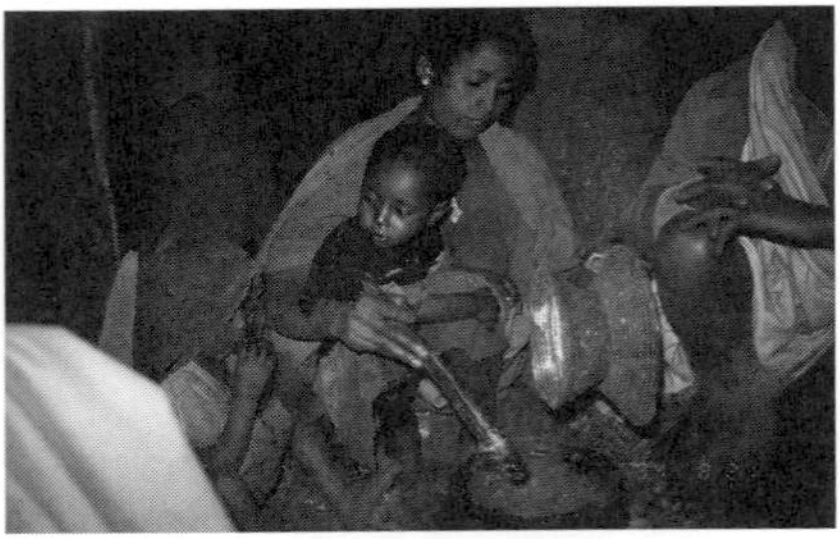

写真3-63　民家での夕食の炊事のようす

５００ｍにあり、すでに森林限界を超えているため、周辺に樹木がない。薪を集めるためには、かなり下のほうで集めて運んでこなくてはならない。下のほうの村では住居の周りにユーカリを植えている家が多かった。ユーカリは成長が早く、燃えやすいため、薪にするには適していたからだ。

アフリカでは薪集めや水汲みは女性と子供の仕事とされていた（写真3-61）。それ以外にも、川での洗濯、掃除、炊事、子守など過度の労働が女性に集中して、若くして亡くなる女性も少なくない。このような山岳地では特に女性の労働の過酷さを感じた。

やっとのことで、「食べ物がないけどそれでもよければ」と言って泊めてくれる家を見つけた（写真3-62）。雨に濡れて寒さで震えていた私を見るに見かねてのことだった。大麦を炒って食べさせてくれた（写真3-63）（水野2005a）。

†ケニア山の山岳信仰（ケニア）

アフリカのケニア山やキリマンジャロでは、山頂にンガイ（Ngai、神）が住み着いていると信じられ、信仰の対象になっている。ケニア山周辺に住むキクユの人々は、干ばつが続くと90歳以上の男性4人が家族と離れて一軒の家の中で一週間にわたってンガイに祈り、その後、大きなイチジク（あるいはスギやオリーブ）の木の下で子ヒツジを生け贄にしてンガイに向かって祈り続ける。子ヒツジは色が真っ黒か真っ白のものに限られている。この儀式で雨が降らなければ、またこの行為が繰り返される。この祈りは平和や健康などについても行われる。

大谷（2016）によれば、ンガイに祈る方法は以下のようである。

イチジクの巨木などの聖木のもとで19歳以上の成人が、オスの子ヒツジを生け贄として殺す。殺した子ヒツジを焼いて、その煙を天までまっすぐ昇らす。この「まっすぐ」が重要で、風が強い日は煙が揺らぐため祈りの日には適さない。祈る者が聖木の下に立ち両手を挙げて、ケニア山に向かって祈りを捧げる。「ダァイ　ダ　ダァイヤ　ンガイ　ダァイ」と3回唱え、東西南北4つの山に祈りを捧げる。自分の願いをケニア山に向かって唱える。最後に「クニンナ　マホゥヤ」と祈りの終了を意味する言葉を唱える。ほとんどの祈りは人に願いを聞かれぬように深夜もしくは早朝に行われるという。

毎年12月には、一年間の感謝と平和や健康への祈りのために大規模な巡業が行われる。その人数は約3000人ともいわれ、ケニア山のまわりに設けられた数か所の聖木を複数のグループで回るのである（大谷2016）。

ケニア山もキリマンジャロも山頂付近には氷河があり、山麓の村からは、それが太陽の日差しを受けて光り輝いているのが見える。しかし、地球温暖化の影響で氷河はどんどん縮小し、あと10～20年後には消滅するといわれている。氷河が消えてしまったら、地域住民の精神的なものにも少なからず影響があることであろう。

大谷侑也《ゆうや》さんの最新の研究（大谷2018）によって、ケニア山やキリマンジャロの山麓の湧き水は、山頂付近の氷河が融けて地下にしみ込んで山体に取り込まれてから、地下水として50年くらいかけて山麓に湧き出ているものであることが解明された。その湧き水を利用している山麓住民にとって、現在の氷河縮小は50年後に影響が出ることになるのだ。

第 4 章

温帯気候

地中海性気候のケープタウン(南アフリカ共和国)付近に広がるブドウ畑

1　自然

†温帯地域の分布

温帯には、温暖湿潤気候、西岸海洋性気候、温暖冬季少雨（温帯夏雨）気候、地中海性気候の地域がある。

温暖湿潤気候は緯度30〜40度の大陸東岸に分布する（図0-1、4-0）。夏が高温、冬が低温で、気温の年較差が大きく、四季が明瞭である。夏にモンスーン（季節風）の影響で多量の雨が降る。モンスーンアジアでは稲作が行われている。低緯度側は常緑広葉樹（照葉樹林）、高緯度側は混交林が主に分布する。

西岸海洋性気候は緯度40〜60度の大陸西岸に見られ、一年を通して偏西風帯で平均した降水量がある。高緯度のために夏は冷涼だが、海洋の影響で高緯度のわりに冬は温暖で、気温の年較差が小さい。落葉広葉樹が主に分布する。

温暖冬季少雨（温帯夏雨）気候は、モンスーンの影響で夏に雨が集中する中国からインド北部地域に分布する。主に照葉樹林が分布する。

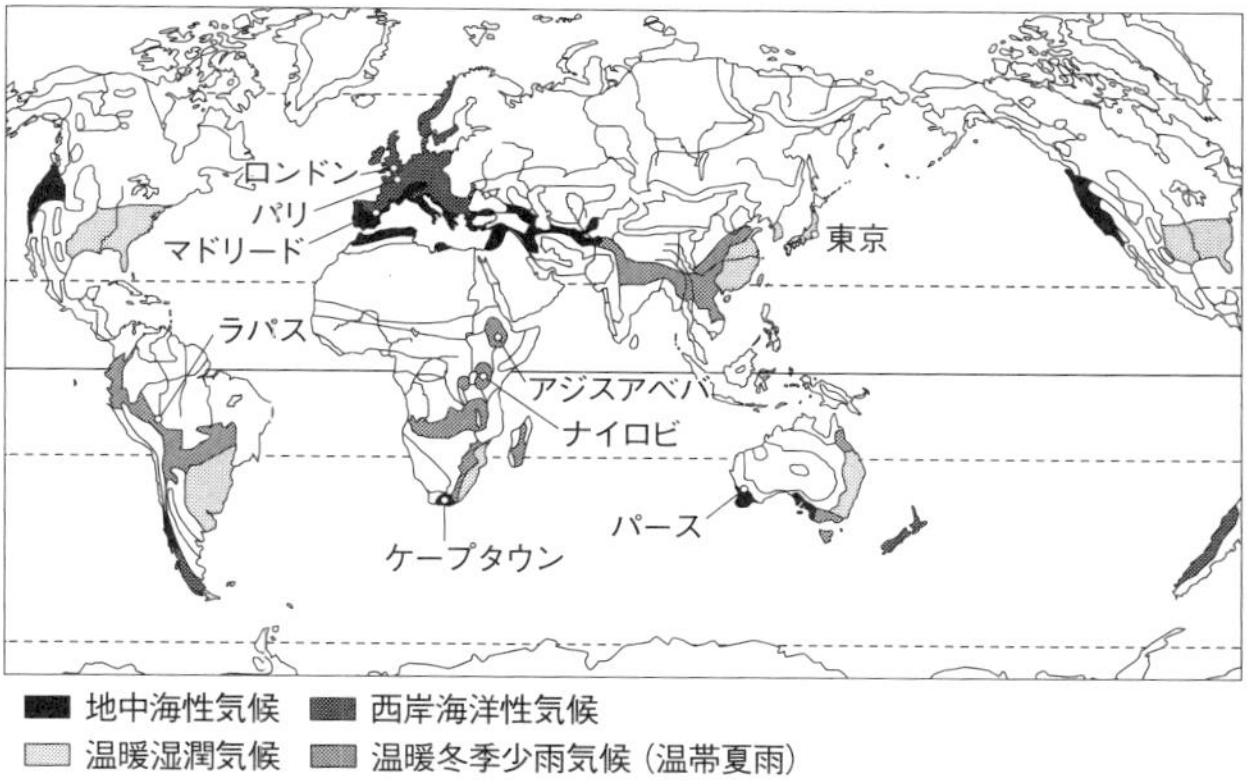

図4-0　温帯の分布

地中海性気候は、緯度30〜40度の大陸西岸に分布し、夏は亜熱帯高圧帯の影響下で乾季、冬は偏西風帯（寒帯前線）の影響下で雨季となる（図1-6）。乾燥に強い硬葉樹（オリーブ、コルクガシ）が生育する（図0-1下部）。地中海沿岸、カリフォルニア、チリ中部、アフリカ南端、オーストラリア南岸に分布する。

†最終氷期ヨーロッパの自然環境と現在の植生の単調さ

北欧に氷河があった頃は、中欧や南欧はどのようであったのだろうか。最終氷期の時代に北ドイツから、スコットランド、北欧は氷床に覆われた。そして、南部ドイツやフランスは高山植物が咲くツンドラの草原となった（187頁の図3-3）。氷河時代がやってきて寒くなると、樹木たちは種子を飛ばして南に逃避しようとした。しかし、それを遮ったのがヨーロッパアルプスとピレネー山脈であった。寒い第四紀（260万年前から現在）には4回以上の氷河時代があったが、氷河時代には樹木は南下し、間氷期には北上した。そのたびに両山脈が障害となったため、多くの樹種が消滅し、ヨーロッパの樹種は激減したのだった。

そのため、ヨーロッパの植生は非常に単調となり、高等植物は全部あわせても約2000種ほどしかない。日本は小さな島国でありながら約5000種が存在するので、いかにヨーロッパの種数が少ないかわかるであろう。イギリスが約1500種、アイルランドが約1000種なのだが、日本では東京近郊の高尾山（599m）だけで約1500種も存在するのだ（水野2015、2016d）。

ヨーロッパの森林は単純で、森林をつくるような樹種は全部あわせても30種程度ときわめて少ない（写真4-1）。イギリスには針葉樹は3種しか天然分布しておらず、しかも高木になって森林らしくなるのはヨーロッパアカマツ1種のみのようだ。スカンディナビアでも針葉樹はマツ、トウヒ各1種が分布するだけだ。中部ヨーロッパでも高木になる針葉樹はマツが2種、トウヒ、モミ、カラマツが1種ずつしかない。広葉樹でも森林らしい森林になるのはナラ2種、ブナ1種、カンバ3種にすぎない。一方、日本には針葉樹は37種ある。日本では一つの地区や山域で樹木だけでも300〜400種あり、ほかの植物も含

写真 4-1　ドイツ、バイエルン地方の森林。森林を構成する樹種は少ない

めると800〜1000種に達する。

このようにしてヨーロッパでは第三紀に存在していたイチョウが第四紀に絶滅したため、現在のように移植される前にはイチョウは第三紀（6600万年前から260万年前）の温暖期の化石でしか見られなかった。しかし、江戸時代に長崎の出島に駐留していたオランダ人が帰国後に、日本にイチョウが生えていることを報告すると、その報告書を読んだドイツ人がどうしても日本に行きたくなった。その人こそ、日本の歴史に大きな足跡を残したシーボルト（フィリップ・フランツ・フォン・シーボルト）である。彼は、なんとか日本に行けないかと画策し、当時日本と唯一国交のあったオランダに

行ってオランダ領東インドの陸軍軍医外科少佐になって、長崎の出島に来ることになった。

出島に入るときに江戸幕府の役人からひとりひとり尋問を受けたが、シーボルトを尋問した江戸幕府の役人は、商館長に、「この男はオランダ語の発音がおかしくないか」と問うた。ドイツ人であるシーボルトのオランダ語が少々おかしかったのであるが、商館長は、「この男はオランダでも山奥の出なので訛《なま》りがひどいのです」とうまく切り抜けた。しかし、オランダには山はない。当時の役人はオランダ語が堪能であったが、世界の地理の知識は貧弱だったのである。シーボルトが生まれたドイツのヴュルツブルクにはシーボルト博物館がある。そこにはシーボルトが日本から持ち帰ったイチョウの標本やそれを描いた植物図譜が展示してある。

†地中海性気候の植生――ケープタウン周辺の多様な植生とケープペンギン

世界の緯度30～40度の大陸西岸、すなわち、ヨーロッパのスペイン、ポルトガル、フランス、イタリア、ギリシャなどの地中海沿岸や、南アフリカのケープタウン周辺、アメリカのカリフォルニア、オーストラリアのパース周辺、南米のチリなどでは、夏に乾燥し、冬に雨が降る地中海性気候となっている（図0‐1）。ここでは、夏に乾燥するため、葉が小さくて硬い硬葉樹と呼ばれるオリーブやコルクガシが生育している（図0‐1下部）。

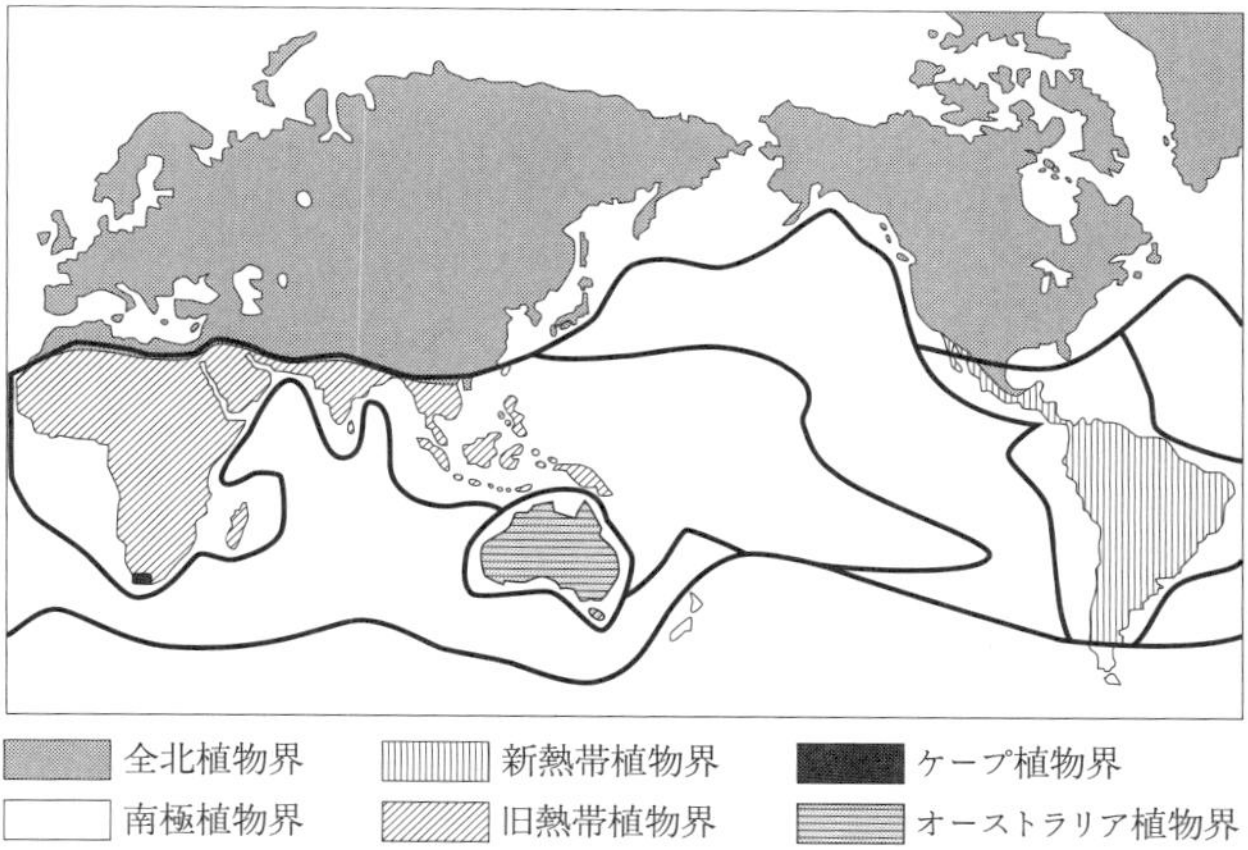

図 4-1 世界の植物区系

南アフリカ共和国の喜望峰（ケープ）周辺の狭い範囲に、世界最小のケープ植物区系界がある。植物区系とは世界各地の植物相（フローラ）を形成する植物種を比較し、それぞれの特徴をもったいくつかの地域に分類したものをいい、世界は６つの植物区系界（植物界）に分けられる（図４-１）。その一つがほかと比べてきわめて狭いケープ植物区系界である。アフリカ大陸の大半が属する全北植物区系界や旧熱帯植物区系界の広がりと比べるときわめて狭く、このことからもケープ植物区系界の特異性がうかがえる（写真４-２、４-３、口絵）。このケープ植物区系界には合計８５５０種の維管束植物（コケ類、藻類を除く植物）が分布し、そのうち約73%、６２５２種がここにしかない固有種である。

写真 4-2　ケープタウン周辺の植生。種の多様性が非常に高い

写真 4-3　ケープタウン周辺の植生口絵

表 4-1　世界の主な生物多様性ホットスポット（Myers *et. al.* [2000] より編集。日本の種数は大井 [1965] にもとづく、沖津 2005）

地域	気候環境	面積（100 km²）	植物種数	100 km² 当たりの植物種数
フィリピン	湿潤熱帯	3008	7620	2.53
スンダランド	湿潤熱帯	16000	6300	0.39
熱帯アンデス	湿潤熱帯	12580	45000	3.58
ブラジルの大西洋沿岸林	湿潤熱帯	12276	20000	1.63
中央アメリカ	湿潤熱帯	11550	24000	2.08
西アフリカの熱帯林	湿潤熱帯	12650	9000	0.71
日本列島	湿潤温帯	3700	3857	1.04
中国中・南部	湿潤温帯	8000	12000	1.50
カリフォルニア太平洋沿岸林	湿潤温帯	3240	4426	1.37
チリ中部	湿潤温帯	3000	3429	1.14
ニュージーランド	湿潤温帯	2705	2300	0.85
ブラジルのセラード	半乾燥熱帯	17832	10000	0.56
コーカサス	半乾燥温帯	5000	6300	1.26
地中海沿岸	半乾燥温帯	23620	25000	1.06
オーストラリア南部	半乾燥温帯	3099	5469	1.77
ケープ植物（区系）界	半乾燥温帯	740	8200	11.08

100㎢あたりの種数が日本列島で1・04なのに対し、ケープ植物区系界では11・08で他地域に比べてとびぬけて高い値なのである（表4-1）。

このケープタウン周辺に特異な植物区系界ができた理由には、地中海性気候という冬に雨が降る気候が関係しているという（沖津2005）。夏季にはほとんど降水はないが霧が発生し、著しい乾燥を防ぐ。冬季の降水は規則的で年変動がきわめて少なく、植物にとって予想しやすい。このような気候環境のもとでは、多年生植物の規則的な種子生産、発芽、定着が可能になる。一般に乾燥地域では厳しい気候環境のために発芽、定着が困難で、多年生植物は長寿命にならざるを得ないが、ケープ植物区系界では比較的短い寿命で世代交代が可能になる。この結果、急速に種分化が進み、わずかな環境の違いに応じて多くの種が棲み分けることになったという。

ケープタウン周辺に住んでいる動物として有名なのがケープペンギンである（写真4-4）。このケープペンギンの生息に大きく関係しているのは、ベンゲラ海流という寒流である。北半球では北東貿易風、南半球では南東貿易風が吹いているが、北東の風や南東の風は大陸西岸で見れば、大陸から海の方向に吹くことになる。それで、大陸西岸ではその貿易風で海面の水が沖合に引っ張られ、その海岸付近の水が減る分を、海面を一定に保つために水が海底から湧昇流《ゆうしょうりゅう》として上がってきて補う。それで海底からの水は冷たいので、寒流となるわけである。したがって、寒流の流れている場所は、湧昇流が海底にたまっている栄養塩類を海面近くまで運び、プランクトンが繁殖するため、魚が集まる。また、大陸東岸からはアガラス海流という暖流が南下し、ケープタウン付近で、ベンゲラ海流の寒流とぶつかって、潮目（潮境）を生み出す。潮目では対流が起き、その湧昇流が同様に魚を呼び寄せる。こうして集まったカタクチイワシなどの小魚がエサとなるため、ケープタウン周辺はペンギンの生息地として適しているのだ。

このようにベンゲラ海流が流れている海域で、湧昇流によるプランクトン発生で魚が集まり、それをエサとする動物の生息地となっている他の例としては、ケープオットセイがある。ケープオットセイは南アンゴラとナミビアの西岸から南アフリカ南岸の大陸と多数の島々に生息し、個体数の60％がナミビア西岸に分布する（写真4－5）。オットセイは前

写真 4-4　ケープタウン周辺のケープペンギン

写真 4-5　ナミビア西岸のケープクロスにおけるケープオットセイのコロニー

脚を使って羽ばたくように泳ぎ、イワシ類、ケープ・クロマグロ、タラ類などを主に捕食する（森島2016）。オットセイのコロニーを訪れると、強烈な匂いで思わず鼻をつまみたくなる。

2 気候メカニズム

†夏がそれほど暑くならないヨーロッパと猛暑の日本

比熱が固体では小さく、液体では大きいため（水が1に対して、大陸は平均して約0・3）、大陸は冬に急速に冷やされるが、海の水はそれほど冷えず、冬は海上のほうが大陸より気温が高い。ヨーロッパは冬に暖かい海のほうから偏西風が吹いてくるし、さらにヨーロッパの大西洋岸には北大西洋海流という暖流が流れていて、そこを通過して偏西風が吹いてくるのでヨーロッパで海に近い地方はそれほど寒くならない。夏は海のほうが大陸より涼しいので、海から吹く偏西風によってヨーロッパはそれほど暑くならない。それで、ヨーロッパのホテルは一般に部屋にエアコンがないことが多い。このように大陸西岸は夏にそれほど暑くならず、冬暖かく、気温の年較差（年変化）の小さな西岸海洋性気候Cfbとなる

（図0-1、4-0）。

一方、大陸東岸の日本は、冬に急激に冷やされる大陸のシベリアのほうから北西の季節風や偏西風が吹いてくるため冬が寒く、また夏は南東の熱帯の海のほうから季節風が吹くため、蒸し暑く、気温の年較差の大きな温暖湿潤気候Cfaとなる（図0-1、4-0）。そのため、日本ではエアコンのないホテルはほとんどない。

†冬に雨が降る地中海性気候

一般的に夏が雨季、冬が乾季になることが多い。たとえば、サバナ気候はその典型例だ。しかし、北緯30度のやや北から40度にかけてでは、7月は亜熱帯高圧帯下で乾燥し、1月に亜寒帯低圧帯の影響を受けて降水がある冬雨型の地中海性気候になる（図0-1、4-0、1-6）。南半球で見ても南緯10度のやや南では夏（1月）に雨季、冬（7月）に乾季のサバナ気候Aw、南緯30度のやや南から40度にかけてでは、夏（1月）に乾燥、冬（7月）に降水がある地中海性気候Csとなる。このような大陸西岸と東岸、北緯30度のやや北から40度にかけてと南緯30度のやや南から40度にかけての地域では、それぞれ気候が異なるため、植生などの自然に差が出てくるのである。

†高標高に位置する首都

南アメリカのボリビア、アフリカのエチオピアやケニアでは、低地は熱帯のサバナ気候になっているが、それぞれの首都のラパス（4071m）、アジスアベバ（2324m）、ナイロビ（1624m）は高標高に位置して高山気候に属し、ケッペンの気候区分にあてはめれば、温帯の温暖冬季少雨気候に属することになる。緯度的には赤道に比較的近いため、本来熱帯になるはずであるが、標高が高いため温帯になり、また赤道に近いために気温の年較差が小さい。そのため、年中過ごしやすく常春の気候ともいわれる。ケニアの海岸部のモンバサ（標高55m）は月ごとの平均気温の幅が24・1℃（7月）から28・1℃（3月）（気温の年較差4℃）で、年平均気温は26・2℃であるのに対し、高地のナイロビは16・9℃（7月）から20・9℃（3月）（気温の年較差4℃）で、年平均が19・0℃となっている（1961〜90年の平均値。1981〜2010年のナイロビの平均値は17・2℃〔7月〕から21・3℃〔3月〕で年平均が19・6℃と上昇している）。

イギリスがケニア（イギリス領東アフリカ）の植民地化を進めていた時代、白人たちは冷涼な気候で過ごしやすい高原部に集中して入植したため、高原部は「ホワイトハイランド」と呼ばれるようになった。また、高原部は低地に比べてマラリアにかかる率も格段と低いのである。

3　住民生活

†西岸海洋性気候の自然と住民生活（ドイツ）

ヨーロッパは日本より高緯度にあるため、冬が長く夏が短い。太陽高度が日本より低いためだ。ヨーロッパは一般に秋が短く、夏が終わって木々が紅葉したと思ったらすぐに雪が降って冬になる（写真4-6）。ドイツやフランスなど中部ヨーロッパでは、冬の期間はあまり晴れず、とくに11月にはほとんど太陽を見ることがなく、もっとも陰鬱な時期である。冬は暗くて長い。冬が終わって4月になると、一斉に市民たちは少しでも太陽の日射を浴びようと戸外に出る。レストランの外でお茶を飲んでいる人々もよく見かける。6月になると、一斉に木々が緑の葉をつけるが、日本より短期間に変化するような気がする。6月以降には、街角で音楽家が楽器演奏をしている風景をよく見かけるし、野外コンサートも多くなる。

ヨーロッパでは自転車に乗る人が多く、ドイツでも街中で自転車専用道路をよく見かける（写真4-7）。ヨーロッパ人の自転車好きは、日射量の少ないヨーロッパで、健康のために少しでも日光を浴びたいという欲求から来ているのではないだろうか。

温暖湿潤気候である日本は降水量が多い。たとえば東京の年間降水量は1529㎜である。一方、西岸海洋性気候の国はそれよりかなり降水量が少ない。ロンドンの年間降水量は640㎜、パリは653㎜、ベルリンは578㎜であり、日本の半分以下だ。このよう

写真4-6　ドイツ（レーゲンスブルク）の10月上旬。森林が紅葉になったと思ったら数週間後には雪が降る

写真4-7　レーゲンスブルク郊外の道路。右から、歩道（コンクリートを石畳状にした白っぽい部分）、自転車専用道、一般自動車道（車が1台走っている部分）、アウトバーン（トラックが何台も走っている）

な降水量の違いは、さまざまな文化の特徴に影響を及ぼしている。

日本の女性はトイレで用を足すとき、音を消すために水を流すことが多い。最近は水の節約のためにわざわざ音を出す装置「音姫」なるものまでついていることがある。しかし、ヨーロッパ社会で女性がトイレで用を足すときに水を流すことはまずない。もちろん、音に対する考え方がヨーロッパ人と日本人では異なることが主原因だとは思うが、降水量の違いも影響していると推察される。降水量の多い日本に水を遠慮なく使用する風土があるからこそ、成り立っているのではないだろうか。ウォシュレットやシャワートイレが日本で作られたのも、同じ理由である。

日本とヨーロッパで大きく違うものに食事がある。ヨーロッパはパン文化すなわち小麦文化である。フランスでは長細いバゲットなどのフランスパンが伝統的に食されており、ハムやレタス、チーズやトマトをはさんだフランスパンが街角で売られ、昼食時のパリの学生街のカルティエ・ラタンは、フランスパンをほおばる大学生であふれている。そのフランスパンはフランスの植民地だった国、すなわちセネガル、カメルーンなどの西アフリカやマダガスカル、ベトナムやラオスなどでも根付き、街でおいしいフランスパンが売られている。

ドイツにはそれほど有名な料理はないが、ソーセージと白いアスパラガス、そしてパンだけは自慢できるおいしさだと思う。ドイツのパンの種類は非常に多い。まん丸のものやラグビーボールのようなもの、食パン型のものなど、住民は毎日パン屋の店先に並んでいろいろなパンを買い求める。プレッツェルは茶色い紐を結んだような形のドイツの伝統的なパンで、岩塩がまぶしてある。ビールといっしょにおやつ代わりに食べることが多い。一日で硬くなってしまうパンが多いため、ほとんどの店が閉まる日曜日でも、朝はパン屋が開いていることが多い。このようにパン食はヨーロッパ文化に深く根付いている。ヨーロッパを電車で旅を続けると車窓から、平坦なヨーロッパの大地が見渡す限り小麦畑になっているのをよく目にする。

小麦栽培はコメに比べて降水量の少ない環境に適している(図1-11)。したがって、日本に比べ降水量の少ないヨーロッパではパン文化(小麦文化)が発達した。一方、日本は降水量が多いため小麦栽培には適しておらず、多雨を必要とする稲作が発達した。それぞれの国の言語において、身近なものほど単語が多様になる。それで、英語ではriceという一つの単語が日本語では、「稲」「米」「ごはん」という三つの単語に分化している。

ドイツやロシア、東欧、北欧など比較的冷涼な気候の地域では、ライ麦から作られたパンが多い。ライ麦は耐寒性が強く、やせ地でも生育できるため、おもに寒冷地で生産されているのだ。ライ麦の含有量の多いパンは色が濃くなり、食物繊維やミネラルが多く栄養価も高い。黒パンと呼ばれるパンは粗挽きのライ麦を使用している。パンの発酵にはイースト菌ではなくサワー種と呼ばれる何種類もの微生物が共存したパン種を用いることが多く、乳酸を用いて発酵させるため、黒パンには酸味がある。

また、ドイツ料理にはかならずジャガイモがついている。これもジャガイモ栽培が冷涼な環境に適し、ドイツや東欧などで生産量が多いためだ。

私はヨーロッパと日本の食事の違いにも降水量が影響しているのではないかと考えている。ヨーロッパでは食器洗浄機が早くから開発され、たいていどこの家庭でも使用されている。しかし、日本での普及率はヨーロッパに比べて低い。その理由は、食器の形にある。ヨーロッパでは日本のどんぶりやお椀のような深い器は少なく、浅い皿が主流である。浅い皿は機械で洗いやすく、そのためヨーロッパでは食器洗浄機が早くから開発された。

日本はうどん、ラーメン、鍋料理、汁物など、液体量の多い料理が多いため、どんぶりやお椀のような深い器がよく利用される。あまり雨が降らない国であれば、うどんなどは発達しなかっただろう。

†地中海性気候の自然と住民生活（イタリア）

ドイツに住んでいたとき、二月に教え子二人が日本から遊びに来たので、ミュンヘンで

写真 4-8　オーストリアのインスブルック付近（2000 年 3 月 3 日午前）

写真 4-9　同日にアルプス山脈のブレンナー峠を越えてイタリア側に入ったところ（2000 年 3 月 3 日午後）。背後に石灰岩の山肌が見える

レンタカーを借りてイタリアを目指した。初日はオーストリアアルプスのティロル地方の小さな山間の村に宿を取った。まわりは一面雪であった。翌朝その宿を出発し（写真 4-8）、オーストリアとイタリアの国境であるブレンナー峠を越えたが、イタリア側に入

ったとたん、それまでの寒空から太陽が燦々《さんさん》と輝く明るい空に変わった（写真4-9）。それはとても印象的だった。北欧はもちろんのこと、東欧や西欧の冬は長く暗い。しかし、南欧に入ると地中海周辺に分布する石灰石で壁を作られた白い家（写真4-10）と明るい太陽で、冬でも暖かく感じる。古生代後期〜中生代にローラシア大陸とゴンドワナ大陸に挟まれた海域で古地中海とも呼ばれるテチス海が存在し（図2-2）、その海域の生物の遺骸によって生成した石灰岩が、現在の地中海沿岸には広く分布しているのである。

写真4-10　地中海地方では、豊富な石灰岩を利用して壁が作られているため建物がどれも白っぽい（ピラン、スロベニア）

ヨーロッパの地下水や河川水はその石灰質の地層を長い時間をかけて流れてくるため、ミネラル成分（カルシウムやマグネシウム）の多い硬水になる。日本の生活用水の8割はカルシウムやマグネシウムの少ない軟水である。これが日本の水はおいしく、ヨーロッパの水はまずいといわれる所以である。

写真4-11　地中海性気候のケープタウン付近に広がるブドウ畑。南アフリカ共和国はワイン輸出国である

筆者は冬にフランスの地中海沿岸の都市モンペリエからレンタカーでスペインのバルセロナへ泊まりがけで往復したことがある。バルセロナからモンペリエに戻るとき国境付近で日が暮れはじめたので、通りかかったリゾート地で宿を探した。地中海に面して海岸の斜面におびただしい数のホテルが林立していたが、ほとんどのホテルが休業中だった。これらはすべて夏のバカンスの観光客目当てのホテルなので、冬は閉めているのだ。日本人の感覚からすると、寒い冬に暖かい地中海に行って休暇を過ごすのではと考えるが、ヨーロッパではそうではない。第3章でも述べたとおり、太陽光に飢えているヨーロッパ人としては、日差しの強い夏にこそ、日光浴を楽しむために地中海沿岸に押し寄せるのである。

地中海式農業は夏乾燥、冬雨という地中海性気候地域で行われている農業であり、夏は換金用の耐寒性樹木作物であるオリーブ、コルクガシなどを栽培する。ブドウ栽培も地中海性気候が適するため、世界の主要ワイン産地はこれらの地域になっている（写真4-11）。ワインを瓶詰めする際にコルクが利用されたのも同じくコルクガシがこの気候地域で生育するためである。イタリアのレストランでは、かならずハウスワインがあり、それらはどれもおいしくて、何よりも安いのにはびっくりさせられる。調味料にもブドウやオリーブを原料にしたものが利用されている。フランスのワインビネガーやイタリアのオリーブオイル、バルサミコ酢はその典型例だ。

写真4-12　イタリア半島南部、プーリア州アルベロベッロ郊外の家（リトルワールド）。住居の床、壁、天井、屋根がすべて近くで採れる石灰岩を材料にしている

湿潤な冬は自給用の小麦などを栽培する。家畜は乾燥に強いヒツジやヤギを飼育する。夏は低地が高温乾燥で牧草が枯れてしまうため、夏でも涼しくて牧草が青々としている高地の牧場（アルプ）で放牧し、冬は低地で舎《しゃ》飼《が》いする移牧も発達している。

愛知県犬山市にある野外民族博物館リトルワールドでは、イタリア半島南部、プーリア州アルベロベッロ郊外で、地中海性気候の風土の中、ウシを飼いながらオリーブなどの果樹を栽培する農家の様子が見られる。住居の床、壁、天井、屋根がすべて近くで採れる石灰岩を材料にしている石造りの家である（写真4-12）。このようなとんがり帽子の屋根がいくつもある石造りの家をトゥルッリと呼んでいる。

†先進国の大都市の問題——ドーナツ化現象・スプロール現象

先進国は温帯気候の地域に集中している。先進国はサービス業などの第三次産業の比率が高く、それは大都市の発展とともに増加していく。

都市が拡大していくと、都市の内部分化が進んでいく。都心には官庁、金融機関、大企業の本社・支社等の中枢管理機能が集中する中心業務地区（CBD：Central Business District）が形成され、その周辺にはデパート、高級商店街、ホテル等が立地する。都心は経済活動の中心地となるため、地価が高くなり、建物も高層化していく（たとえば東京・霞ヶ関ビルなど）。

しかし、人は働くためにCBDにやってくるだけである。地価の高騰とともに住民は郊外に引っ越していくため、CBDに住んでいる人は限られ、昼間人口は高いが夜間人口は少ない。都心は地価が高いため、土地を所有する父親が亡くなると、その土地を相続した親族が高額な相続税が支払えず、土地を売って郊外に引っ越すことになる。そのため、都心は人口が減少するだけでなく、高齢化も進む。このように都心部で人口が減り、郊外で人口が増加する「ドーナツ化現象」が生じる。都心では人口流出とともに小・中学校の閉鎖・統合が進み、郊外にはマンモス学校が誕生していく。都心に住んでいる人が減少し、さらに住民の高齢化が進むと、さまざまな問題が生じてくる（水野2016a）。

写真4-13　京都の祇園祭。山車の引き手は学生アルバイトに頼っている

その一つが、地域コミュニティの存続の危機だ。たとえば、京都の中心街では貞観《じょうかん》年間（9世紀）より続く祇園祭《ぎおんまつり》が毎年7月に行われるが、都心の住民の減少と高齢化により、山車《だし》を引っ張る引き手が不足し、お祭りの存続に影響が出てきた。そこで、祇園祭の頃になると、多数の大学生や留学生が引き手のアルバイトとして駆り出される（写真4-13）。祇園祭で山車を引く外国人の姿が多いのはそのためだ（留学生たちは日本伝統の祇園祭そのものに興味をもつため、積極的に参加

する)。

高度経済成長期以降に進んだドーナツ化現象であるが、1996〜98年に深刻化したバブル景気崩壊により、地価の下落や不良債権の処理、企業や行政の遊休地の放出によって、都心での不動産取得が容易になっていき、また、超高層マンションの吸引力も重なって、都心の利点が見直されるようになった。その結果、都心に人々が回帰し、その人口が増加する現象が見られるようになった(水野2016a)。

都市部の拡大とともに、郊外地域で無秩序、無計画に都市化が進んでいくと(スプロール現象と呼ばれる)、農地と住宅、工場などが混在し、住宅地に隣接する工場の騒音がうるさい、住宅地に残ってしまった養豚場の臭いがひどいといった苦情が出たり、さまざまな問題が生じてくる。そのスプロール現象を防止するために、日本では市街化調整区域が設けられている。これは市街化を抑制する区域のことを指し、あらたに建築物を建てたり、増築することを極力抑える区域となっている。

ロンドンでも同様にグリーンベルト(緑地帯)など開発を抑制する地域を設定し、スプロール現象の防止に努めている。イギリスでは都市の過密化対策として田園都市構想に基づき、第二次世界大戦後「大ロンドン計画」を実施し、ロンドンの郊外にグリーンベルトを設置し、その外側に職住近接型ニュータウンを建設した。これは、職場と住居があるだけでなく、商業、文化、娯楽施設まで兼ね備えたニュータウンで、スティーブニッジ、ブラクネル、ハーロウなどがある。日本の多摩ニュータウンはあくまで住むためのもので、職は都心に求めるため、実はニュータウンというより、いわゆるベッドタウンと呼ばれるものである。

フランスでは都心の過密化や交通渋滞を解消するために、パリの郊外に副都心のラ・デファンスを建設した（写真1-52〔口絵〕左奥）。パリの市内は都市計画によって建物の高さや美観上の規制があったため、郊外の副都心、ラ・デファンス地区に超高層ビルや大規模なショッピングセンター、高層住宅などが建設されたのだ。

†ウォーターフロント再開発・インナーシティ問題・ジェントリフィケーション

イギリスや日本では石油危機以降に産業構造が転換し、それまでの造船や鉄鋼業から、自動車やエレクトロニクスに転換していくと、港湾の重要性が低下していった。そのため港湾では工場が撤退し、空き倉庫が増加して荒廃してきたが、それをあらたに開発して再生しようという動きが出てきた。これがウォーターフロントの再開発である。横浜のみなとみらい21や神戸の人工島・ポートアイランド（写真4-14）や神戸ハーバーランド、浦安市の東京ディズニーランド、千葉市の幕張メッセ、大阪の天保山ハーバービレッジなどである。1980年代後半から90年代にかけて東京の芝浦の空き倉庫が利用され、ジュリアナ東京やゴールドといった巨大ディスコが誕生した。その当時は、週末の夜になるとJR田町の駅は若者たちでごったがえし、駅から倉庫街にぞろぞろと歩く若者の列が続いたものだった。

写真4-14　埋め立て地である神戸ポートアイランド

先進国の都心周辺の旧市街地では、過密化により高所得者や若い世代が郊外に移住し、人口が減少し、高齢化が進み、購買力の低下やコミュニティの崩壊に加え、貧困層、移民、外国人労働者の流入によるスラム（不良住宅街）の形成、それによる失業率、犯罪の増加などのインナーシティ問題が生じている。スラムやその周辺では、路上や公園などで生活するホームレスの数も多い。

アメリカのデトロイトはかつてゼネラルモーターズ、フォード、クライスラーのビッグ3による自動車産業がさかんで繁栄したが、1967年にアフリカ系アメリカ人による大規模なデトロイト暴動が生じ、多数の死傷者を出した。これをきっかけに白人の郊外への移住が加速した。

1970年代頃から日本車の台頭により自動車産業が不景気になると、社員の大量解雇、下請けなどの関連産業の倒産により、市街地の人口流出が深刻化していった。それと同時にダウンタウンに増えていったビルの廃虚にホームレスの人々が住み着くなどして、治安が悪化し、ますます人口流出が進んだ。税収が増えないデトロイトは2013年には財政破綻の声明を出し、ミシガン州の連邦地方裁判所に連邦倒産法適用を申請した。負債総額は180億ドルにいたった。市内の住宅の3分の1が廃虚か空き家になり、失業率は18%に達し、子供の6割が貧困生活を強いられているという。

ニューヨークでは1950年代には倉庫や低賃金の零細工場などが入居するだけの荒廃したソーホー地区に、1960年代や70年代、安価な居住を求めて芸術家やミュージシャンらが移り住み、それらの活動により地域が活性化し、中産階級や商業施設が流入するようになった。このような都市の居住地域が再開発されて高級化することをジェントリフィケーションと呼ぶ。この結果、貧困地域の家賃の相場が上がり、それまで暮らしていた貧困層が住めなくなったり、地域特性が失われるという問題が生じている。同じニューヨークのハーレム地区でもアフリカ系のアメリカ人が多く住み、貧困や犯罪といった問題を抱えていたが、1990年代に徹底的な治安改善政策により環境が改善され、街の再開発がなされ、ジェントリフィケーションが進行していった（水野2016a）。

4 日本の自然と住民生活

†日本の地形

太平洋東部に南北に走る中央海嶺と呼ばれる盛り上がった割れ目から、毎年数センチメートルずつ東西にプレートが拡大している。開いた割れ目がマントルの上昇部にあたり、玄武岩質のマグマが供給され、新しい地殻、すなわちプレートが生産されている。

地球の表面は14～15枚の厚さ100kmくらいの岩盤、すなわちプレートに覆われている。プレートには、大陸プレートと海洋プレートがあり、海洋プレートは大陸プレートよりも強固で密度が高いため、二つがぶつかると海洋プレートは大陸プレートの下に沈んでいく。西に進む太平洋プレートは日本海溝のところで、北アメリカプレートの下に沈み込む（図4-2）。北西に進むフィリピン海プレートは南海トラフのところで、ユーラシアプレートの下に沈み込んでいる。沈み込んだプレートは、海溝（トラフ）から深さ100～150

㎞ぐらい、距離にして250〜300㎞ぐらいのところで熱がたまって岩盤が溶けてマグマが生成される。そのマグマが地殻の弱い部分をつたって、地上にあらわれたのが火山である。

したがって、日本付近には日本海溝から伊豆・小笠原海溝に平行に東日本火山帯があり、南海トラフに平行に西日本火山帯がある。火山帯の内部では、海溝側の縁に近いほど火山の分布密度が高く、海溝の反対側（大陸側）にいくほどまばらになるため、火山帯の海溝側の縁を火山フロント（火山前線）と呼んでいる。東北日本では、脊梁《せきりょう》山脈の中央部を火山前線が走るため、多くの火山がほぼ南北につらなって密集している。火山前線から海溝側にはまったく火山が存在しない（水野2015）。

日本周辺の北アメリカ、ユーラシア、フィリピン海という三つのプレートが富士山のところで会合している。つまり割れ目の境界である。さらに、そこを火山フロント（火山前線）が横断し、もっともマグマが噴出しやすい場所となっているが、地球上でそのような特異な場所はここしかない。富士山は、地球上でただ一つの特異な場所だからこそ存在しているのだ（貝塚1990）。

フォッサマグナは東北日本と南西日本を分ける日本の主要な地溝帯であり、西側の大断層である糸魚川《いといがわ》・静岡構造線（糸魚川から諏訪湖を通って静岡の安倍川に抜ける大断層線）と東側の断層とのあいだが落ち込んだ地溝帯である（図4-2）。フォッサマグナは北アメリカプレート（北米プレート）とユーラシアプレートの境界にあたる。フォッサマグナの断層に沿ってマグマが上昇し、北から妙高山、草津白根山、浅間山、八ヶ岳、富士山、箱根山、天城山と火山列が続く。また、そこには赤倉温泉、草津温泉、伊香保温泉、箱根など温泉地が集中している。

一方、南部ではフィリピン海プレートに載った火山島が北上し、北アメリカプレートと衝突し、日本列島にくっついた。最初に丹沢山地の岩体が火山島として運ばれ日本列島にくっつき、その後、別の火山島が運ばれ伊豆半島がくっついた。また、その衝突により、丹沢山地の岩体が隆起し山地が形成された。伊豆半島はかつて火山島であったため各地に温泉が湧いているのだ。

丹沢山地や伊豆半島を運んで衝突したフィリピン海プレートは、糸魚川・静岡構造線の西側の土地を北西方向に押し続け、南アルプスが隆起することになる。南アルプスは斜めに入った断層が両側から押される逆断層であり、斜めに入る断層の上に載っている部分が北西に押される力でますます上昇し、隆起してできたのだ。なお、糸魚川・静岡構造線の諏訪湖あたりを起点に南西に延び西南日本のほぼ中央を縦走する主要な地質構造線を中央構造線（メディアンライン）と呼んでいる（図4-2）（水野2015）。

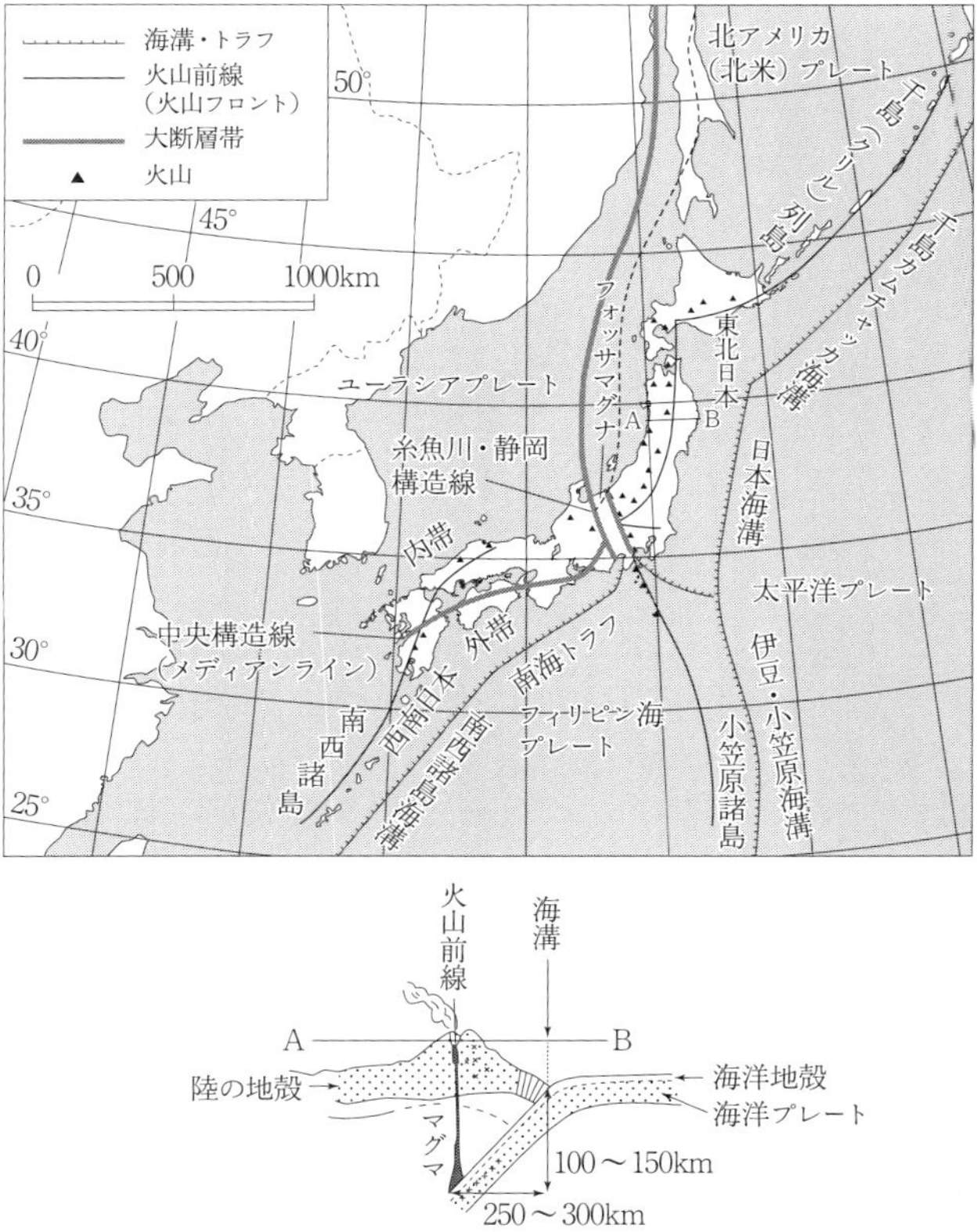

図4-2　日本の位置と地帯構造（権田他 2007 を一部改変、水野 2015）。※日本海の点線は日本海のプレート境界（大断層帯・変動帯）の新しい説（太平洋側のプレート境界は日本海溝や南海トラフなどの海溝）

日本列島は大きく見れば一つの山脈である。日本海溝でプレートが潜り込むときに、プレート上にははるか南方の海山やサンゴ礁、古い陸地のかけらや堆積物などが載せられて運ばれてくる。それらは、海溝の部分で沈み込むことができず、アジア大陸の縁に南北に長くくっついてしまった。すなわち付加帯と呼ばれるものである。1700万年前頃に日本海が徐々に開き、1500万年前には日本海の拡大がほぼ完成して、付加帯からなる日本列島は大陸から離れて、現在の日本列島に近い形となった（水野2015）。

このように日本列島はプレートの境界で誕生したといえ、また、そのために火山や地震が多いのだ。

†日本の気候（温暖湿潤気候）

日本付近では、冬に北西の季節風が吹き、夏は南東の季節風が吹く。香港あたりでは冬は北の風で、夏は南風、インドでは冬は北東季節風で、夏は南西季節風である。どこでも、季節風は夏と冬では逆向きに吹く。

第2・3章でも述べたが、固体は比熱が小さく、液体は大きい。固体である大陸は冬に急速に冷やされ、その大陸に接する地上付近の大気は沈降し（冷房の風が下に降りてくるのと同じ）、地上付近では大気の密度が高くなって高圧帯（高気圧）ができる。そこから相対的に低圧帯である海に向かって風が吹く。夏は大陸が急速に暖められ、暖まった大陸に接する大気は軽くなって上昇気流となるため（暖房の風が上に昇っていくのと同じ）、地上付近の大気の密度は小さく、低圧帯（低気圧）ができる。風は、空気がたくさん集まっている高圧帯から低圧帯に吹くため、季節風はかならず夏と冬で反対方向に吹く（図4-3）。

季節風で暑いところから海を長距離渡って来た風は、湿っていて水分量が多い。日本の夏は、海のほうから湿った風が吹いてくるので蒸し暑いのだ。空気が水分を含む飽和水蒸気量は気温に比例するため、温度の高い風は水分をたくさん含むことができて、それが海を長距離渡ってくると、たくさんの水分を海から吸収できる。それが山にぶつかって強制的に山の斜面をのぼり上昇気流が生じると、風上側にたくさんの降水をもたらすことになる（図1-8）。

日本列島には背骨のように南北に脊梁山脈が延びており、そこに冬には北西季節風がぶつかり、強制的に斜面にそって持ち上がり、上昇気流となる。そして、日本海側に雪を降らせる。しかし、本来、冬にシベリアから吹いてくる風はあまり水蒸気を含んでいない。なぜなら、飽和水蒸気量は気温に比例するため、冷たいシベリアから吹く風は水蒸気をあまり含むことができず、そもそも大陸をわたってくる風なので、水分を吸収するもとの海がない。したがって、冬にシベリアから吹いてくる風は乾燥している。

しかし、日本海には暖流である対馬海流が流れているため、北西の季節風は、冬でも水温が10℃以上ある対馬海流から大量の水蒸気を吸収し、脊梁山脈にぶつかって日本海側に豪雪をもたらすのだ。したがって、シベリア高気圧から吹く北西季節風は、日本海をわた

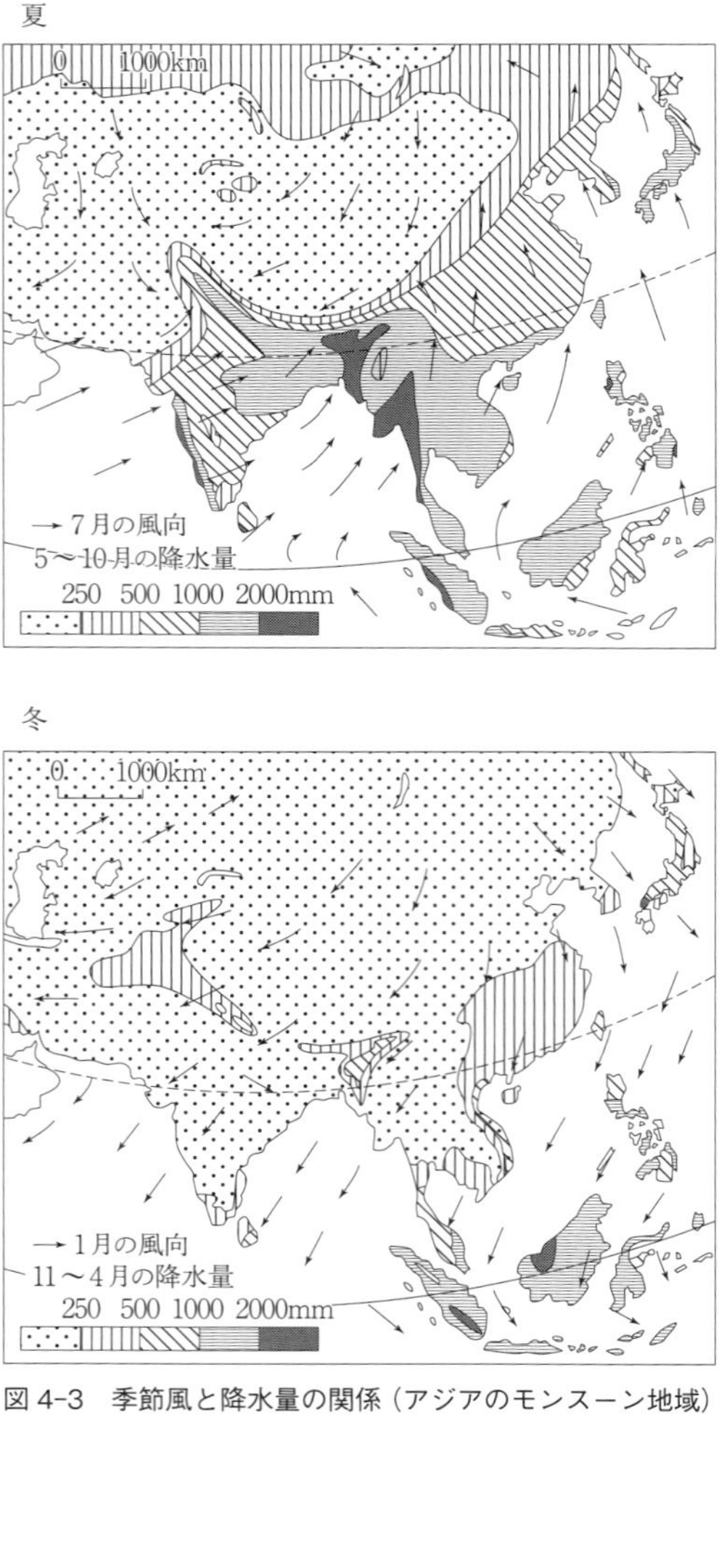

図 4-3　季節風と降水量の関係（アジアのモンスーン地域）

るあいだに大量の水蒸気を吸収するため、北西季節風が日本海をわたる距離が長いほど、吸収する水蒸気量が多くなる。その結果、北西季節風が日本海をわたる距離が最長の新潟あたりがもっとも降雪量が多くなるのだ（水野2015）。

†日本の森林

日本の森林帯は主に亜寒帯林（常緑針葉樹林帯）、冷温帯林（温帯林）（落葉広葉樹林帯）、暖温帯林（暖帯林）（照葉樹林帯）に区分され（図4-4）、それに琉球諸島や八重山諸島の亜熱帯林（亜熱帯多雨林）が加わる。それらの概略を述べると次のようになる。

亜寒帯林〔常緑針葉樹林帯〕：常緑針葉樹が優占する森林で、北海道にはエゾマツ、トドマツ、本州の亜高山帯にはシラビソ、オオシラビソ（アオモリトドマツ）、トウヒ、コメツガなどが分布する。常緑針葉樹が野火で焼けると、カンバやヤマナラシなどの陽樹の広葉樹林となる。

冷温帯林（温帯林）〔落葉広葉樹林帯〕：日本の冷温帯に分布し、冬季に落葉する落葉広葉樹が優占する森林で、東北地方や本州中部の山地に見られるブナ林が代表種である。他に、ミズナラ、ハルニレ、ケヤキ、トチノキ、カエデ、カツラなどが見られる。

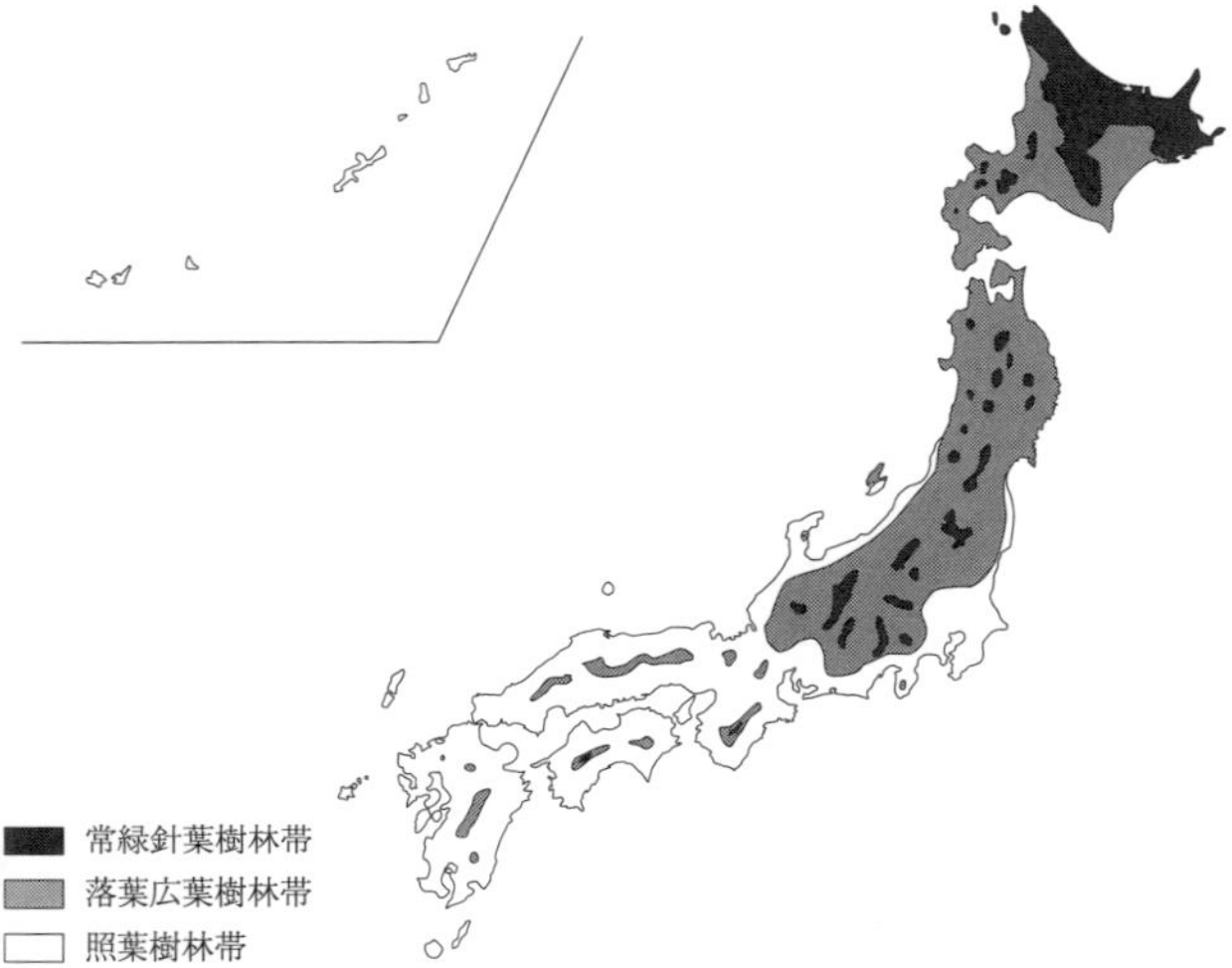

図 4-4　日本の植生帯（本多静六の日本森林帯図に基づく）（沼田・岩瀬 1975）

暖温帯林（暖帯林）［照葉樹林帯］：日本の暖温帯（本州から九州の低地）に見られる常緑広葉樹が優占する森林で、とくに、本州中部以南に見られるシイ・カシ類（アカガシ、スダジイ、ウラジロガシなど）が代表種である（写真4-15）。アオキ等の低木も見られる。四国や九州、紀伊半島などの温暖な地域の海岸近くではツバキなども見られる。伐採や野火によってクヌギ、コナラ、シデ、アカマツなどの陽樹林を生じ、さらに伐採を繰り返すと土地がやせてアカマツ林になる。

亜熱帯林［亜熱帯多雨林］：日本の亜熱帯に見られる常緑広葉樹を主要樹種とする森林で、琉球諸島のオキナワウラジロガシやガジュマル、アコウ、ビロウなどの常緑広葉樹が分布し、ヒカゲヘコなどの木生シダが優占する森林もある。八重山諸島の海岸ではマングローブ林も見られる。

写真4-15　京都近郊のシイやカシの照葉樹林。薄い色の部分はシイの花（2014年5月）

暖温帯林（暖帯林）［照葉樹林帯］と冷温帯林（温帯林）［落葉広葉樹林帯］の区分は、暖かさの指数（各月平均気温の値からそれぞれ5℃を引く〔平均気温が5℃以下の月は0とする〕。その値の一年の合計値）では、およそ85℃、冷温帯林（温帯林）［落葉広葉樹林帯］と亜寒帯林［常緑針葉樹林帯］の区分は、およそ45～55℃、照葉樹林と亜熱帯多雨林の区分はおよそ180℃になる（図4-5、4-6）。

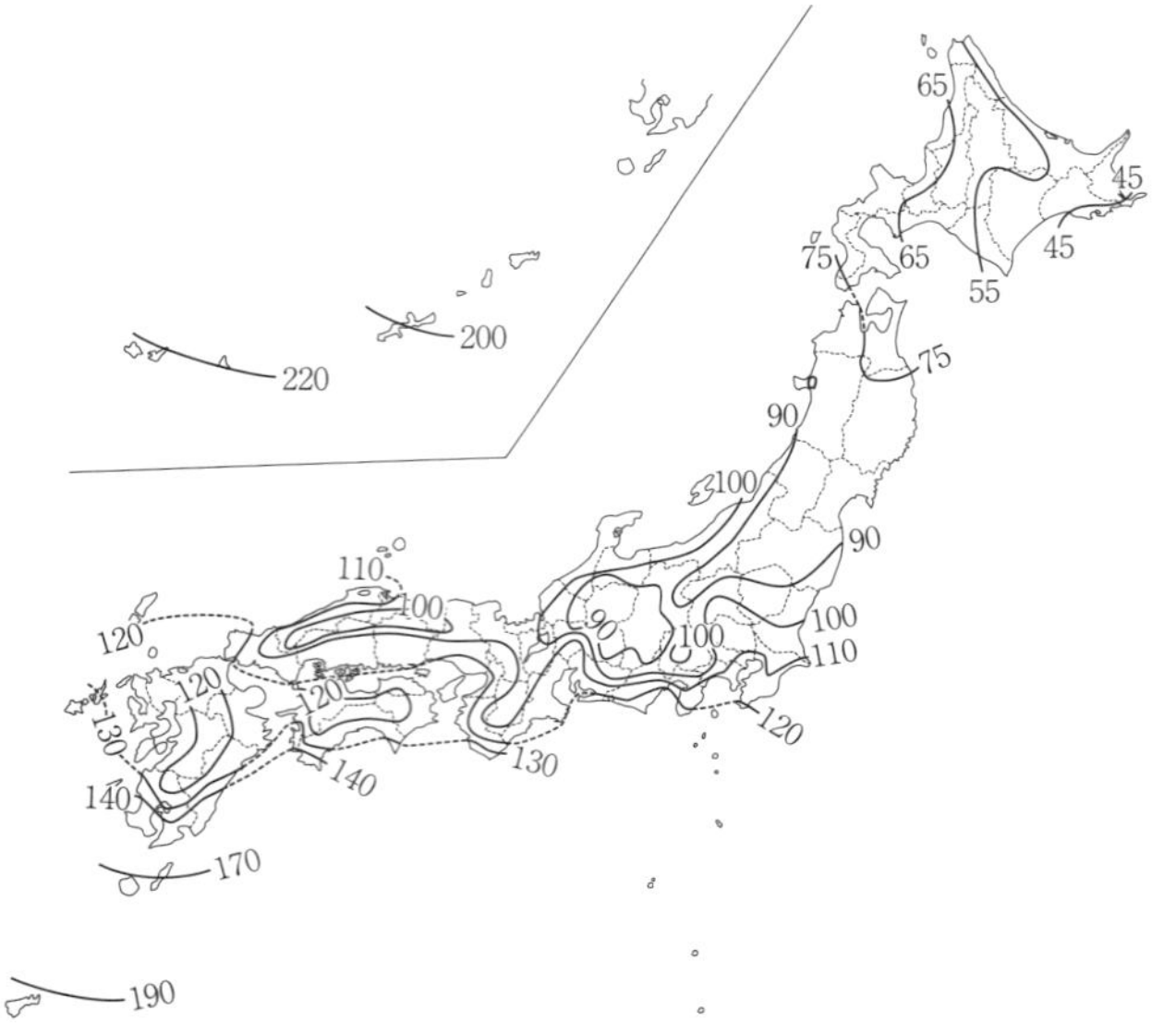

図 4-5　暖かさの指数による等温線（沼田・岩瀬 1975）

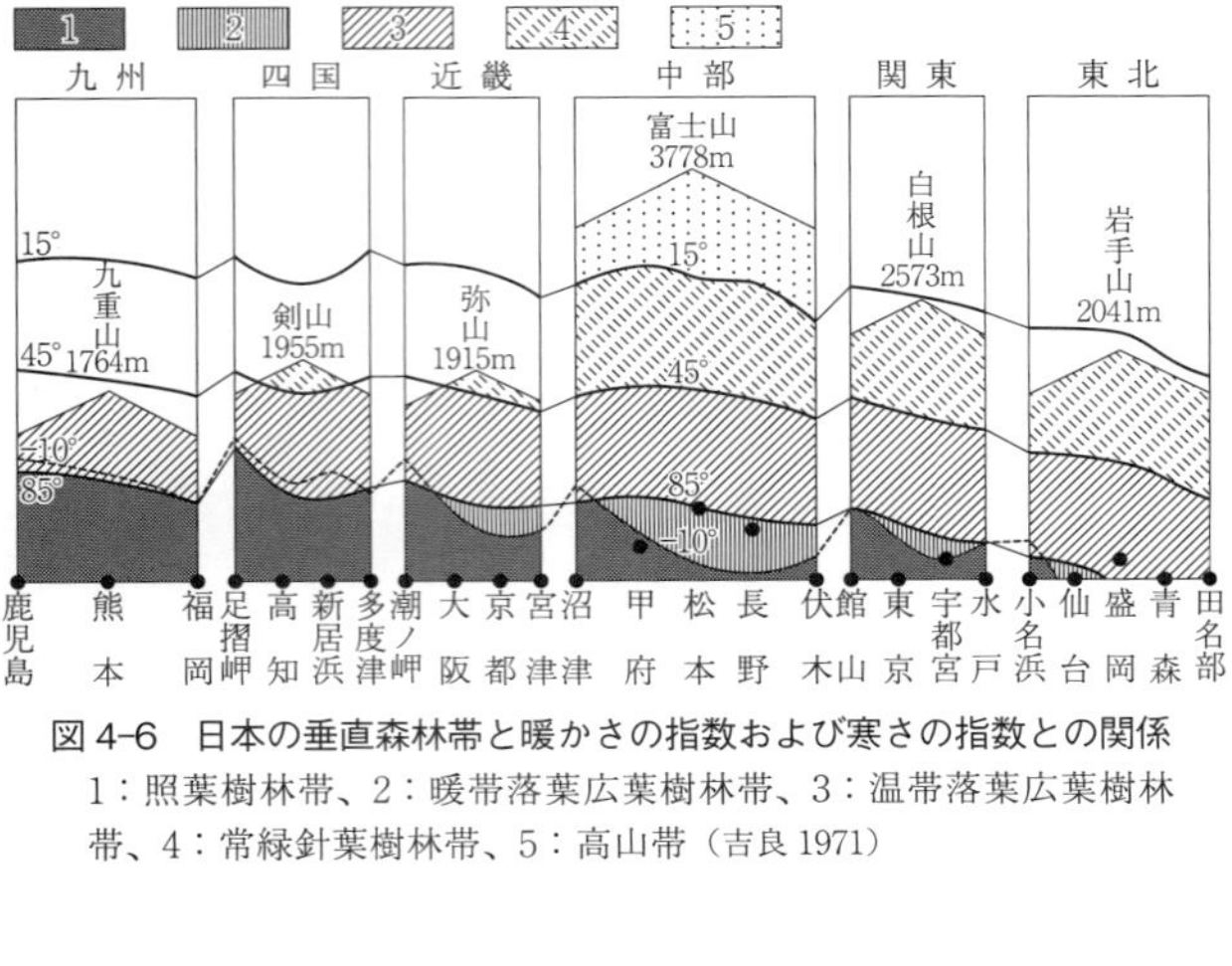

図 4-6　日本の垂直森林帯と暖かさの指数および寒さの指数との関係
1：照葉樹林帯、2：暖帯落葉広葉樹林帯、3：温帯落葉広葉樹林帯、4：常緑針葉樹林帯、5：高山帯（吉良 1971）

†森林の利用

大昔の日本では、マツ林がいまほど大きな面積に広がってはいなかった。海岸近くだけに生えるクロマツは別として、アカマツはやせ尾根（両側が鋭く切れ落ちた尾根）のような土が浅くて乾いた立地に限って分布していたと考えられる。マツ（おそらくほとんどアカマツ）の花粉が急に増えてくるのは、本格的な農耕のはじまった弥生時代の末から古墳時代の初めで、西日本では、東日本よりも古い時代にマツ林の拡大が始まっている（吉良2011）。

農耕民による自然林の破壊、すなわち伐採の繰り返し、山焼き、刈敷《かりしき》のための下生えの草木の刈り取りなどがマツ林の拡大を引き起こしたと考えられる。しかし、近年、マツの木が利用されなくなっているとともに、マツノザイセンチュウという小さな虫が起こす松枯れ病のために、日本のマツ林はどんどん枯れ、消滅しつつある。マツは、人の手がたえず入った明るい土地に生える陽樹のため、マツが枯れると、西日本の場合、暗い場所を好む陰樹のシイやカシによる照葉樹林の自然林に移行するか、コナラやクヌギ、アラカシなど、マツと混生していた陽樹の広葉樹の雑木林が成立する（吉良2011）。

かつて日本では炭焼きが盛んだった。日本の木炭生産量は、1950年に年間約200

写真4-16　ナラ枯れの原因になっているカシノナガキクイムシのすみかとなったコナラの幹からムシが出てこないように、ムシの侵入穴をすべてプラスチック製のつまようじで塞いである様子

万tを記録していたが、1970年には約28万t、1980年には約7万tと激減していった。滋賀県あたりでは、炭焼き山の伐採周期は20～30年だった。炭焼き山の雑木林の主力の樹木は、萌芽更新する、すなわち切り株からすぐ芽をふいて再生する種類である。シイやカシのような照葉樹林は紀伊半島や九州中南部のように暖かい地方では萌芽更新するが、滋賀県あたりでは、それが困難になり、シイ、カシは少なくなり、コナラやクヌギ、リョウブなどの萌芽性の強い落葉樹におきかわっている（吉良2011）。

冷温帯のブナ林の領域でも同じ理由でブナは少なくなり、ミズナラやシデ類が雑木林の主体となる。炭焼き林は、人間が繰り返し伐採することによって萌芽力の強い樹種だけを生き延びさせ、人間の目的に合うように作られていった里山の森林なのだ。

しかし、エネルギー利用の変化が進む中、木炭の利用が減って、炭焼きが行われなくなったため、近年、ナラ枯れの被害が全国的に深刻化している。2015年度の全国のナラ枯れ被害量（被害材積）は8・3万㎥でピーク時の2010年度の32・5万㎥よりは減っているが、2000年度の3・2万㎥に比べると、かなり増加している（林野庁2016）。カシノナガキクイムシが媒介するナラ菌によりコナラやミズナラが大量枯死しているのだ。カシノナガキクイムシは大径木《たいけいぼく》を産卵対象として好み、大径木からの成虫脱出数が多いことから、大径木の増加が被害の増加につながっていると考えられている（写真4-16）。また、倒木した大木はかっこうのキクイムシの棲みかとなっている。

日本の天然記念物に指定されている寺社林はほとんどが照葉樹林だという。それには、寺社林が四季を通じて昼なお暗い森でなくてはならないこと、日本の宗教儀礼に使う木が、サカキやオガタマノキ（神事）、シキミ（仏事）、ユズリハ、ヒイラギ（年中行事）など、みな常緑広葉樹であることも関係しているだろう。「モリ」というのは、ただの木立ではなく、神々のコモルところの意味だという（吉良2011）。そのためか、日本のあちこちにこんもり茂った小さな森の聖地がある。これには森や木々に精霊が宿るという精霊信仰（アニミズム）が関わっている。

†日本の精霊信仰

第3章第6節の「山岳地帯の住民社会」の「ヒマラヤの山と精霊信仰」の項で、その地域に住むチベット系民族は、人が亡くなったときの死霊を非常に恐れることについて述べた。日本でも、アイヌはかつて葬式を出したあとに、その家を焼いたという。それが明治末・大正時代になると、家の壁を壊して運び出し、そのあとただちにその壁を修理して、死者出口をふさいで、外に飛び出した死霊がふたたび家の中に入ってこないようにしていた。またアイヌは死霊を非常に畏怖していて、死者を埋葬した墓地には供養のために訪れることをしなかった(金田一1940、村武1997)。

アイヌの赤ん坊は泣き声を模してアイアイと呼ばれるが、またテーネプ・テンネプ(汚物まみれ)ともいう。2〜3歳になるとポンションン(小さなうんこ)、4〜5歳のときはシヨンタク(うんこのかたまり)と呼ぶ。これは、よい名前をもつと悪霊のとりこになるから、名前負けしないように、わざときたない呼び方をするのだという(谷川1999)。このように糞(尿)の名を好んでつけるのも、糞穢《ふんくわい》をもって邪神を撃退することから生まれた。赤子が生まれるとすぐに便所参りをさせられるのも、糞の呪力によって、邪神の侵害から免れようとする行為の表れだという(谷川1999)。このような考えは、同様に「ヒマラヤの山と精霊信仰」のところで述べた、チベット系住民が家を建てたとき、悪霊や邪視から守るため、住居の屋根の下に木製の男根を模したものをつり下げて、「汚い」もので、悪霊の侵入を免れる行為と同様のものと考えられる。

死者の霊が暮れの12月晦日《みそか》に来て、正月元旦の夜明け前ごろに異界に帰って行くという信仰をもとにした「ミタマ迎え」という行事が、新潟県や長野県などで伝えられていた（村武1997）。神道では先祖の御霊《みたま》を祀るために、お盆の時期に迎え火や送り火をして、迎え入れる風習がある。一般的には盆入りの8月13日の夕方に、戻ってくる先祖の霊が迷わないように目印として火を焚く迎え火が、8月16日の夕方に、お盆の時期に一緒に過ごした先祖の霊を送り出す送り火が行われる。京都の五山の送り火は特に有名だ。

樹木や岩石など自然のさまざまなものに霊的存在を認め、それを信仰するのが精霊信仰、アニミズムであるが、神社にご神木として大木にしめ縄がはられて祀られているのも、その精霊信仰の表れである。福井県の若狭湾に面する大島の「ニソの杜」信仰は、神木信仰の一つで、この地域の旧家では「ニソの杜」と呼ぶ聖なる杜にある、シイやツバキなどの老樹に「ニソの神」が宿っていると信仰されている。「ニソの杜」付近には死者の埋め墓地があって、死霊祭祀とも関わりがあるかのようである（村武1997）。

正月の「門松」も歳神《としがみ》の依《よ》り代《しろ》だとされるが、榊《さかき》として用いられる樹木は、いずれも常緑広葉樹だということは先にも述べた。京都の上賀茂《かみがも》神社（賀茂別雷《わけいかづち》神社）で毎年行われる神迎え神事も、賀茂山の宇宙樹とされる神木「ミアレ木」を中心に行われる。諏訪大社の上社・下社の御柱《おんばしら》祭でも、7年目ごとの春に山から樅《もみ》の木が切り出され、上社と下社に4本ずつ社の四隅に、神霊が心柱に宿ることによって宇宙の再生が果たされるという「宇宙柱」として立てられる（村武1997）。

†日本の自然と人々の生活

日本は南北に長いため、南北で気温差があり、また本州を背骨のように南北に走る脊梁山脈があるため、太平洋側と日本海側で気候が大きく異なる。また、日本を構成する島は6852あり、日本は広大な排他的経済水域（自国の基線〔海〕から200海里〔約370km〕の範囲内の水産資源および鉱物資源などの非生物資源の探査と開発に関する権利が得られる水域）をもっている。日本の領土面積は約38万km²で、世界第61位だが、領海と排他的経済水域をあわせた広さでは約447万km²で世界6位である。領土と水域面積の合計では約485万km²と世界第9位となる。

このような多様な環境のもとで、そこに住んでいる人々の生活も多様である。大都市は関東平野、大阪平野、濃尾平野など、広大な沖積平野で発達していった。今から2万年前の最終氷期（最後の氷河時代）に海面が低下し、海面が低下するにつれて利根川や木曽川などの大河川は下に掘ろうとする河川の下《か》刻《こく》作用が働いて大きな谷を作った（図4-7）。氷期が終わると、海面が上昇し、それにつれて河川の埋積作用が働いて、谷が泥で埋まっ

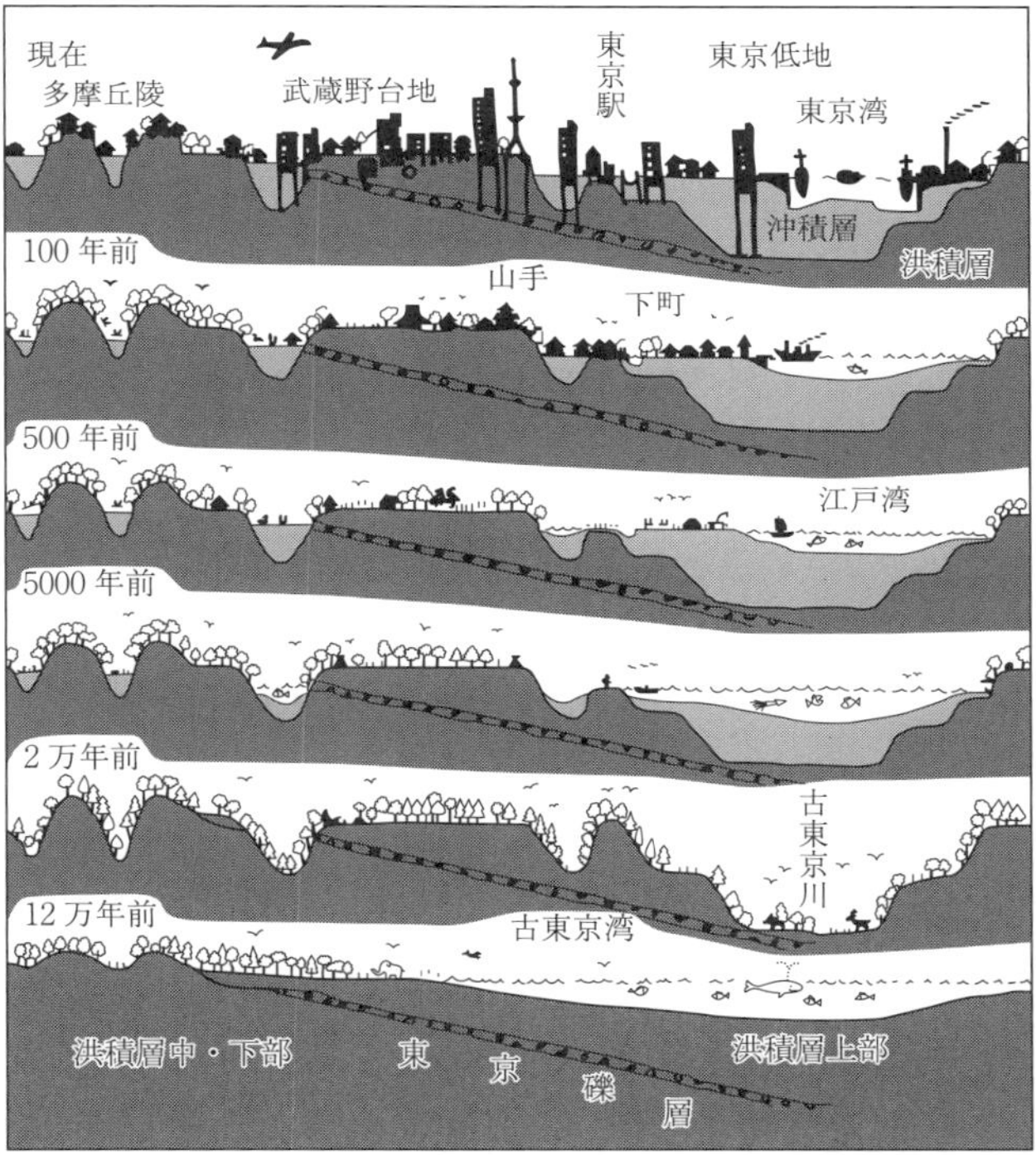

図 4-7　東京の自然と人工物の変遷（貝塚 1990）

ていく。この谷に泥がたまってできた平野が沖積平野である。その谷の周りの地形は、それより高い地形なので洪積《こうせき》台地と呼ばれている。東京の場合は西が洪積台地、東が沖積平野、名古屋の場合は、西が沖積平野、東が洪積台地である（水野2015）。

沖積平野は土地が低いため古くから水が得やすく、人々が最初に住み着いた。古い集落であり、家屋が密集して無秩序に街並みができていった。一方、洪積台地は水が得にくいため開発が遅れたが、上下水道が完備すると、森が残された土地を拓いて広い敷地で整然とした街並みができていった。このようにしてできていった沖積平野の市街地は「下町」と呼ばれ、洪積台地の街は「山の手」と呼ばれるようになった。東京の場合、武蔵野台地は洪積台地であって、「山の手」である。

日本は雨が多いため、しばしば河川が洪水を引き起こす。その洪水の影響の大きいのが沖積平野の「下町」だ。また、地震のときに影響が大きいのも地盤が相対的に弱い沖積平野の「下町」である。広い敷地で緑が豊かで、洪水や地震の影響も相対的に小さい「山の手」は高級住宅化していく。一方、「下町」は古くから集落があるため、古い伝統や慣習が残っている。

河川が山の谷から平野に出てくると、川の流れの勢いが衰える。河川は山間では礫と砂と泥を運んでくるが、平野に出ると一番重たい礫を堆積させる。その礫でできた地形が扇状地だ（図4-8）。扇状地より下流では、泥水に砂が混じった状態で氾濫するが、砂は泥より粒子が大きいぶん重いため、河川のすぐ脇に堆積し、泥水は川から遠くまで運ばれる。すなわち、河川の両側に砂が堆積した自然堤防ができ、背後に泥が堆積した後背湿地ができる（図4-8）。

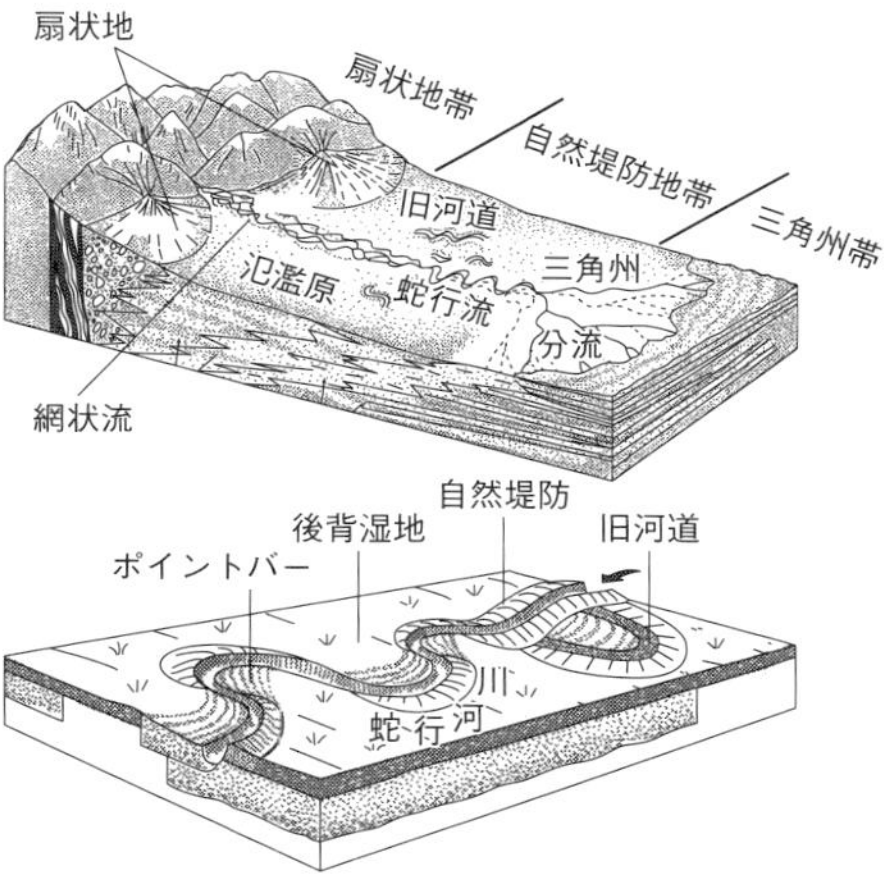

図4-8　典型的な河成平野の模式図と自然堤防地帯の微地形（植村 1999）

現在は河川の河道がコンクリートで固定されているが、かつて河川はたびたび河道を変えてきた。そのため、後背湿地のなかに筋状に自然堤防が残っている。後背湿地はかつて水田として利用されていたが、大都市に人口が集まるようになると、宅地化されていって、自然堤防と後背湿地の区別がなくなってしまった。しかし自然堤防と後背湿地では地盤の強さが異なるため、地震のときは後背湿地のほうが被害が大きくなる。

また、大都市に人口が集中するように

なると、臨海の埋め立て地に住宅地が拡大していくようになる。地面の土砂の粒子は平時にはその摩擦によって結合しているが、埋め立て地や河川跡地、河畔などのような地下水位の高い場所では、地震によって連続した震動を受けると粒子間の間隙を満たす水の水圧が増し、水の中を土砂が漂う状態すなわち液状化状態になり、地盤は不安定になってその上の建物は傾いたり倒れたりし、地表の割れ目から水と土砂が噴き出す。それは、すなわちクイックサンド現象、液状化現象、流砂現象などと呼ばれるものである。２０１１年に東北地方を大地震が襲ったときに、ディズニーランドのある千葉県の浦安では道路の割れ目から砂と水が噴き出し、住宅が次々と傾いていったのもそのためである。

あとがき

世界の熱帯から寒帯、乾燥帯まで、その気候メカニズムから、その自然や生態、農業や人々の暮らしについて、筆者が実際に現場で見てきたものや体験したことを中心に論じてみた。ペンを走らせながら、これまで自分が経験した辛かったことや楽しかったことがつい最近の出来事のようによみがえってきた。暑いところから寒いところ、乾燥した場所から雨の多い場所まで、世界は多様である。その多様な気候に応じて植物や動物が分布し、人々は厳しい環境と格闘し、工夫をこらし、手に入る生物資源をうまく利用して生活を送ってきた。

「どうしてそんな暑い場所に暮らすのか?」「なんでそんな水不足のところで生活するのか?」といった読者の疑問に少しはお答えできたのではないかと思う。しかし、近年のグローバリゼーションや温暖化などの社会的・自然的要因によって、それらの生活が脅かされるという事態も生じつつある。世界を旅したとき、本書によって、その多様な世界の営みやその問題点に気づくきっかけになればと願う。

本書の執筆のために、多くの方々の著書や論文を引用させていただいた（引用・参考文献参照）。また、それらの方々から貴重な写真をお借りした。50年ほど前のサン（ブッシュマン）やピグミーの生活は、その当時の写真でないと描けない。貴重な写真を提供していただいた、市川光雄さん、四方篝さん、芝田篤紀さん、島田周平さん、孫暁剛さん、田中二郎さん、都留泰作さん、手代木功基さん、飛山翔子さん、藤岡悠一郎さん、藤本麻里子さん、安岡宏和さん、ストックホルムの地形や関連古地図、写真についての情報を提供していただいたヘディン財団のホーカン・ヴォルケストさんをはじめ、多くの方々にお礼申し上げたい。筑摩書房の河内卓さんには企画の段階から原稿チェックまでさまざまな面でご助力をいただいた。ここにお礼申し上げる。

最後に、本書をこの春に京都大学大学院文学研究科地理学専修を定年退職される石川義孝先生に捧げたい。石川先生は長年地理学教室を牽引されてこられ、地理学教室の発展に努められた。学部ゼミから大学院ゼミまでご一緒し、私自身も得るものが多かった。

読者のみなさんが世界を旅されるときに、そこの自然や生態、地域社会を見るときの、新しい観点を本書が提供できれば幸いである。

２０１８年１月

水野一晴

引用・参考文献

荒木美奈子（2011）「コーヒーからみえてくるグローバル化とは――タンザニアのコーヒー生産農民の営み」小林誠・熊谷圭知・三浦徹編『グローバル文化学――文化を越えた協働』法律文化社、86〜103頁
池野旬（2010）『アフリカ農民と貧困削減――タンザニア 開発と遭遇する地域』京都大学学術出版会
池谷和信（2017）「狩猟採集民からみた地球環境史」池谷和信編『狩猟採集民からみた地球環境史――自然・隣人・文明との共生』東京大学出版会、1〜22頁
市川光雄（1982）『森の狩猟民――ムブティ・ピグミーの生活』人文書院
市川光雄（1994）「森の民の生きる道」掛谷誠編『講座 地球に生きる2 環境の社会化――生存の自然認識』雄山閣出版、93〜114頁
伊東正顕（2005）「ナミブ砂漠の自然植生ナラの大量枯死とトップナールの人々への影響」水野一晴編『アフリカ自然学』古今書院、226〜235頁
今村薫（2001）「砂漠の水――ブッシュマンの儀礼と生命観」田中二郎編『カラハリ狩猟採集民――過去と現在』京都大学学術出版会、175〜230頁
今村薫（2010）『砂漠に生きる女たち――カラハリ狩猟採集民の日常と儀礼』どうぶつ社
植村善博（1999）『京都の地震環境』ナカニシヤ出版
大石高典（2016）『民族境界の歴史生態学――カメルーンに生きる農耕民と狩猟採集民』京都大学学術出版会
大谷侑也（2016）「息づく山岳信仰――神が住む山 キリニャガ（ケニア山）」水野一晴編『アンデス自然学』古今書院、25〜34頁

大谷侑也（2018）「ケニア山における氷河縮小と水環境の変化が地域住民に与える影響」『地理学評論』91（3）（2018年5月号に掲載予定）
沖津進（2005）「植生からみたアフリカ」水野一晴編『アンデス自然学』古今書院、210〜214頁
沖津進（2016）「多肉植物」水野一晴・永原陽子編『ナミビアを知るための53章』明石書店、78〜80頁
小野有五（2014）「地中海沿岸からアフリカ大陸を経てギニア湾にいたる断面模式図」『地理A』東京書籍、45頁
尾本恵市（2016）『ヒトと文明――狩猟採集民から現代を見る』ちくま新書
貝塚爽平（1990）『富士山はなぜそこにあるのか』丸善
掛谷誠（1994）「自然と社会をつなぐ呪薬」掛谷誠編『講座　地球に生きる2　環境の社会化――生存の自然認識』雄山閣出版、171〜194頁
門村浩（1991）「熱帯アフリカにおける環境変動と砂漠化」門村浩・武内和彦・大森博雄・田村俊和編『環境変動と地球砂漠化』朝倉書店、53〜105頁
門村浩（1992）「アフリカの熱帯雨林」環境庁・熱帯雨林保護検討会編『熱帯雨林をまもる』NHKブックス、49〜90頁
門村浩（2005）「環境変動からみたアフリカ」水野一晴編『アフリカ自然学』古今書院、47〜65頁
川崎信定訳（1993）『原典訳　チベットの死者の書』ちくま学芸文庫
川本芳（2007）「家畜の起源に関する遺伝学からのアプローチ」山本紀夫編『アンデス高地』京都大学学術出版会、361〜385頁
岸上伸啓（2005）『イヌイット――「極北の狩猟民」のいま』中公新書
北西功一（2010）「アフリカ熱帯雨林とグローバリゼーション」木村大治・北西功一編『森棲みの生態誌――アフリカ熱帯林の人・自然・歴史I』京都大学学術出版会、59〜76頁
木村圭司（2005）「気候からみたアフリカ」水野一晴編『アフリカ自然学』古今書院、15〜24頁

木村大治（2003）『共在感覚——アフリカの二つの社会における言語的相互行為から』京都大学学術出版会
吉良竜夫（1971）『生態学からみた自然』河出書房新社
吉良竜夫（2011）『吉良竜夫著作集1　日本の森林と文化——里山論への視点』新樹社
金田一京助（1940）『アイヌの研究』改訂版、八洲書房
小疇尚（1991）『山を読む』岩波書店
小泉都（2017）「ボルネオの狩猟採集民の祖先は「狩猟採集民」か「農耕民」か」池谷和信編『狩猟採集民からみた地球環境史——自然・隣人・文明との共生』東京大学出版会、88～94頁
コパン、Y（1994）「イーストサイド物語——人類の故郷を求めて」『日経サイエンス』1994年7月号、92～100頁
小松かおり（2010）「中部アフリカ熱帯雨林の農耕文化史」木村大治・北西功一編『森棲みの生態誌——アフリカ熱帯林の人・自然・歴史I』京都大学学術出版会、41～58頁
権田雅幸・佐藤裕治・藤山佳貴・堀顕子（2007）『地図と地名による地理攻略　四訂版』河合出版
佐藤浩司（2007）「プナン（ボルネオ島）」http://www.sumai.org/asia/penan.htm
佐藤俊（1984）「ラクダ牧畜民・レンディーレ族の栄養生態」鈴木継美・小石五郎編『栄養生態学——世界の食と栄養』恒和出版、238～268頁
佐藤弘明（2001）「森と病い——バカ・ピグミーの民俗医学」市川光雄・佐藤弘明編『森と人の共存世界』京都大学学術出版会、187～222頁
サンティッチ、バーバラ&ブライアント、ジェフ編（2010）『世界の食用植物文化図鑑——起源・歴史・分布・栽培・料理』山本紀夫監訳、柊風舎
四方篝（2013）『焼畑の潜在力——アフリカ熱帯雨林の農業生態誌』昭和堂
四方篝（2016）「多様性をうみだす潜在力——カメルーン東南部、熱帯雨林における焼畑を基盤とした農業実践」重田眞義・伊谷樹一編『アフリカ潜在力4　争わないための生業実践——生態資源と人び

との関わり』京都大学学術出版会、265〜300頁
篠田雅人（2002）『砂漠と気候』成山堂書店
芝田篤紀（2016a）「国立公園で暮らすサンの人々」水野一晴・永原陽子編『ナミビアを知るための53章』明石書店、306〜308頁
芝田篤紀（2016b）「ナミビア北東部ブワブワタ国立公園における生業活動――地形と植生に着目して」京都大学大学院アジア・アフリカ地域研究研究科博士予備論文
島田周平（2007）『現代アフリカ農村――変化を読む地域研究の試み』古今書院
杉谷隆・平井幸弘・松本淳（2005）『改訂版　風景のなかの自然地理』古今書院
孫暁剛（2012）『遊牧と定住の人類学――ケニア・レンディーレ社会の持続と変容』昭和堂
孫暁剛（2016）「ラクダ科牧畜の地域性と共通性――東アフリカ乾燥地域と中央アンデス高地の比較から」水野一晴編『アンデス自然学』古今書院、188〜199頁
高田明（2005）「ブッシュマンは自然を覚えて旅をする」水野一晴編『アフリカ自然学』古今書院、183〜194頁
タイラー、E・B（1962）『原始文化』比屋根安定訳、誠信書房
田中二郎（1994）『最後の狩猟採集民――歴史の流れとブッシュマン』どうぶつ社
田中二郎（2001）「ブッシュマンの歴史と現在」田中二郎編『カラハリ狩猟採集民――過去と現在』京都大学学術出版会、15〜70頁
谷川健一（1999）『日本の神々』岩波新書
辻村英之（2009）『おいしいコーヒーの経済論――「キリマンジャロ」の苦い現実』太田出版
都留泰作（2010）「ピグミー系狩猟採集民バカにおける歌と踊り――「集まり」の自然誌に向けて」木村大治・北西功一編『森棲みの社会誌――アフリカ熱帯林の人・自然・歴史Ⅱ』京都大学学術出版会、297〜321頁

手代木功基（2016）「モパネ林で家畜と暮らす人々――ダマラの生活」水野一晴・永原陽子編『ナミビアを知るための53章』明石書店、292〜296頁
寺嶋秀明（1997）『共生の森（熱帯林の世界6）』東京大学出版会
飛山翔子（2016）「ナミブ砂漠の霧と生物」水野一晴・永原陽子編『ナミビアを知るための53章』明石書店、54〜56頁
飛山翔子・伊東正顕・水野一晴（2016）「砂漠で暮らす人々――ナラメロンの利用とその変容」水野一晴・永原陽子編『ナミビアを知るための53章』明石書店、297〜301頁
永橋和雄（1999）『チベットのシャーマン探検』河出書房新社
ナショナル・ジオグラフィック日本版ニュース（web版）（2016）「米国人による〝趣味の狩猟〟で大量の動物が犠牲に」2016年2月12日
那須浩郎（2017）「気候変動と定住化・農耕化――西アジア・日本列島・中米」池谷和信編『狩猟採集民からみた地球環境史――自然・隣人・文明との共生』東京大学出版会、42〜57頁
沼田真・岩瀬徹（1975）『図説　日本の植生』朝倉書店
藤岡悠一郎（2016a）『サバンナ農地林の社会生態誌――ナミビア農村にみる社会変容と資源利用』昭和堂
藤岡悠一郎（2016b）「マルーラ酒が取り持つ社会関係――オバンボの暮らし」水野一晴・永原陽子編『ナミビアを知るための53章』明石書店、264〜268頁
藤本麻里子（2008）「あのお婆さんは邪術師だから、もう会いに行ってはいけない（タンザニア）」アフリック・アフリカ「アフリカ便り」http://afric-africa.vis.ne.jp/essay/curse01.htm
星川清親（1987）『栽培植物の起源と伝播』二宮書店
水野一晴（1996）『センター試験対策地理B――センター試験攻略のための論理性』河合サテライトネットワーク
水野一晴（1999）『高山植物と「お花畑」の科学』古今書院

水野一晴（2005a）『ひとりぼっちの海外調査』文芸社
水野一晴（2005b）「温暖化によるケニア山・キリマンジャロの氷河の融解と植物分布の上昇」水野一晴編『アフリカ自然学』古今書院、76〜85頁
水野一晴（2005c）「近年の洪水減少でクイセブ川流域の森林が枯れていく理由」水野一晴編『アフリカ自然学』古今書院、115〜129頁
水野一晴（2008）「中南部アフリカの自然特性」池谷和信・武内進一・佐藤廉也編『朝倉世界地理講座――大地と人間の物語12　アフリカⅡ』朝倉書店、439〜451頁
水野一晴（2012）『神秘の大地、アルナチャル――アッサム・ヒマラヤの自然とチベット人の社会』昭和堂
水野一晴（2015）『自然のしくみがわかる地理学入門』ベレ出版
水野一晴（2016a）『人間の営みがわかる地理学入門』ベレ出版
水野一晴（2016b）「世界最古の砂漠――ナミブ砂漠」水野一晴・永原陽子編『ナミビアを知るための53章』明石書店、32〜37頁
水野一晴（2016c）「ウェルウィッチア（奇想天外）と世界最大の隕石」水野一晴・永原陽子編『ナミビアを知るための53章』明石書店、40〜42頁
水野一晴（2016d）『気候変動で読む地球史――限界地帯の自然と植生から』NHKブックス
水野一晴・小坂康之（2016）「アンデスの自然と牧畜社会」水野一晴編『アンデス自然学』古今書院、175〜187頁
水野一晴・藤田知弘（2016）「アンデスの植生遷移と堆積物および植物生育上限高度の20年間の変化」水野一晴編『アンデス自然学』古今書院、111〜120頁
村武精一（1997）『アニミズムの世界』吉川弘文館
森島済（2016）「ベンゲラ海流とケープオットセイ」水野一晴・永原陽子編『ナミビアを知るための53章』明石書店、94〜96頁

山縣耕太郎（2005a）「地形からみたアフリカ」水野一晴編『アフリカ自然学』古今書院、2〜14頁
山縣耕太郎（2005b）「カラハリ砂漠の砂丘の歴史を解き明かす」水野一晴編『アフリカ自然学』古今書院、96〜105頁
山縣耕太郎（2016）「カラハリサンドと古砂丘」水野一晴・永原陽子編『ナミビアを知るための53章』明石書店、46〜49頁
山極寿一（1998）『ゴリラ雑学ノート――「森の巨人」の知られざる素顔』ダイヤモンド社
山科千里（2016）「サバンナのシロアリ塚――「土の塔」と「小さな森」」水野一晴・永原陽子編『ナミビアを知るための53章』明石書店、97〜102頁
山越言（2005）「アフリカの気候変動と植生変化からみた類人猿とヒトの進化」水野一晴編『アフリカ自然学』古今書院、86〜95頁
安岡宏和（2010）「ワイルドヤム・クエスチョンから歴史生態学へ――中部アフリカ狩猟採集民の生態人類学の展開」木村大治・北西功一編『森棲みの生態誌――アフリカ熱帯林の人・自然・歴史Ⅰ』京都大学学術出版会、17〜40頁
吉田美冬・水野一晴（2016）「砂漠ゾウと暮らす人々――ゾウと河畔林と住民の共存」水野一晴・永原陽子編『ナミビアを知るための53章』明石書店、309〜313頁
吉村郊子（2016）「ヒンバの人々の暮らし――「伝統」と現在を生きる」水野一晴・永原陽子編『ナミビアを知るための53章』明石書店、279〜283頁
ラティンジャー、ニーナ&ディカム、グレゴリー（2008）『コーヒー学のすすめ――豆の栽培からカップ一杯まで』辻村英之監訳、世界思想社
ランガム、リチャード&ピーターソン、デイル（1998）『男の凶暴性はどこからきたか』山下篤子訳、三田出版会
林野庁（2016）「「平成27年度森林病害虫被害量」について」林野庁ホームページ http://www.rinya.

maff.go.jp/j/press/hogo/160907.html
ローズ、ビル（２０１２）『図説 世界史を変えた50の植物』柴田譲治訳、原書房
Bar-Yosef, O. & Meadow, R. H. (1995). The origins of agriculture in the Near East. In Price, D. T. & Gebauer, B. A., (eds.): *Last Hunters, First Farmers: New Perspectives on the Prehistoric Transition to Agriculture*, School of American Research Press, Santa Fe, 39–94.
Büdel, J. (1982). *Climatic Geomorphology*. Princeton Univ. Press.
Dansgaard, W., Johnsen, S. J. Reeh, N., Gundestrup, N., Clausen, H.B. and Hammer, C.U. (1975). Climatic changes, Norseman and modern man. *Nature*, 255, 24–28.
de Blij, H.J. & Muller, P.O. (1996). *Physical Geography of the Global Environment* (*second edition*). John Wiley & Sons, Inc., New York.
Fujita, T. (2014). Ficus natalensis facilitates the establishment of a montane rain-forest tree in south-east African tropical woodlands. *Journal of Tropical Ecology*, 30 (4), 303–310.
Fujita, T. (2016). Relative importance of perch and facilitative effects on nucleation in tropical woodland in Malawi. *Acta Oecologica*, 70, 45–52.
Mizuno, K. & Tenpa, L. (2015). *Himalayan Nature and Tibetan Buddhist Culture in Arunachal Pradesh, India: A Study of Monpa*, Springer, Tokyo.
Lee, R. B. & Daly, R. (eds.) (1999). *The Cambridge Encyclopedia of Hunters and Gatherers*, Cambridge University Press, Cambridge.
Sato, S. (1992). The camel trust system in the Rendille society of northern Kenya. *African Study Monographs*, 13 (2), 69–89.
Tanaka, J. (1989). Social integration of the San society from the viewpoint of sexual relationships. *African Study Monographs*, 9 (3), 153–165.

ちくま新書
1314

世界《せかい》がわかる地理学入門《ちりがくにゅうもん》
——気候《きこう》・地形《ちけい》・動植物《どうしょくぶつ》と人間生活《にんげんせいかつ》

二〇一八年三月一〇日　第一刷発行
二〇二四年五月一〇日　第四刷発行

著　者　水野一晴（みずの・かずはる）
発行者　喜入冬子
発行所　株式会社 筑摩書房
東京都台東区蔵前二-五-三　郵便番号一一一-八七五五
電話番号〇三-五六八七-二六〇一（代表）
装幀者　間村俊一
印刷・製本　株式会社 精興社

ISBN978-4-480-07125-5 C0225

ちくま新書

1227
ヒトと文明
――狩猟採集民から現代を見る
尾本恵市
人類はいかに進化を遂げ、文明を築き上げてきたか。遺伝人類学の大家が、人類の歩みや日本人の起源を多角的に検証。狩猟採集民の視点から現代の問題を照射する。

1098
古代インドの思想
――自然・文明・宗教
山下博司
インダス文明の謎とヒンドゥー教の萌芽。アーリヤ人侵入とヴェーダの神々。ウパニシャッドから仏教・ジャイナ教へ……。多様性の国の源流を、古代世界に探る。

900
日本人のためのアフリカ入門
白戸圭一
負のイメージで語られることの多いアフリカ。しかし、それらはどこまで本当か？　メディアの在り方を問い直しつつ「新しいアフリカ」を紹介する異色の入門書。

1277
消費大陸アジア
――巨大市場を読みとく
川端基夫
中国、台湾、タイ、インドネシア……いま盛り上がるアジア各国の市場や消費者の特徴・ポイントを豊富な実例で解説する。成功する商品・企業は何が違うのか？

1185
台湾とは何か
野嶋剛
国力において圧倒的な中国・日本との関係を深化させる台湾。日中台の複雑な三角関係を波乱の歴史、台湾の社会・政治状況から解き明かし、日本の針路を提言。

1193
移民大国アメリカ
西山隆行
止まるところを知らない中南米移民。その増加への不満がいかに米国社会を蝕みつつあるのか。米国の移民問題の全容を解明し、日本に与える示唆を多角的に分析する。

1282
素晴らしき洞窟探検の世界
吉田勝次
狭い、暗い、死ぬほど危ない……それでも洞窟に入るのはなぜなのか？　話題の洞窟探検家が、未踏洞窟の探検や世界中の洞窟を語る。洞窟写真の美麗カラー口絵付。